Medical Tour Coordinator

국제의료관광
코디네이터

완벽대비 핵심 정리 및 예상문제집

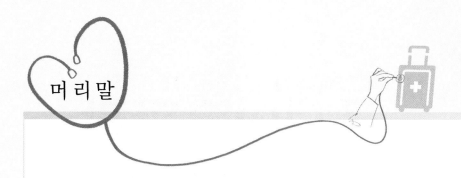

머 리 말

급변하는 국제시장과 국제무역의 개방화 및 의료서비스의 무한경쟁 속에서 의료관광이 화두가 되고 있다. 의료관광은 의료관광객에 대한 비자발급의 편리성 확대, 교통수단의 발달, 인터넷 보급으로 해외 의료관광 정보의 습득 편리, IT기술의 발달로 원격진료 상담 가능, 의료서비스의 질적 향상, 의료서비스 대기시간 단축 희망, 저렴한 의료비용 선호, 가격대비 우수한 의료서비스에 대한 믿음 증가 등의 긍정적 이유로 의료관광 시장규모는 매년 지속적으로 성장하고 있다.

또한 외화획득 증가, 새로운 고용인력 창출, 의료기관 수익성 향상, 환자의 안전을 고려한 의료 서비스 질적 향상, 그리고 의료기관의 수익구조 다변화 전략 차원에서 의료관광에 대한 관심이 고조되고 있다.

의료관광 시장의 규모 확대와 더불어 외국어가 가능하고 서비스 마인드가 있고 마케팅 능력을 겸비한 의료관광 전문인력의 수요도 날로 증가하고 있다. 의료관광이 사람의 생명과 밀접한 관계가 있으며, 의료관광 업무를 수행하기 위해서 의료용어에 대한 지식, 마케팅 능력, 관광 실무 지식, 외국어 능력 등을 필요로 하기 때문에 의료관광 인력의 객관적인 능력 검증을 목적으로 2013년부터 한국산업인력공단 시행으로 국제의료관광코디네이터 국가자격증 제도를 실시하고 있다.

의료관광전문 도서 출판사로서 명성을 닦아온 한올출판사의 임재순 사장님께서 본 서의 출판을 흔쾌히 허락해 주셔서 진심으로 감사드립니다. 본 서가 세상에 나오기까지 교정, 편집, 표지 디자인 등에 수고해 주신 최혜숙 실장님, 이순연 과장님께도 감사드립니다.

　인제대학교 국제경상학부 의료관광 전공, 동원과학기술대학교 의료관광과, 원광보건대학교 의료관광코디네이션과, 평생교육원 IVY KOREA(www.ivykorea.co.kr)의 의료관광코디네이터 과정, 국제의료관광코디네이터자격증 과정에서의 강의 경험을 토대로 국가자격증 국제의료관광코디네이터를 준비하시는 분들께 1차 필기시험과 2차 실기시험의 준비를 본 서 한 권만으로도 충분히 가능할 수 있도록 국제의료관광코디네이터 준비에 꼭 필요한 핵심 요점과 예상문제를 골고루 담았습니다.

　본 서 내용 또는 예상문제에 대해서 궁금한 점이 있는 경우 fatherofsusie@hanmail.net으로 저자에게 직접 문의하시거나 blog.daum.net/fatherofsusie의 방명록에 궁금하신 점을 남겨주시면 최대한 빨리 그리고 성실하게 답변을 드리도록 하겠습니다.

2014년 3월 15일
한광종

CONTENTS

국제의료관광코디네이터 자격시험 안내

CONTENTS

핵심요점과 예상문제

CONTENTS

CONTENTS

2차 실기시험 예상문제

기출문제

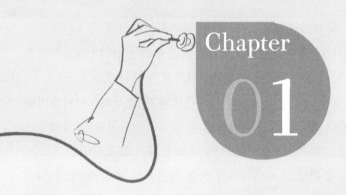

Chapter

01

국제의료관광
코디네이터
자격시험 안내

01 국제의료관광코디네이터 자격시험 개요

1. 출제범위

국제의료관광코디네이터 국가자격시험은 한국산업인력공단에서 시행한다. 국제의료관광코디네이터 자격시험은 1차 필기시험과 2차 실기시험으로 분류된다.

1차 필기시험은 보건의료관광행정, 보건의료서비스지원관리, 보건의료관광마케팅, 관광서비스지원관리, 의학용어 및 질환의 이해의 5과목이 각 20문제씩 출제된다.

각 과별로 과락(100점 만점 기준으로 40점 이하)가 없어야 하며, 60점 이상이면 합격한다. 즉, 각 과목별로 20문제 중 8개 골고루 이상은 정답을 맞추는 동시에 전체 100문제 중 60문제 이상은 정답을 맞추어야만 합격할 수 있다.

2차 실기시험은 필답형(주관식)으로 실시되며 100점 만점에서 60점 이상을 받아야 합격한다.

1차 필기시험에 합격하면 1년간 유효하기 때문에 2차 실기시험을 바로 응시하지 않거나 2차 실기시험에서 통과되지 못했더라도 다음 해에 2차 실기시험만을 응시하면 된다. 즉, 실기시험은 2번의 기회가 있는 셈이다.

시험 단계	과목명	문제수	시 간
1차 필기시험	• 보건의료관광행정 • 보건의료서비스지원관리 • 보건의료관광마케팅 • 관광서비스지원관리 • 의학용어 및 질환의 이해	100문제 (객관식)	2시간 30분
2차 실기시험	• 의료관광마케팅, 관광상담 등 의료관광을 기획 • 진료서비스 관리, 관광관리 등 의료관광을 실행 • 고객 만족서비스를 실시하고 관리	주관식 (필답형)	2시간 30분

(1) 국제의료관광코디네이터 1차 필기시험 출제범위

각 과목별 출제 범위는 어떻게 되어 있을까?

한국산업인력공단에서 공지한 국제의료관광코디네이터의 시험범위는 2013년 1월 1일부터 2018년 12월 31일까지의 기준이다. 따라서 2018년 12월 31일부터는 출제범위의 변경 또는 새로운 내용 추가 가능성이 있다.

직무 분야	보건 · 의료	중직무 분야	보건 · 의료	자격 종목	국제의료관광 코디네이터	적용 기간	2013. 1. 1. ~ 2018. 12. 31.

직무내용 : 국제의료관광 코디네이터는 국제화되는 의료시장에서 외국인환자를 유치하고 관리하기 위한 구체적인 진료서비스지원, 관광지원, 국내외 의료기관의 국가 간 진출을 지원할 수 있는 의료관광 마케팅, 의료관광 상담, 리스크관리 및 행정업무 등을 담당함으로써 우리나라의 글로벌헬스케어산업의 발전 및 대외경쟁력을 향상시키는 직무

필기검정방법	객관식	문제수	100	시험 시간	2시간30분

필기 과목명	문제 수	주요항목	세부항목	세세항목
보건의료 관광행정	20	1. 의료관광의 이해	1. 의료관광의 개념	1. 의료관광(의료관광객)의 정의 및 역사 2. 국제 협정과 의료관광 3. 의료관광의 유형 및 특성 4. 의료관광코디네이터의 역할
			2. 의료관광의 구조	1. 의료관광의 메커니즘 2. 의료관광의 이해관계자 3. 의료 관광의 효과
			3. 의료관광 현황	1. 의료관광의 국내외 환경 2. 의료관광의 현황 및 문제점
		2. 원무관리	1. 원무관리의 이해	1. 원무관리의 개념 2. 원무관리의 필요성
			2. 환자관리	1. 외래관리/예약관리 2. 입·퇴원관리 3. 진료비 관리

			3. 의료보험	1. 의료보험에 대한 이해 2. 보험청구업무 3. 국제 의료보험 청구 사례 및 실무
			4. 의료정보관리	1. 의료정보관리의 이해 2. 병원통계관리
		3. 리스크관리	1. 리스크관리의 개념	1. 리스크의 정의 2. 리스크 관리의 개념
			2. 리스크관리의 체계	1. 리스크관리 정책 수립 2. 리스크관리 시스템 구축
		4. 의료 관광 법규	1. 의료 관련법규	1. 의료법 2. 의료분쟁 사례
			2. 관광관련법규	1. 관광진흥법 2. 출입국관리법(출입국 절차 및 비자 발급 등) 3. 재외동포의 출입국과 법적 지위에 관한 법률
보건의료 서비스 지원관리	20	1. 의료의 이해	1. 건강과 질병관리에 대한 이해	1. 공중보건의 정의 및 역사 2. 건강의 이해 3. 사고 및 질병관리의 이해 4. 건강증진의 개념과 전략 5. 전염병 및 만성질환의 이해
			2. 의료체계와 의료 전달 체계	1. 의료체계에 대한 개념 2. 의료전달체계의 개념
		2. 병원서비스 관리	1. 병원의 이해	1. 병원의 정의 및 분류 2. 병원조직의 기능과 역할 3. 병원업무의 특성
			2. 진료서비스의 이해	1. 환자관리 서비스 2. 진료지원 서비스(약무, 진단방사선, 진단검사, 검사실, 재활의학실, 영양관리 등) 3. 종합검진 서비스
		3. 의료 서비스의 이해	1. 의료 서비스 개념	1. 의료서비스의 정의 및 유형 2. 의료서비스의 특성 3. 국가별 의료와 문화 특성

			2. 의료 서비스 과정	1. 의료관광 프로세스
				2. 초기접촉과정
				3. 확인과정
				4. 서비스과정
				5. 매뉴얼 작성법
		4. 의료 커뮤니케이션	1. 의료 커뮤니케이션의 개념	1. 의료 커뮤니케이션의 정의
				2. 의료 커뮤니케이션의 이론
				3. 의료 커뮤니케이션과 문화
			2. 의료 커뮤니케이션의 유형	1. 환자와의 커뮤니케이션
				2. 보호자와의 커뮤니케이션
				3. 동선별 커뮤니케이션
보건의료 관광 마케팅	20	1. 마케팅의 이해	1. 의료관광 마케팅의 이해	1. 의료서비스 마케팅의 이해
				2. 관광 마케팅의 이해
			2. 환경분석	1. 거시환경 분석
				2. 산업분석
				3. 내부환경 분석
			3. 시장분석	1. 시장 크기 분석
				2. 잠재성장력 분석
				3. 경쟁자 분석
			4. 고객분석	1. 고객행동 영향요인 분석
				2. 고객 정보처리과정 분석
				3. 구매의사 결정과정 분석
			5. STP(시장세분화, 표적시장, 포지셔닝) 및 마케팅 믹스	1. 시장 세분화
				2. 세분시장 별 프로파일 생성
				3. 각 세분시장 매력도 분석
				4. 표적시장 선정
				5. 마케팅 믹스
		2. 상품개발 하기 (의료, 관광)	1. 신상품 아이디어 창출	1. 신상품 아이디어 창출
				2. 기존 상품 개선방안
				3. 신상품 아이디어 수집
			2. 상품 콘셉트 개발 및 평가	1. 신상품 콘셉트 개발
				2. 신상품 콘셉트 평가
				3. 신상품 테스트 및 사후평가
			3. 수요예측	1. 판매예측
				2. 재무매력도 평가
				3. 기존상품 잠식 가능성 분석

		3. 가격 및 유통 관리	1. 가격결정	1. 신제품 가격전략 2. 유사상품의 가격 분석 3. 가격조정전략 4. 공공정책과 가격결정
			2. 마케팅 경로와 공급망 관리	1. 마케팅경로 설계 2. 마케팅경로 관리 3. 공공정책과 유통경로 결정
		4. 통합적 커뮤니케이션	1. 통합적 커뮤니케이션 이해하기	1. 커뮤니케이션 과정 2. 효과적인 커뮤니케이션 개발 3. 커뮤니케이션 예산 4. 커뮤니케이션믹스 결정
			2. 광고와 홍보	1. 의료광고의 규제와 허용 2. 광고 메시지 개발 3. 광고 및 홍보 미디어 선정
			3. 인적판매와 판매 촉진	1. 인적판매 및 촉진전략 2. 인적판매자원 관리 3. 인적판매 과정 4. 판매촉진 도구 선정 5. 판매촉진 프로그램 개발
			4. 마케팅 기법	1. 마케팅 모델과 유형(다이렉트, 온라인 등) 2. 웹사이트 구축
		5. 고객 만족도 관리	1. 고객만족도 조사	1. 조사계획 수립 2. 자료 수집 3. 자료 분석 4. 결과해석 및 보고서 작성
			2. 고객관계 구축	1. 고객 데이터베이스 구축 2. 고객 분석 3. 구매연관성 분석 4. 유형별 고객관계 구축전략
관광서비스 지원관리	20	1. 관광과 산업의 이해	1. 관광의 이해	1. 관광의 정의와 관련용어 2. 관광동기와 욕구
			2. 관광객의 이해	1. 관광객의 정의 2. 관광객의 유형

		3. 관광 서비스 이해	1. 관광 서비스의 정의
			2. 관광 서비스의 특성
			3. 관광 서비스 활동의 유형과 역할
		4. 관광 활동의 이해	1. 관광 활동의 정의
			2. 관광 활동의 특성
		5. 관광 산업의 이해	1. 관광 산업의 정의
			2. 관광 산업의 유형
			3. 관광 산업의 시스템
			4. 관광 산업의 효과
	2. 항공 서비스의 이해	1. 항공 산업의 이해	1. 항공운송업의 정의
			2. 항공운송업의 현황과 유형
		2. 항공수배업무의 이해	1. 항공수배업무의 정의
			2. 항공수배업무의 특성
	3. 지상업무 수배 서비스의 이해	1. 숙박시설의 이해	1. 숙박업(호텔, 리조트 등)의 정의
			2. 숙박업(호텔, 리조트 등)의 종류와 특성
			3. 숙박업(호텔, 리조트 등)의 조직구성과 기능
			4. 숙박업(호텔, 리조트 등)의 예약시스템 이해
		2. 관광교통의 이해	1. 관광교통 정의
			2. 관광교통의 유형과 특성
			3. 관광교통 예약시스템
		3. 외식업의 이해	1. 외식업의 정의
			2. 외식업의 유형과 특성
			3. 국가별 외식문화의 특성
		4. 관광쇼핑과 공연 안내 서비스의 이해	1. 관광쇼핑 서비스의 이해
			2. 공연안내 서비스의 이해
		5. 관광안내와 정보 이해	1. 관광정보의 정의
			2. 관광정보의 매체유형
			3. 관광지 안내와 예약시스템
	4. 관광자원 및 이벤트의 이해	1. 관광종사원에 대한 이해	1. 관광종사원의 정의
			2. 관광종사원의 역할

			2. 관광자원의 이해	1. 관광자원의 정의와 개념 2. 관광자원의 유형과 특성
			3. 관광이벤트의 이해	1. 관광이벤트의 정의와 개념 2. 관광이벤트의 유형과 특성
의학용어 및 질환의 이해	20	1. 의학용어 및 질환	1. 기본구조 및 신체 구조	1. 의학용어의 어근 2. 의학용어의 접두사 3. 의학용어의 접미사 4. 신체의 구분 및 방향
			2. 심혈관 및 조혈 계통	1. 해부 생리학적 용어 2. 증상용어 3. 진단용어 4. 수술 처치용어 5. 약어
			3. 호흡계통	1. 해부 생리학적 용어 2. 증상용어 3. 진단용어 4. 수술 처치용어 5. 약어
			4. 소화계통	1. 해부 생리학적 용어 2. 증상용어 3. 진단용어 4. 수술 처치용어 5. 약어
			5. 비뇨계통	1. 해부 생리학적 용어 2. 증상용어 3. 진단용어 4. 수술 처치용어 5. 약어
			6. 여성생식계통	1. 해부 생리학적 용어 2. 증상용어 3. 진단용어 4. 수술 처치용어 5. 약어

			7. 남성생식계통	1. 해부 생리학적 용어
				2. 증상용어
				3. 진단용어
				4. 수술 처치용어
				5. 약어
			8. 신경계통	1. 해부 생리학적 용어
				2. 증상용어
				3. 진단용어
				4. 수술 처치용어
				5. 약어
			9. 근골격계통	1. 해부 생리학적 용어
				2. 증상용어
				3. 진단용어
				4. 수술 처치용어
				5. 약어
			10. 외피계통	1. 해부 생리학적 용어
				2. 증상용어
				3. 진단용어
				4. 수술 처치용어
				5. 약어
			11. 감각계통	1. 해부 생리학적 용어
				2. 증상용어
				3. 진단용어
				4. 수술 처치용어
				5. 약어
			12. 내분비계통	1. 해부 생리학적 용어
				2. 증상용어
				3. 진단용어
				4. 수술 처치용어
				5. 약어
			13. 면역계통	1. 해부 생리학적 용어
				2. 증상용어
				3. 진단용어
				4. 수술 처치용어
				5. 약어

		14. 정신의학	1. 기본용어
			2. 증상용어
			3. 진단용어
			4. 치료용어
			5. 약어
		15. 방사선학	1. 기본용어
			2. 약어
		16. 종양학	1. 기본용어
			2. 약어
		17. 약리학	1. 기본용어
			2. 약어

(2) 국제의료관광코디네이터 2차 실기시험 출제 범위

국제의료관광코디네이터 1차 시험일로부터 약 45일 후에 실시되는 2차 실기시험의 출제범위는 아래와 같다.

직무분야	보건·의료	중직무분야	보건·의료	자격종목	국제의료관광코디네이터	적용기간	2013. 1. 1. ~ 2018. 12. 31.

직무내용 : 국제의료관광 코디네이터는 국제화되는 의료시장에서 외국인환자를 유치하고 관리하기 위한 구체적인 진료서비스지원, 관광지원, 국내외 의료기관의 국가 간 진출을 지원할 수 있는 의료관광 마케팅, 의료관광 상담, 리스크관리 및 행정업무 등을 담당함으로써 우리나라의 글로벌헬스케어산업의 발전 및 대외경쟁력을 향상시키는 직무

수행준거 : 1. 의료관광마케팅, 관광상담 등 의료관광을 기획할 수 있다.
　　　　　　 2. 진료서비스 관리, 관광관리 등 의료관광을 실행할 수 있다.
　　　　　　 3. 고객만족서비스를 실시하고 관리할 수 있다.

실기검정방법	필답형	시험시간	2시간30분

실기 과목명	주요 항목	세부항목	세세항목
보건의료 관광실무	1. 의료관광 기획	1. 의료관광 마케팅 기획하기	1. 의료관광 상품 기획 및 개발 할 수 있다. 2. 가격 및 유통관리를 할 수 있다. 3. 통합적 커뮤니케이션을 할 수 있다.
		2. 의료관광 상담하기	1. 의료관광 상담기법을 적용할 수 있다. 2. 문화별 커뮤니케이션을 할 수 있다.
		3. 의료관광 사전관리 하기	1. 의료관광 상품을 관리할 수 있다. 2. 진료를 사전관리 할 수 있다. 3. 관광을 사전관리 할 수 있다.
	2. 의료관광 실행	1. 진료서비스관리하기	1. 진료서비스 관리를 할 수 있다. 2. 진료비 및 보험관리를 할 수 있다. 3. 병원생활을 관리할 수 있다.
		2. 리스크 관리하기	1. 리스크 확인 및 분석할 수 있다. 2. 의료리스크를 확인 및 관리할 수 있다. 3. 관광리스크를 확인 및 관리할 수 있다.
		3. 관광 관리하기	1. 지상업무 수배서비스를 할 수 있다. 2. 고객별로 관광서비스 유형을 알고 관리할 수 있다.
		4. 상담 관리하기	1. 의료관광서비스 단계별커뮤니케이 션을 할 수 있다. 2. 환자 및 보호자와 커뮤니케이션을 할 수 있다.
	3. 고객만족 서비스	1. 고객만족도 관리하기	1. 고객만족도 관리를 할 수 있다. 2. 의료관굉싱품 민족도 괸리를 할 수 있다.
		2. 리스크 사후관리 하기	1. 리스크 유형에 따른 관리를 할 수 있다. 2. 리스크 사후관리를 할 수 있다. 3. 의료분쟁 처리를 할 수 있다.
		3. 네트워크 구축하기	1. 의료관광 관련 업체와 협력을 구축 할 수 있다.

2차 실기시험의 시험방식 : **필답형**

문제에 대해서 답안을 글로 작성하는 형태이다.

국가자격증 국제의료관광코디네이터 2차 실기는 본 서의 요점 정리로 준비가 가능하다.

● **필답형 시험에서 주의할 사항**

① 필기도구를 남에게 빌리거나 빌려주지 못한다.

② 전자수첩, 노트북, 휴대폰 등은 지참할 수 없다. 휴대폰을 시험 개시 전에 일괄 수거한다.

③ 응시자가 부정한 행위로 적발될 경우 무효 처리되며, 즉시 퇴실된다. 향후 2년간 재응시가 불가능하다.

④ 필답형에서 계산 문제는 계산과정이 포함되어 있어야 한다.

2. 응시자격

(1) 학력 및 경력 조건

① 보건의료 또는 관광분야의 학과로서 고용노동부장관이 정하는 학과(이하 "관련학과"라 한다)의 대학졸업자 또는 졸업예정자

② 2년제 전문대학 관련학과 졸업자 등으로서 졸업 후 보건의료 또는 관광분야에서 2년 이상 실무에 종사한 사람

③ 3년제 전문대학 관련학과 졸업자 등으로서 졸업 후 보건의료 또는 관광분야에서 1년 이상 실무에 종사한 사람

④ 비관련학과의 대학졸업자로서 졸업 후 보건의료 또는 관광분야에서 2년 이상 실무에 종사한 사람

⑤ 비관련학과의 전문대학졸업자로서 졸업 후 보건의료 또는 관광분야에서 4년 이상 실무에 종사한 사람

⑥ 관련자격증(의사, 간호사, 보건교육사, 관광통역안내사, 컨벤션기획사1 · 2급)을 취득한 사람

(2) 언어 능력 조건

① 영어 : TOEIC 700점 이상, TEPS 625점 이상, TOEFL CBT 197점 이상 및 IBT

71점 이상, G-TELP(Level2) 65점 이상, FLEX 625점 이상, PELT(Main) 345점 이상, IELTS 7.0점 이상

② 일본어 : JPT 650점 이상, 일검(NIKKEN) 700점 이상, FLEX 720점 이상, JLPT 2급 이상

③ 중국어 : HSK 5급 이상과 회화중급 이상 모두 합격, FLEX 700점 이상, BCT 듣기/읽기 유형과 말하기/쓰기 유형 모두 5급 이상, CPT 700점 이상, TOP 고급 6급 이상

④ 기타 외국어

- 러시아어 : FLEX 700점 이상, TORFL 2단계 이상

- 태국어, 베트남어, 말레이.인도네시아어, 아랍어 : FLEX 600점 이상

취득한 성적의 유효기간 내에 응시자격 기준일(필기시험일)이 포함되어 있어야 한다.

(3) 응시자격 궁금한 점 해결

 대학 의료 또는 관광관련 학과로 편입한 경우 응시가 가능할까?
최종 학위가 의료 또는 관광관련 학과이므로 응시가 가능하다.

 중국에서 중의학을 전공한 경우 응시가 가능할까?
서울공자아카데미에서 인정을 해주는 대학이면 응시가 가능하다.
http://www.cis.or.kr/ 학력학위인증센터에서 인증을 받으면 된다.

서울공자아카데미
Confucius Institute in Seoul

| 서울공자아카데미 | 중국어교육원 | 사이버캠퍼스 | 학력학위인증센터 | 공자학원장학금 | 중국어대회 | 문화교류원 | 고객센터 |

센터소개 인증업무소개 신청방법 접수방법 접수확인 FAQ

학력학위인증센터
중국교육부 학력학위인증센터 및 학위인증센터 부분 업무 대행 한국 내 공식기관입니다.

| 학력학위인증센터 | 센터소개 | 홈 · 학력학위인증센터 · 센터소개 |

- 센터소개 (中心簡介)
- 인증업무소개 (认证业务介绍)
- 신청방법 (申请方法)
- 접수방법 (提交方法)
- 접수확인 (接收确认)
- FAQ

한국어 中國語

서울공자아카데미 학력학위인증대행센터 소개

서울공자아카데미는 2007년 8월부터 학력학증업무를 대리하는 권한을 정식으로 부여 받았으며, 한국 내에서 중국 경내(대만, 홍콩, 마카오 제외)에서 취득한 학력이나 학위에 대한 인증이 필요할 경우, 본원을 통해서 인증심사를 신청할 수 있습니다. 주한중국대사관 교육처 홈페이지에서 해당 내용을 확인하실 수 있습니다.

주한중국대사관 교육처 홈페이지 공지문 · http://www.eoe.or.kr/publish/portal109/tab5090/info91607.htm

중국교육부 학력인증센터
全国高等学校学生信息咨询与就业指导中心
China Higher Education Student Information and Career Center

中国汉语水平考试
Chinese Proficiency Test

중국에서 대학을 졸업한 경우도 마찬가지로 공자 아카데미에서 학위인증을 받으면 된다.

 관광분야의 경력은 어느 범위일까?

관광진흥법에서 명시한 관광사업체에서 관광과 관련된 일을 한 경력은 인정된다.

구 분	내 용
여행업	일반여행업, 국외여행업, 국내여행업
관광숙박업	관광호텔업, 수상관광호텔업, 한국전통호텔업, 가족호텔업, 호스텔업

관광객 이용시설업	전문휴양업 : 민속촌, 해수욕장, 수렵장, 동물원, 식물원, 수족관, 온천장, 동굴자원, 수영장, 농어촌휴양시설, 활공장, 등록 및 신고 체육시설, 산림휴양시설, 박물관, 미술관
	종합휴양업 : 제1종 종합휴양업, 제2종 종합휴양업
	  자동차야영장업
	관광유람선업 : 일반관광유람선업, 크루즈업
	  관광공연장업
	외국인전용 관광기념품판매업

국제회의업	국제회의시설업 국제회의기획업
카지노업	
유원시설업	종합유원시설업, 일반유원시설업, 기타 유원시설업
관광편의시설업	관광유흥음식점업, 관광극장유흥업, 외국인전용 유층음식점업, 관광식당업, 시내순환관광업, 관광사진업, 여객자동차터미널시설업, 관광펜션업, 관광궤도업, 한옥체험업

 관광사업체에서 일한 경력이 모두 관광분야의 경력으로 인정되는가?

관광사업체에서 일한 경력이 모두 관광분야의 경력으로 인정되는 것은 아니다. 예를 들어서 여행사에서 근무했지만 경리로 일을 했다면 관광분야의 경력이 아닌 것이다.

제약회사의 경력은 의료관련 경력에 포함되는가?

제약회사는 약을 만들거나 판매하는 일이므로 의료와 직접적인 관련이 없을 수 있다. 의료와 관련된 경력을 인정하는가 인정하지 않는가는 의료와 관련된 일을 했는가가 핵심이다.

시험 접수는 어떻게 하는가?

한국산업인력공단의 큐넷에서 온라인 접수가 가능하다.
www.q-net.or.kr

회원에 가입 - 로그인

회원에 가입하면 응시자격이 있는지 자가진단도 가능하다.

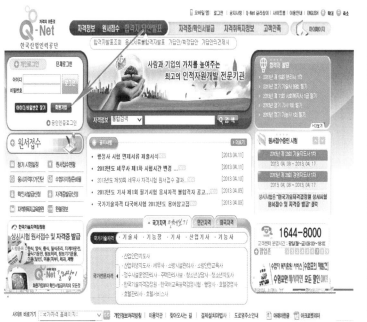

 국제의료관광코디네이터 자격시험에 대해서 궁금한 점은 어디로 문의하면 좋을까?

국제의료관광코디네이터 응시자격 등에 대해서 한국산업인력공단에 문의할 수 있는 전화번호는 다음과 같다.

국제의료관광코디네이터 국가자격증이 2013년부터 처음 시행되므로 확실한 답변을 해 줄 수 있는 담당자와의 통화연결이 쉽지 않을 수 있다.

구 분	문의처
서울	3271-9173
경인	032-820-8600
대전	042-580-9132
부산	051-330-1910
대구	053-580-2321~7
광주	062-970-1761~7

문의처의 전화번호는 변경될 수 있다.

02 국제의료관광코디네이터 개요

1. 의료관광의 의미

의료관광이란 무엇일까?

의료관광(Medical Tourism)이란 의료
서비스의 휴양.레저.문화활동 등 관광활
동이 결합된 새로운 관광형태를 의미한
다. 선진국과 비교하여 비용이 저렴하면
서 선진국 수준의 의료서비스와 휴양시
설을 갖춘 아시아 지역에서 활발히 이루
어지고 있다.

의료관광은 미용이나 성형, 건강검진,
간단한 수술과 관광을 연계하여 체류기
간이 길고, 체류비용이 큰 특징이 있다.
이러한 점에서 의료관광은 21세기 새로
운 부가가치 관광산업이라고 할 수 있다.

최근에는 의료관광이란 표현 이외에 국제진료 서비스란 용어도 빈번히 사용
되고 있다.

국제진료서비스는 의료소비자나 가족이 의료서비스를 받기 위해 국경을 넘
어 이동하는 것을 의미한다. 이 개념은 의료관광(Medical Tourism), 의료여행
(Medical Travel), 건강관광(Health Tourism) 등의 개념과 동일하게 사용되고 있
다. 국내에서 처음에는 의료관광이라는 개념
이 광범위하게 쓰였으나 의료관광이 관광에
지나치게 초점이 맞추어진 의미로 받아들여
져서 최근에는 국제진료서비스, 국제의료관
광이란 용어를 사용하고 있다.

국제의료관광코디네이터 자격증 이름은
국제진료서비스와 의료관광이 혼합된 형태
이다.

2. 국제의료관광코디네이터의 활동영역

국제의료관광코디네이터는 어디서 일할까?

국제의료관광코디네이터의 진출 및 취업분야는 공무원, 협회, 병원, 에이전시 등 매우 다양하다.

공무원 (각 시도 의료관광 담당)

예 서울시 문화관광디자인본부 관광사업과 특화관광팀

구분	업무 내용
특화관광팀	특화관광 개발.활성화 의료관광 상품 개발 및 의료관광 활성화 외국인을 위한 한방진료 체험 한류 관광상품 개발 및 활성화 의료관광 등 특화관광 지원

예 대전시 보건정책과 의료관광담당

구분	업무 내용
의료관광담당	의료관광업무 총괄 및 종합계획 수립 의료관광 전문인력 양성 외국인 환자 유치의료기관 등록 의료관광 관련 각종 지원 시책 의료관광 팸투어 의료관광 육성 및 해외마케팅 방안연구(연구용역) 의료관광 관련 국제행사 의료관광 지원센터 및 법인관리 선도의료기관 지정 육성 응급의료에 관한 법률

의료관광 협회 : 한국의료관광협회, 한방의료관광협회, 국제의료관광코디네이터협회, 한국의료관광코디네이터협회, 한국성형관광협회, 한국글로벌헬스케어협회, 한국의료관광유치업협회

의료관광 협의회 : 서울시의료관광협의회, 안산시의료관광협의회, 광주의료관광협의회, 대구의료관광발전협의회, 경기의료관광협의회, 고양시의료관광협의회, 전북도의료관광협의회, 충북의료관광협의회, 대

전유성관광진흥협의회, 부산의료관광협의회, 한국의료관광협의회, 강
남구의료관광협의회, 한방의료관광협의회, 대한의료관광협의회

의료관광 정보센터

- **한국관광공사**

  www.visitkorea.or.kr

  한국관광공사 본사 한국의료관광 원스톱 서비스센터

  한국관광공사 인천국제공항 의료관광 원스톱 서비스센터

- **부산시**

  www.bmtic.kr

  부산의료관광정보센터

- **대구의료관광정보시스템**

  www.meditour.go.kr

  한국어, 영어, 중국어, 일본어

- **대전의료관광지원센터**

  www.djmeditour.go.kr

  강원도 의료관광지원센터

  www.gwmt.or.kr

- **인천시 의료관광재단**

  medical.incheon.go.kr

  영어, 중국어, 일본어, 러시아어, 아랍어, 베트남어

- **강남구 의료관광정보센터**

  medicaltour.gangnam.go.kr

  영어, 러시아어, 일본어, 중국어

외국인환자 유치 의료기관 : 대학병원, 병원, 치과병원, 한의원 등

외국인환자 유치업체 : Inbound Agency, Outbound Agency

언론사 : 의료관광신문사

www.meditimes.net

의료신문, 매일건강신문사 등 건강관련 언론사

3. 의료관광전문가로서의 자질

의료관광코디네이터는 어떤 능력이 필요할까?

1) 언어 능력

① 대화능력 : 외국인 환자와 자연스럽게 대화할 수 있어야 한다. 외국인의 언어와 비언어적 표현 방식을 잘 이해하고 있어야 한다.

　예 문화 차이 이해

② 독해능력 : 외국어로 된 문서를 정확하게 해석할 수 있어야 한다. 잘못된 해석은 의료사고나 재정적 손실로 이어질 수 있다.

　예 항공, 숙박, 지상교통, 관광 등 환자의 옵션 요구사항, 환자 EMR(Electronic Medical Record) 자료나 외국 의료보험회사의 Coverage 내용을 정확하게 이해하지 못하면 문제가 발생할 수 있다.

③ 작문능력 : 외국 기관과의 서신 교환을 위해서는 외국어로 된 비즈니스 서류를 작성하는 능력을 갖추고 있어야 한다.

　예 국제 의료관광 기구, 외국 의료관광 에이전시, 광고대행사와의 업무 협의를 위해서 외국어로 된 비즈니스 서류를 정확하게 작성할 필요가 있다.

2) 의료 전문용어 이해

① 의학용어 (Medical Terminology) : 의학용어에 대한 지식은 필수적이다. 외국인 환자에게 질병에 대한 설명을 하기 위해서는 의학용어를 정확하게 알고 있어야 한다.

② 질병코드 : 서류에 질병 코드명이 적혀 있을 때 이해할 수 있어야 한다. 전 세계적으로 ICD-9이나 ICD-10 등의 질병코드가 쓰이고 있다. EMR (Electronic Medical Record : 전자의무기록) 자료는 의무기록실에서 작성하지만 의료관광 코디네이터는 어느 정도의 기본적 지식이 필요하다.

▶ ICD-10 (질병 및 관련 건강문제의 국제 통계분류 10차 개정판)

구간	제목
A00 - B99	전염병 또는 기생충병
C00 - D48	종양
D50 - D89	혈액 및 혈액 생성기관 질병으로 면역 체계와 관련된 병
E00 - E90	내분비선 영양 및 순환계
F00 - F99	정신적, 행동적 장애
G00 - G99	신경 계통의 질병
H00 - H59	눈과 유양 돌기
I00 - I99	순환계통의 질병
J00 - J99	호흡기 계통의 질병
K00 - K93	소화계통의 질병
L00 - L99	피부와 피하 조직의 질병
M00 - M99	근육과 연결 조직의 질병
N00 - N99	생식, 배설 계통의 질병
O00 - O99	임신, 출산, 산후 조리
P00 - P96	출산 전후 기간에 일어나는 어떤 상태
Q00 - Q99	선천성 기형, 변형, 염색체의 이상
R00 - R99	다른 곳에서 분류되지 않은 증상, 증세나 임상 또는 연구에서 발견된 비정상
S00 - T98	상처, 중독과 외부 원인에 의한 것들
V01 - Y98	질병이나 사망의 외부적 원인
Z00 - Z99	건강 상태에 영향을 미치는 원인들과 보건 서비스와의 관계
U00 - U99	특별 목적을 위한 코드

③ 처치코드 (CPT-4 Procedure Code) : 미국에서는 처치 항목별로 CPT-4 코드를 사용하고 있다. 따라서 CPT-4 코드에 대한 기본적인 이해가 필요하다.

CPT : Current Procedural Terminology

Evaluation and Management	99201-99499
Anesthesiology	00100-01999, 99100-99140
Surgery	11021-69990
Radiology	70010-79999
Pathology and Laboratory	80048-89356
Medicine	90281-99199, 99500-99602

3) 서비스 마인드

① 고객을 돕고 싶다는 마음 가짐이 있다.

② 일 속에서 기쁨과 보람을 얻는다.

③ 긍정적인 마음을 유지한다.

④ 예측 못한 상황에 대한 대응 매뉴얼 숙지와 준비가 필요하다.

⑤ 진실되게 고객을 대한다.

⑥ 에너지가 넘쳐난다.

⑦ 고객에게 감정이 절제된 반응을 보인다.

⑧ 고객의 Needs를 파악한다.

⑨ 감정 노동을 잘 극복한다.

4) 커뮤니케이션 스킬

(1) 문서

① 서한, 팩스, E-mail에 의한 커뮤니케이션에서 상세하고 명확한 표현을 쓴다.

② E-mail, 서한의 기본을 익힌다.

③ 이전 E-mail을 복사해서 붙이는 성의없는 답변을 피하고 개인별 맞춤형 답신을 보낸다.

(2) 대화

① 서비스 대화법 : 고객에게 감동의 서비스를 제공하기 위해서 책임 있는 듣기(Responsible Listening)과 책임 있는 말하기 (Responsible Speaking)이 중요하다. 고객의 말을 제대로 경청하고 감동의 메시지를 전달할 수 있어야 한다. 외국인 환자의 입장에서 생각하는 자세가 매우 중요하다. 예 불임치료, 수술 전의 불안

② 세일즈 대화법 : 외국인 환자에게 의료관광 상품을 제대로 소개하고 동기부여를 해서 추가적인 상품 구매를 유도하는 능력도 필요하다. 예 옵션 투어, 화장품 구매, 추가적인 미용 서비스

③ 리스크관리 대화법 : 외국인 환자는 문화가 다르기 때문에 작은 일에도 오해를 할 수 있다. 이는 고객불평으로 이어져 나쁜 소문으로 퍼질 수도 있다. 따라서 불만이나 의료사고 접수 시, 즉각적으로 고객의 불만내용과 원인을 파악하여 이를 시정하고 서비스 회복을 이끌어낼 수 있어야 한다.

예 부작용 문의, 수술 후의 불만족

5) 직업관

① 과거의 경력을 잊고 새로운 도전에 성실히 임한다.
② 직업에 대한 자긍심을 갖는다.
③ 꾸준히 공부한다.
④ 민간 외교관의 역할이다.

6) 문화차이 이해

각 나라별로 질병과 검사 그리고 치료에 대한 인식의 차이, 의료기관이나 의료인에 대한 믿음, 음식, 증상 표현 방식 등에 차이가 있다. 외국인 환자에 대한 진료나 기타 서비스가 만족스럽게 제공되기 위해서는 각 나라별 문화에 대한 이해가 중요하다.

타 문화를 이해하고 타 문화 사람을 만나는 것에 자신감이 있고 실제 상황에서 상호 접촉을 실행에 옮기는 능력이 있어야 한다.

미국의 경우 의료통역사 시험과목에 문화차이의 이해가 포함될 정도로 문화차이에 대한 이해와 관심은 의료인과 환자 사이의 의사소통에서 매우 중요하다.

구 분	내 용
법률	국회에서 법률이라는 형식으로 제정한 규범 (예) 의료법
사회적 규범	사람들이 하나의 집단을 형성하면, 그 집단 내에서 형성된 공통의 행동 기준
문화	어떤 집단의 구성원이 배우거나 습득하여 계승해 내려온 생각, 행동 방식 및 일상생활에서의 예의

예절	예의에 관한 모든 절차나 질서
매너	행동하는 방식이나 자세
국제매너	국제교류에 필요한 기본적인 예절

의료관광객의 국가별 문화적 차이를 고려한 응대를 위해서 의료관광코디네이터는 국제매너에 대해서 알고 있을 필요가 있다.

국제매너의 목적은 다음과 같다.

① 불쾌감의 최소화   ② 오해의 최소화

③ 친절한 서비스   ④ 효율적인 커뮤니케이션

의료관광객들은 자기들 나름대로의 전통과 풍습에 익숙해 있기 마련이다. 만약 이에 대한 상식이 부족할 경우 본의 아닌 실수를 할 수도 있다. 의료관광객의 습관과 풍습을 이해하고 사전에 알아둔다면, 의료관광객과의 접촉에 있어서 보다 원만한 관계를 유지할 수 있을 것이다.

(1) 일본

- 일본인은 냉정성을 중시한다.
- 일본인이 존경하는 대표적인 인격은 '냉정성'을 갖춘 사람이다. 냉정은 화(和)의 실현에 중요한 역할을 하며, 업무상의 손실을 방지하는 의미에서도 중요하다. 예컨대 업무상 문제가 생겨 큰소리를 치면서 흥분한다면 몰상식한 사람으로 인식되어 경원시되며, 자기억제를 하지 못하는 사람으로 평가받게 된다. 마음에는 불타는 노여움이 있더라도 얼굴에는 표현하지 않고 말씨도 변하지 않고 태연한 자세를 견지하는 것이 중요하다.

  예 병원의 직원이 실수를 하거나 잘못하더라도 의료관광객 앞에서 큰 소리로 나무라지 않는다.
- 일본인은 대부분 소식(小食)을 하는 경향이 있다.

  소식을 했다고 해서 혹시 맛이 없어서 그런가 하고 바로 새로운 메뉴로 수정할 필요 없다.
- 일본인은 술을 조금 마시고, 대체로 자기 양껏 마시는 경향이 있다. 따라서 술을 더 권해서 거절당하더라도 기분 나쁘게 생각할 필요는 없다.

  주류는 건강검진 등이 종료된 후에 제공하고, 의사의 조언에 따라서 주류 제공

여부를 결정해야 하며, 의사가 금지한 경우 주의사항으로 재강조할 필요가 있음.

- 일본인은 첨잔을 한다. : 상대방이 당신을 지속으로 관심있게 보고있다는 뜻이 전달된다.
- 짝으로 된 것이 행운을 준다고 여기므로 선물은 짝으로 된 세트를 주는 것이 좋다.
  예 원앙새
- 반짝거리는 포장지로 선물하지 않고, 포장 후에 리본을 달지 않는다.
- 흰 종이 포장 : 죽음의 색깔을 뜻한다.
- 선물만 주는 것보다 간단한 메시지가 담긴 카드와 함께 전달한다.
- 일본인은 김치, 김, 도자기 제품을 좋아한다.
- 일본인에게 부채가 바람에 날아간다는 의미로 해석하므로 반가운 선물이 아니다. 한국에서는 시원한 여름을 보내라는 의미 또는 예술적 전시물로 부채를 선물한다.
- 2차 대전에 관한 화제는 피하는 것이 좋다.
  예 원래는 경복궁이 아주 화려하고 건물도 많았는데, 일제시대에 모두 타 버렸다.
  환자가 입는 가운의 색상을 흰색은 죽음을 의미하므로, 의료와 진료에 지장이 없는 범위 내에서 가운의 색상 변경 고려
- 칼 : 자살을 상징
- 여우를 묘사한 선물 : 풍부함을 의미
- 오소리를 묘사한 선물 : 교활함을 의미
- 외국인을 자기집안으로 초대하는 일은 매우 드물다.
  호텔 객실을 자기집으로 생각할 수 있으므로 절대로 고객의 객실에 들어가지 않는다.
- 일본인 뒤에서 손벽을 치지 않도록 주의한다.[1] (박수와 손벽은 다름)
- 가능하다면, 일본인 단체 의료관광객과 중국인 의료관광객을 호텔의 같은 층에 배치하지 않도록 한다.
- 일본인에게는 의료관광 선택에 있어서 구전(Word of Mouth)의 효과가 매우 중요하다.

---

[1] 일본은 신사에 가면 배전(신령을 모신 신전) 앞에서 참배할 때 두 번 머리를 깊이 숙이며 절을 하고, 두 손으로 두 차례 손벽을 친다. 그리고 마지막으로 절을 한 번 더 한다.
손벽을 치는 것을 카시와데라고 칭한다.
절을 하는 것은 신 앞에서 경의를 표하는 것이고, 손벽을 치는 것은 신의 혼령을 불러 모신 후 서로의 혼을 마주 흔들어 준다는 의미이다.

- 병실의 화장실 변기를 흰색 띠로 둘러서 청소가 완료된 것을 강조한다.
- 환자복과 슬리퍼 등은 비닐에 담아서 제공한다.

(2) 중국

- 쾌종시계 挂钟(guà zhōng)는 끝나다란 뜻의 终[zhōng]과 발음이 비슷해서 죽음을 상징한다. 그러나 한국에서는 개업식 때 에 벽시계를 선물하는 사회적 분위기가 있다.
- 선물을 포장을 할 때 청색과 백색은 중국문화에서는 장례식의 색깔로 되어 있으므로 사용하지 않는 것이 좋다.
- 한 가지 선물보다 두 가지 선물이 좋다.(두 가지는 행운을 가져온다고 생각)
- 중국인에게는 쾌종시계, 프랑스인에게는 카네이션, 미국인에게는 백합이 모두 장례식이나 죽음 등 불길한 뜻을 포함하고 있어 선물하지 않는다.
- 중국의 의료서비스 수준과 한국의 의료서비스 수준을 비교하지 않는다.
- 한류 영향으로 한국 배우와 닮고 싶어서 성형을 하고 싶어서 오는 중국 의료관광객에 대해서 평가하지 않는다.
- 중국의 경제발전.문화에 대해서 평가하지 않는다. 중국인은 스스로 세계 최고라고 생각한다.
- 중국에서는 대개 선물을 받기 전에 세 번 정도 거절하는 것이 예의이다.
- 축의금은 짝수로, 부의금은 홀수 금액으로 한다.
- 비상구를 태평문(太平門), 자동차를 기차(汽車), 기차를 화차(火車)라고 하며 글자도 간자체가 많이 쓰인다.
- 식사 중·후에 젓가락을 그릇 위에 올려 놓지 않는다.
  불운을 가져온다고 믿는다.

- 본인의 술잔을 본인이 따르지 않는다.
- 술, 담배, 라이터, 칼을 선물로 선호한다.
- 박쥐는 행운을 전해주는 동물로 여기며, 학이나 거북이 등은 사람을 바보로 취급하는 말로 여긴다. 한국에서는 학은 우아함으로 인식하고, 거북이는 건강하게 장수하는 것과 연계해서 인식하고 있다.
- 중국인은 8자와 9자를 좋아한다.
  8(ba)의 발음과 돈을 벌다, 재산을 모으다란 뜻의 發(ba)의 발음이 비슷하기 때문

예 생활용품 가격도 118, 888원, 998원으로 8자로 끝나는 가격표를 흔히 볼 수 있음.

9(jiu)의 발음은 오래 산다란 뜻의 久(jiu)와 발음이 비슷하기 때문

중국으로부터 온 의료관광객을 8층 또는 9층 또는 Room Number에 8과 9가 들어간 객실로 배정한다.

중국, 한국, 일본, 북한 모두 4자를 싫어한다. 4(si)의 발음과 死(si)의 발음이 비슷하기 때문

- 한국과 일본과는 달리 중국인들은 술자리에서 노래를 부르거나 술에 취해서 떠들지 않는다.
- 중국인들은 자기가 사용하던 젓가락으로 음식을 집어 주는 습관이 있다.(고맙다는 뜻과 친해졌다고 생각했을 때)
- 식사와 반주가 함께 나올 때, 중국인은 자주 상대방에게 술을 권한다. 중국인은 첨잔을 하며, 만약 술을 그만 마시고 싶으면 술 잔을 엎어 놓으면 된다.
- 중국어는 한자가 어렵다는 말보다는 의미가 있어서 흥미롭다는 말을 듣기 좋아한다.

  It is difficult to learn Chinese language (X)

  It is very exciting and interesting to learn Chinese language.(O)
- 호텔에서 주는 Amenity로 과일 바구니를 주는데, 과일 중 배는 피한다. 이별 离别 [lí bié]을 뜻하는 단어가 먹는 과일 배(梨: lí)의 발음과 비슷하다.
- 우산雨伞 [yǔ sǎn]도 이별을 뜻하는 단어 云散 [yún sàn]의 발음과 비슷
- 꽃다발로 주지 않는 것이 좋다. 꽃은 생명이 짧다는 것을 의미하고 주로 장례식에서만 이용
- 중국은 포교활동이 금지된 국가이므로 종교관련 서적을 주지 않는다.
- 중국 사람들은 붉은색을 선호한다.[2]

(3) 몽고

- 서류 · 물건을 전할 때, 반드시 오른손을 사용한다.
- 어린이의 머리를 쓰다듬지 않는다.

---

[2] 중국인들이 붉은색에 유달리 깊은 관심과 애정을 표현하는 이유는 붉은 색을 상서로움과 경사로움의 상징으로 여긴다. 이를테면 순결하고 선량한 효자를 "적자(赤子)"라고 부르고 여성의 화려한 화장을 홍장(紅粧)이라 부른다.홍안(紅顔)은 여성들의 아름다운 얼굴을 가리키는 동시에 미인을 가리키기도 한다.

- 병실 안에서 휘파람을 불지 않는다. 휘파람은 나쁜 영혼을 불러온다고 믿는다.
- 손가락으로 사람을 가리키지 않도록 조심한다. 동물을 가리킬 때만 손가락을 사용한다. 대신 사람은 손바닥을 위로해서 가리키면 된다.
- 서북쪽으로 앉는 것을 피한다.
- 병원 정문 등에 문이 2개 있을 때, 오른 쪽 문을 이용하도록 한다.
- 침뱉는 행위를 하지 않는다.
- 신발 바닥을 상대방에게 보여주지 않는다.
- 여성은 다리를 꼬고 앉지 않는다.
- 몽골인의 발을 실수로 밟았을 경우 얼른 손을 내밀어 악수를 하거나 상대방의 손을 잡아준다.

(4) 미국

- 대화를 할 때 또는 회의를 할 때, 먼저 주제, 목적을 말하고 부연 설명을 나중에 하는 것이 일반화되어 있다.
- 많은 인종과 민족이 모여 사는 나라이므로 인종문제에 관한 화제는 피하도록 한다.
- 흡연제한규칙 및 식사·음주 매너 등을 잘 지키도록 한다.
- 복도, 엘리베이터, 대기실 등에서 서로 근접했을 때 상대방을 계속 쳐다보지 않도록 한다.
- 동성끼리 팔짱을 끼고 다니면 동성 연애자로 오해를 받으므로 유의하도록 한다. 우리나라에서는 서로 친할 때 자주 동성끼리 팔짱을 끼므로, 병원 여직원들에게 주의하도록 사전에 교육시킬 필요 있음.
- 결혼을 하였는가 등 개인 신상에 관한 질문은 피한다.(서구인에게 공통되는 사항)
- 초대받아서 함께 식사를 할 때 초청한 분이 식사를 더 권유하면 비록 배가 부르더라도 조금 더 먹는 것이 공손함의 표시지만 서양에서는 "No, thanks."라고 사양하는 것이 매너이다. 한국의 공손은 상대방의 체면을 올려주는 언어적 행위로 겸양의 의미가 강한 반면, 서양식 매너는 때와 장소와 상황(T.P.O : Time, Place, Occasion)에 맞는 행동으로 적절성을 강조한다.
- 말없이 손을 잡는 것은 동성애를 의미한다.
  그러나 아랍에서는 아무런 말없이 상대방의 손을 잡는 것은 존경과 우정을 의미한다.

- 엄지 손가락 세우기 : 권력, 우월, 지배, 최고를 의미 (영국, 호주, 뉴질랜드에서는 자동차 세우기이며 엄지 손가락을 빠르게 왼쪽으로 하면 조용히, 그리스에서는 저리가, 꺼져, 코끝에 엄지손가락을 대면 유럽에서는 비웃기)
- 미국인으로부터 선물을 받으면 그 자리에서 즉시 풀어보는 것이 예의

(5) 러시아

- 러시아에서 오는 의료관광객이 건강검진으로 지불하는 비용은 1인당 약 2500달러인데 이는 러시아 근로자의 2-3개월 급여와 맞먹는다. 러시아의 경제에 대해서 비교하지 않는다.
- 러시아의 부패 등 러시아의 문제점에 대해서 언급하지 않는다.

  예 "한국도 러시아만큼 부정부패가 문제다."
- 러시아의 의료수준과 한국의 의료서비스 수준을 비교하지 않는다.
- 러시아인은 꽃을 좋아한다. 러시아에서 다른 물건에 비해 값이 비싼 편인 꽃들은 초대받아 갈 때 아주 소중한 선물이 된다.

  꽃가루에 대한 알레르기 반응 등의 이유로 우리나라에서 병원에 갈 때는 꽃을 가져갈 수 없다.

  꽃은 입국할 때 환영의 의미로 활용하면 좋다.

  노란색 꽃은 장래식에서만 사용한다.

  꽃은 반드시 홀수로만 선물한다. 짝수(2,4,6)의 꽃송이로 된 꽃다발은 장례식에서만 사용한다.
- 러시아인에게 개인 신상.결혼여부 등에 대해서 질문하는 것은 실례
- 러시아인 집에 초청받을 때 절대로 빈 손으로 가지 않는다.

  예 작은 케익, 과일, 예쁘게 상자로 포장된 초콜릿
- 여성은 모피코트를 많이 입는다. 동물애호에 대해서 언급하지 않는다. 러시아에서 모피는 추위를 극복하기 위해서 선택한 재료 중 하나 일뿐이다.
- 러시아의 의료수준과 한국의 의료서비스 수준을 비교하지 않는다.

(6) 아랍국가

- 이슬람여성은 히잡, 차도르(Chador), 니캅(Niqab) 부르카, Khimar 등을 입는다.

히잡 : 어깨 부위

차도르 · 부르카 : 전신

- 여자분의 사진을 함부로 찍지 않는다. 차도로를 두른 여성의 사진은 기념 사진을 촬영할 때도 반드시 상대방의 동의를 구한 후에 촬영한다.
- 서울 인사동을 함께 쇼핑하거나 한국 민화를 선물할 때, 개.해태.호랑이 등 생명체가 그려진 민화를 권하거나 선물해서는 안된다.
- 서구와 달리 먼저 인사를 하는 쪽은 항상 새로 도착한 사람이다. 새로 온 사람에게 환영 인사를 할 경우, 경솔하게 보이거나 점잖지 못하다고 볼 수 있다. 몸을 가볍게 굽히고 먼저 오른 손을 가슴, 입술, 이마 쪽으로 옮겨간다. 이는 "당신은 내 마음, 내 말, 내 생각 속에 있다."
- 구두 밑창을 보이면 불쾌함의 표현이다.
- 어른 앞에서는 다리를 꼬며 앉을 수 없다.
- 다리를 꼬고 앉을 때 구두밑창을 반대로 해야만 된다.
- 손수건 : 이별을 의미
- 무슬림은 흰 색의 옷을 선호한다.
- 무슬림 여성은 자신의 발을 덮을 수 있도록 겉옷을 입어야 한다.
- 신을 신을 때는 오른쪽부터, 벗을 때는 왼쪽부터 벗는다.
- 재채기는 신의 축복이라고 생각

  재채기를 한 사람 : 알함두릴라

  주변 사람 : 야르하묵 알라 (알라가 당신에게 자비를 베풀기를)
- 말없이 손을 잡는 것은 우정과 존경을 표현하는 것이다.(유럽과 미국에서는 호모로 오해)
- 부인이나 여자 식구의 안부를 묻지 않는다.
- 무슬림은 이슬람교 율법에 따라 와인을 마시지 않는다.
- 음식은 테이블이 아닌 바닥에 펼쳐 놓는다. 이 것은 행동을 더욱 겸손하게 하기 위함이다. 큰 접시로 음식을 먹지 않는다. 음식을 먹은 후에 냅킨이나

물로 접시를 닦는다.

- 뜨거운 음식을 훌훌 불어서는 안되며, 음식이 식을 때까지 기다린다.
- 과식하지 않는다. (위의 1/3은 음식을 위해, 1/3은 마실 것을 위해, 1/3은 호흡을 위해 나눈다)
- 최고 연장자에게 음식과 마실 것을 우선 제공한다. 그리고 연장자의 오른쪽부터 권한다.
- 음료를 마실 때, 컵 안으로 숨을 내쉬지 않는다.
- 사람이 무리 지어 있을 때 오른쪽에 있는 사람이 음료를 먼저 마신다.
- 근본주의 무슬림들은 오직 알라(Allah)의 이름으로 거룩하게 잡은 고기만 먹기도 한다. 이슬람 신도는 두 발 또는 네 발로 선 동물을 하랄이란 종교적 절차를 통해서 죽인 후에 먹는다. 생선과 바다에서 채취한 음식은 하랄하지 않고 먹는다. 무슬림은 짐승의 피로 된 음식을 먹지 않는다.

   선지국

- 무슬림은 돼지고기를 먹지 않는다.

   음식 옆에 "Pork"라는 음식 요소를 표기해서 먹지 못하도록 배려한다. 돼지고기 햄으로 만든 것도 돼지고기라고 표기한다.
  병원 내에 하루 5차례 기도할 수 있는 공간이 필요하다. 이슬람 신도는 남녀 기도 공간을 분리한다. 출구를 달리하고 중간에 커튼을 쳐서 남녀의 기도 공간을 분리한다.

- 남자는 여자가 혼자 있는 호텔 객실과 병원 병실을 방문하지 않도록 한다.
- 남자는 여자를 빤히 쳐다 보아서는 안 된다.
- 남자는 여자가 먼저 악수를 청해 손을 내밀기 전에는 여자와 악수해서는 안 된다.
- 사람의 왼손은 부정한 손으로 무슬림은 왼손으로 선물 혹은 음식물을 주거나 받아서는 안 된다.
- 코란과 성경에 대하여 대해 항상 예를 표해야 하며 이것들을 바닥에 버려둔다든지, 다른 책의 밑에 두어서는 안 된다. 무슬림은 코란에 대하여 항상 경건한 마음을 갖고 대해야 하며, 옷감으로 감싸 보관해야 한다. 그리고 코란을 열기 전 반듯이 종교적인 예로 손을 씻어야 한다.

- 이슬람 신도가 이용하는 호텔 객실과 병원 병실에 코란을 비치한다.
- 어떤 형태의 조각품을 선물하지 않는다. 무슬림은 생명체의 조각이나 예술적 표현은 신만이 할 수 있다고 생각

  예 어린이 목각인형, 제주도 하루방
- 남성은 금반지를 하지 않는다. (은반지)
- 다른 사람의 집, 물건들에 대하여 감탄하지 말며, 그 자녀들에 대해서도 감탄해서는 안 된다. 어떤 문화 속에서는 이러한 것을 악한 영의 욕심과 동일시하고 있다.
- 아랍여성은 귀중품 장식을 좋아하지만, 금목걸이가 예쁘더라도 아름답다고 하거나 예쁘다, 잘 어울인다 등으로 칭찬해서는 안된다.

  예 The necklace you are wearing now is so beautiful. (X)

  　　 The ring you have looks very expensive. (X)
- 화장실에서 마주쳐도 대화하지 않는다.

4. 국제의료관광전문가로서의 비전

의료관광 시장은 지속 성장할까?

2009년 의료법이 개정되기 이전에도 의료관광객은 존재했다. 그러나 법률적으로 제도화하면서 정부 지원뿐만 아니라 국가자격증 국제의료관광코디네이터 시행도 가능해졌다.

앞으로 의료관광객 수는 2020년 100만명을 목표로 중앙정부, 한국관광공사, 지방자치단체들의 적극적인 지원 아래 외국인환자 유치기관(병원과 에이전시)의 적극적인 노력으로 지속 성장할 것으로 전망된다.

연도	의료관광객 수	비고
2007	16,000	
2008	27,400	
2009	61,201	2009년 1월 8일 의료법 개정(외국인환자 유치 합법화)
2010	81,789	
2011	122,297	
2013	200,000	
2020	1,000,000	

국제의료관광코디네이터의 역할은 어떻게 될까?

의료관광 시장 규모의 성장과 더불어 국제의료관광코디네이터의 역할도 보다 전문화될 것으로 전망된다.

① 국제의료관광 마케팅과 의료통역의 분리 가능성

우리나라에 의료통역사 국가자격증 제도가 시행되면 마케팅과 의료통역의 역할이 분리될 가능성이 있다. 그러나 업무 특성상 칼로 두부를 자르듯이 명확하게 분리되기는 어려울 수도 있다.

구 분	내 용
국제의료관광 코디네이터	의료관광 상담 의료관광 마케팅 비자 업무
의료통역사	각 언어별 통역 지원 (영어, 일본어, 중국어, 아랍어, 러시아 등) 언어도 의료서비스별 세분화가 이루질 가능성이 있다. 예 중국어 성형외과 전문 의료통역사 예 일본어 피부과 전문 의료통역사

② 의료서비스별 국제의료관광코디네이터의 역할 세분화 가능성

일본인 의료관광객 대상 성형외과 전문 국제의료관광코디네이터 등과 같이 국적별, 언어별, 성별, 질병 종류 등에 따른 국제의료관광코디네이터의 업무 영역도 세분화될 것으로 전망된다.

구 분	의료관광코디네이터
국적별	미국, 일본, 중국, 아랍 등
언어별	영어, 일본어, 중국어, 러시아어, 몽골어, 태국어, 베트남어, 프랑스어, 독일어 등
성별	아랍은 동일 성별 의료인 및 의료관광코디네이터 응대
의료 서비스 및 질병 종류별	성형외과, 치과 의료관광코디네이터 등

 국제의료관광코디네이터는 언어만 잘하면 누구나 할 수 있을까?

① 천재는 노력하는 사람을 이길 수 없고, 노력하는 사람은 즐기는 사람을 이길 수 없다. 외국인 환자를 응대하는 일을 즐길 수 있어야 한다.

② 서비스 마인드가 요구된다.

③ 소규모 병원에는 외국인만 찾는 것이 아니므로 내국인 응대에 필요한 병원코디네이터로서의 역할과 상담실장의 역할에 대한 이해도 필요하다.

④ 의료용어에 대한 꾸준한 공부가 필요하다.(성형, 피부, 치과 등 관심분야의 의료용어)

03 국제의료관광코디네이터 국가자격증 준비에 필요한 법률

본 서에서는 법률이 매년 일부 개정으로 인해서 내용이 조금씩 변경되기 때문에 국제의료관광코디네이터 국가자격증 준비에 필요한 법률을 부록으로 수록하지 않는다.

그러나 국제의료관광코디네이터 자격시험 준비에 법률에 대한 이해가 필요하므로 법률을 어떻게 아래 한글 또는 MS WORD로 어떻게 손쉽게 다운로드해서 저장한 수 볼 수 있는지 그 방법을 소개하고자 한다.

1. 국제의료관광코디네이터 관련 법률 확인 및 저장 방법

법률 사이트 검색 : www.law.go.kr

▶ 국가법령정보센터의 현행법령 검색란에서 찾고자 하는 법률 이름 입력 → 검색

▶ 상단 오른쪽 저장 아이콘 클릭

▶ 저장할 법령본문과 저장 형태 선택 (아래 한글, PDF, MS WORD 중)

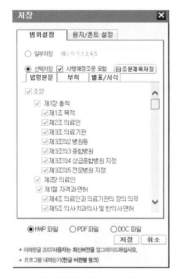

저장을 선택하면 된다. → 파일 열기

본 서에서 부록으로 법률을 넣지 않은 이유는 법률의 주요 요점을 정리했을 뿐만 아니라 법률이 매년 개정되므로 만약 도서로 출판할 경우 매년 책 내용을 업데이트해야 하는 불편함이 있다.

2. 국제의료관광코디네이터 국가자격증 대비 필독 법률 종류

국가자격증 국제의료관광코디네이터 시험 준비를 위해서 어떤 법률들을 읽어 볼 필요가 있을까?

① 의료법
- 의료법
- 의료법 시행규칙
- 의료법 시행령

② 관광진흥법
- 관광진흥법
- 관광진흥법 시행규칙
- 관광진흥법 시행령

③ 출입국관리법
- 출입국관리법
- 출입국관리법 시행규칙
- 출입국관리법 시행령

④ 재외동포의 출입국과 법적 지위에 관한 법률
- 재외동포의 출입국과 법적 지위에 관한 법률
- 재외동포의 출입국과 법적 지위에 관한 법률 시행령
- 재외동포의 출입국과 법적 지위에 관한 법률 시행규칙

⑤ 의료사고 피해구제 및 의료분쟁 조정 등에 관한 법률
- 의료사고 피해구제 및 의료분쟁 조정 등에 관한 법률
- 의료사고 피해구제 및 의료분쟁 조정 등에 관한 법률 시행령
- 의료사고 피해구제 및 의료분쟁 조정 등에 관한 법률 시행규칙

국가자격증 국제의료관광코디네이터 시험 범위 기준에 포함되어 있지는 않지만 의료관광 실무를 하면서 참고할 필요가 있는 법률로는 어떤 것이 있을까?
① 관광기본법
② 경제자유구역 지정 및 운영에 관한 특별법
③ 제주특별자치도 설치 및 국제자유도시 조성을 위한 특별법
④ 국민건강보험
- 국민건강보험법
- 국민건강보험법 시행규칙
- 국민건강보험법 시행령

Chapter

02

핵심요점과
예상문제

 보건의료관광행정

1. 보건의료관광행정 핵심 요점

1) 의료관광의 이해

(1) 의료관광의 개념

가. 의료관광(의료관광객)의 정의 및 역사

① 의료관광의 정의 : 의료관광은 의료비가 저렴하거나 신속한 의료서비스를 받을 수 있거나 자국에서 받을 수 없는 의료서비스를 타 국가에서 받으면서 휴양, 관광, 레저, 문화활동을 겸한다.

🧳 의료관광 개념

구 분	내 용
Goodrich	건강관련 서비스나 시설을 의도적으로 촉진함으로써 관광객을 끌어들이는 관광시설이나 목적지
Medlik	에스테틱관련 리조트 방문, 질병 치료, 미용 관리, 치료, 건강관리, 휴양 프로그램 참여 경험을 주된 목적으로 다른 장소를 방문하고 여행
Law	자신의 건강상태를 개선시킬 목적으로 집을 떠나 행하는 레저활동
Carrera & Bridges	개인의 정서적·신체적 웰빙을 유지하고 향상시키며 회복하기 위해어 제한적인 환경에서 벗어나 조직적으로 구성된 여행

② 의료관광의 역사 : 의료관광의 역사는 수 천년 전부터 시작되었다.

BC4000년경 수메르인들 치료 목적으로 온천을 이용했다. 그리스에서는 의술의 신을 모신 Asklepios 신전에서 치료를 받았다. 그리스 신화에서 아스클레피오스는 의술의 신이다. 아스클레피오스 신전은 항상 도심지에 벗어난 외각 지역에 있었기에 요양 온 환자가 신전에 기거하며 심신을 가다듬고 자연치유력을 발휘하기 좋은 환경이어서 자연치유력으로 살아나 도시로 돌아갈 수 있었을 것으로 추측된다. 아스클레피오스의 막대는 의료분야에서 로고로도 많이 쓰이고 있다.

▲ 세계보건기구(WHO) 로고   ▲ 미국 육군 위생병 로고

영국 남부에 살던 캘트족은 독일의 스파에서 통풍, 간질환, 기관지염과 같은 질병을 치료하기도 했다.

과거의 의료관광은 하나의 산업으로 간주하기 보다는 건강을 위해서 이동했던 Health Tourism의 초기 단계라고 볼 수 있다.

의료관광의 유형과 특징

① 의료관광 목적에 의한 분류
- 순수 질병 치료, 미용성형 등 선택적 진료, 질병 예방관리, 대체의학 체험으로 분류
- 미용 성형수술형, 웰빙형, 수술치료형, 장기재활형으로 분류

② 지역에 따른 분류 : Inbound 의료관광, Outboud 의료관광, Intrabound 의료관광

③ 핸더슨의 의료관광 분류 : 수술, 미용수술, 대체요법

④ 스미스와 푸츠코의 의료관광 분류 : 웰니스 관광, 의료관광

의료관광객 범위

건강보험 가입 여부	국적	거주지역	외국인등록 및 국내거소신고 여부	의료관광객 범위
건강보험 미가입	외국인 외국국적 동포 (시민권자)	국내	외국인등록 또는 국내거소신고 (외국국적 동포/시민권자)를 하 지 않은 경우	○
			외국인 등록 또는 거소신고한 경우	×
		국외		○
	재외국인 (영주권자)			×
건강보험 가입 자 또는 건강보 험 피부양자				×

○ : 의료관광객
× : 의료관광객이 아님

나. 국제협정과 의료관광

🏛 WHO(세계보건기구)의 목적

① 보건에 관련된 국제협정 및 협약을 건의

② 보건분야에 대한 정보제공, 협의 및 원조

③ 유행성, 풍토성 등의 질병을 근절하도록 고무

④ 영양, 주거, 위생, 직장 등의 환경에 대한 위생상태 개선을 장려

⑤ 보건강화에 공헌하는 과학적.전문적 모임 간 협동을 장려

⑥ 보건분야의 연구를 장려하고 지휘

⑦ 음식.생물 및 약에 관련된 국제적인 기준을 설립

⑧ 보건관련 정보에 입각한 여론 조성을 도움

⑨ 요청 시 보건시설을 강화시키기 위하여 정부를 도우며, 필요에 따라 질병학과 통계학을 포함한 기술 및 행정상의 서비스를 제공

① 정부단위에서 국제협력

예 우리나라 정부와 외국정부간의 비자 협정

② 외국인환자 유치의료기관 입장에서의 국제협력 관계도

외국인환자 유치의료기관이 국제협정 및 국제협력을 체결해야할 기구.조직은 누구일까?

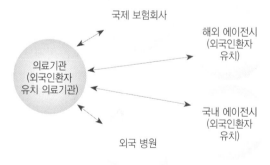

③ 외국인환자 유치업체 입장에서의 국제협력 관계도

외국인환자 유치업체가 국제협정 및 국제협력을 체결해야할 기구 · 조직은

누구일까?

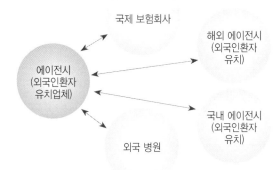

우리나라 외국인환자 유치 의료기관과 유치업체 등이 해외 의료기관, 에이전시 등과 MOU(양해각서: Memorandum of Understanding)을 체결하고 있다.

양해각서는 본 계약에 앞서서 양자 간의 의지를 나타내는 의향서라고 볼 수 있다. 따라서 본격적인 협정을 체결하기 전의 중간 단계에서 합의 내용을 분명히 하기 위해서 문서화한다. 따라서 양해각서는 법적인 강제력이 없으나 뚜렷한 이유없이 일방적으로 파기하면 도덕적인 잣대로 평가될 수 있다.

④ 해외환자 유치를 위한 국제인증

의료기관과 의료인에 대한 객관적 평가와 신뢰도에 확신이 없기 때문에 의료관광객이 의료관광 선택에 대한 염려와 걱정이 있을 수 있다. 그러나 JCI(Joint Commission International)인증을 받으면, 의료관광객에게 신뢰를 주고 해외 의료기관으로부터 진료 추천을 받기에 효과적이다.

국제공인 인증의 긍정적 효과

① 인증 과정을 거치면서 의료 서비스 질적 향상

② 안전하고 위생적인 병원환경 조성

③ 부서 간 상호 협력으로 효율성 극대화

④ 의무기록의 관리 향상

⑤ 환자의 만족도 향상

⑥ 신규 고객 유치 및 기존 고객의 이탈방지

⑦ 병원 신뢰도 증가

⑧ 병원 대외 이미지 향상

⑨ 병원 의료관광객 증가에 기여(미국의사협회에서는 자국 환자들이 해외에서 진료받을 경우 JCI 인증 획득한 병원을 이용하도록 의사에게 권유)

다. 의료관광 유형 및 특성

① 의료관광 유형 : 질병의료관광, 전통대체의학 의료관광, 미용의료관광, 휴양의료관광

② 선택치료형과 수술치료형으로 분류

종 류	내 용
선택치료형	미용성형 수술형, 웰빙형
수술치료형	수술치료형, 장기재활형

③ 관광과 의료 중심형 분류

종 류	내 용
관광중심형	치료와 관광, 비즈니스와 관광, 환자동행 가족 (순수치료목적)
의료중심형	순수치료, 응급환자

라. 의료관광코디네이터의 역할

국제의료관광코디네이터의 역할은 무엇일까? 국제의료관광코디네이터는 어떤 일을 하는 사람들일까?

① 의료관광 상담　　　　　② 의료관광 마케팅
③ 진료서비스지원　　　　　④ 관광지원
⑤ 리스크 관리 및 사후관리 지원

국제의료관광코디네이터는 진료 서비스 관리, 리스크 관리, 관광 관리, 마케팅 관리, 행정 관리를 골고루 이해하고, 의료관광 상품을 기획하고 판매하며, 의료관광객의 진료 전.중.후의 관리, 통역 서비스를 담당하는 전문가라고 볼 수 있다.

가. 입국 지원 업무

● 비자 발급관련 업무 : 의료목적 입증서류 (병명 등이 기재된 진료예약 확인
증, 초청 병원의 진단서) 작성 및 발송

입국 목적 사실 확인서

국적 (Nationality)		환자 성명 (Name in Full)	
여권번호 (Passport Number)		생년월일 (Date of Birth)	
보호자/동행인 (Name of Guardian)			

상기인은 한국의 우수한 의료관광을 목적으로 방문하신 분으로 신체적, 정신적으로 또는 언어소통에 어려움이 계실 수 있는 분입니다.

따라서 원활한 입국 심사 및 통관절차를 위해 세심한 배려와 협조를 당부드리며 입국목적에 대해 다음과 같이 확인합니다.

다 음

1. 입국 예정일(Expected Date of Entry) :
2. 예약병원 :
   주소 :
3. 담당자 연락처 :
   사무실 전화번호 :
   담당자 핸드폰 번호 :

위 확인서는 환자 및 보호자의 입국심사 편의를 위한 것으로, 비자 취득과는 무관합니다.

병원 이름 (병원 직인)

● 체류일정표 : 체류 일정표는 외국인환자 유치업체에서 의료관광객의 입국 심사에서의 언어소통 문제 해결과 편의를 위해서 의료관광객에게 E-mail, Fax, 우편 등으로 발송한다.

체류 일정표

일 자	일 정	비 고
6월 21일	입국 예정일 ● 공항 : 인천국제공항 ● 공항 Pick-Up	국제의료관광코디네이터
6월 22일 6월 23일 6월 24일	ABC 병원 ● 진료과목:	치료 기간 중 영어 국제의료관광코디네이터 통역 및 영어 가능 간병인
6월 25일	출국 예정일 ● 공항 Sending-Off	

치료기간에 따라 체류 기간이 변동될 수 있음.

2016년 00월 00일

외국인환자 유치업체 이름
대표자 이름

나. 진료 서비스 관리 업무

● 상담

① 최초 상담 : 전화, E-mail, Fax, 홈페이지 Q&A

② 의사 결정 전의 후속 상담

③ 의료서비스 종료 후 상담

● 예약 업무

① 예약 통보 : 예약 확인서 작성 및 발송

② 준비 사항 통보 : 검사나 치료 일정 및 준비사항 리스트 작성 및 발송

③ 예약 확인

④ 예약 변경 관리

● 진료관련 업무

① 외국 환자 영접

② 진료 과목 및 내용 소개(진료 동의서, 입원약정서(입원동의서) 작성 지원 등)

　　* 입원약정서 포함 사항 : 환자 이름, 입원일, 병실 번호, 입원 중 환자 준수 사항

　　　에 외출시 병원 허락, 병실 내 환자 개인 물건 분실 책임, 병원 비품 파손 책임

③ 진료 시 통역

④ 진료 후 안내 : 처방전(Prescription) 전달, 외국어 안내문 작성 및 제공, 다음 예약 입력

⑤ 입 · 퇴원 업무 지원

● 검사관련 업무

① 검사일정 점검

② 검사 안내

③ 검사 결과지 외국어 번역

④ 검사 결과지 작성 및 관리 (복사, 검사결과 CD로 제작 등)

⑤ 검사 결과지 발송 (우편, Email, Fax 등)

● 보험 업무

① 보험회사 관리 : 국가별 보험회사 파악 및 접촉, 보험회사별 서식 취합 관리, 보험회사와 협력관계

② 예약자에 대한 보험 확인 : 보험회사와 연락하여 환자지불 계약에 대한 확답(GOP : Guarantee of payment) 받기, 환자의 보험 만료기간 확인, 보험의 Coverage 확인

③ 보험관련 내규 작성

④ 보험 서류 관리 : 청구 서류 작성, Reject된 청구서류 점검하여 원인 파악

● 진료비 관련 업무

① 진료비 설명

② 영문 영수증 작성 및 전달

③ 진료비 후불자 지불보증 확인

④ 진료비 미수 관리 : 미수금에 대한 환자 추적, 보험이 있는 경우는 보험회사에 독촉 업무, 미수금 현황자료 관리

● 진단서 관리업무

환자 만족도 관리 업무

① 환자 만족도 설문조사 : 설문지 제작, 설문 조사, 조사자료 분석, 보고서 작성

② 만족도 향상을 위한 맞춤 서비스 : 감사 서한 발송, 퇴원 시 이벤트 기획 및 진행

　　예 저녁 식사, 와인 파티, 선물 증정 등

● 통역 업무

통역 : 외국인 환자가 의료기관을 방문하여 떠날 때까지 통역 서비스를 제공한다. (관광안내는 관광통역안내사가 담당)

다. 관광 지원 업무

① 호텔 식당과 협약 체결 : DC% 결정, 공동 프로모션 협의

② 호텔 예약 : 환자의 요청시 특정 호텔을 예약한다.

③ 관광상품 소개 : 관광상품이나 주요 관광지를 소개한다.

④ 공항 Escort 서비스 : 공항 영접부터 환송

* 결과 예견의무 : 의사는 통상의 일반적인 의사가 갖추고 있어야 할 의학적 지식과 기술에 의하여 결과 발생을 예견하여야 하는 주의 의무

라. 리스크관리 업무

● 리스크 관리

* 결과 회피의무 : 일반적으로 예견되는 위험의 발생을 방지하거나 회피하여야 하는 주의 의무

① 리스크 예방

② 리스크관리 프로그램 개발 : 리스크관리 내규 작성, 리스크가 발생했을 때 무엇부터 순차적으로 해야 하는지 적어놓은 리스크관리 프로토콜 만들기

③ 리스크 사례 분석 : 원인 규명, 개선안 강구

● 불만사항 처리

① 문제 발생시 1차로 환자와 상담 : 환자의 불만 경청, 문제 성격과 원인 등을 파악, 환자가 납득할수 있도록 설명하고 해결방안 강구

② 국제진료센터, 고객만족팀 등 관련 부서에 연락

마. 마케팅 업무

● 마케팅 기획

① 마케팅 기획 및 관련 업무 총괄 : 마케팅 전체 플랜 기획, 팸투어 기획

② 상품 개발 업무

③ 상품 개발 : 건강증진센터 등 관련 부서와 협력하여 상품개발

④ 시장 조사 : 국내외 의료관광 상품 내용 파악, 국내외 의료관광 상품 가격 비교 분석

● 광고 · 홍보업무

① 병원 안내문 제작

② 의료관광 상품 브로슈어 제작

③ 홈페이지 기획 및 운영 : 다국어 홈페이지

④ 해외환자 유치 설명회 참석 : 발표 자료 준비, 설명회 참석 및 발표

⑤ 국내 의료관광행사 참석

⑥ 연예인을 병원 홍보대사로 위촉 : 한류 열풍 활용

● 외부 기관 교류

① 의료관광업체(의료관광 에이전시, 여행사 등)과 협력 체결

② 언론매체 접촉 업무 (신문, 잡지, 라디오, TV 등)

③ 보도자료 작성 : 연합통신(prlink.yonhapnews.co.kr), 뉴스와이어 (www.newswire.co.kr), 뉴시스와이어(www.newsiswire.co.kr)를 통해서 보도자료 배포

바. 행정업무

① 외국인환자 유치 의료기관 등록

② 출입국관리소와 협력관계 구축

③ 외국병원과 협력관계 구축 : MOU(Memorandum of Understanding) 체결, 상호교류 (전화, Email, 서류 교환)

④ 외국인 환자 통계자료 관리

⑤ 외국인 환자 현황 파악 및 자료 구축

⑥ 외국인 환자 자료 분석

⑦ 외국인 환자 현황자료 보고

⑧ 자원 봉사자 관리 업무

　　– 자원 봉사자 모집

　　– 자원 봉사자 업무 분담

　　– 자원 봉사자 스케줄 관리

(2) 의료관광의 구조

가. 의료관광의 메커니즘

● 의료관광의 유통 경로

외국인환자의 유치 경로는 어떻게 이루어져 있을까?

해외 에이전시로부터 의료관광객을 소개받은 국내 에이전시(외국인환자 유치업체)가 국내 병·의원으로 소개하는 경우, 국내 에이전시가 해외 의료관광객을 국내 병·의원에 소개하는 경우, 해외 에이전시가 국내 병·의원으로 의료관광객을 소개하는 경우, 의료관광객이 병·의원의 홈페이지를 방문했거나 구전 등을 통해서 직접 국내 병·의원을 Contact해서 방문하는 경우가 있다.

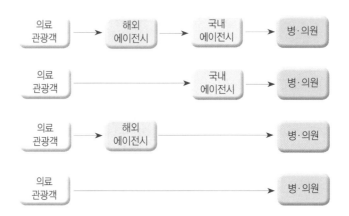

이외에 비록 의료관광객 통계에 잡히지는 않지만, 일반 관광객으로 한국에 입국한 외국인 중에서 관광가이드 또는 여행사의 소개로 피부관리, 치아미백 등 간단한 시술, 치료, 건강관리를 받는 경우도 있으며, 개인 방문객 및 관광객으로 입국해서 한국에 거주하는 지인.외국 공관직원.다국적 기업의 임.직원 그리고

다문화 가정 등의 소개로 간단한 시술.치료.건강관리를 받는 경우도 있다.

또한 국내의 외국인 추방대상자 및 불법체류자도 인도주의적 차원에서 무상 또는 저렴한 의료비로 의료서비스를 받기도 한다.

출입국관리법 시행규칙 제64조**(보호의 의뢰 등)**

① 출입국관리공무원은 출입국관리법 제51조 제1항에 따라 보호명령서가 발급된 외국인이나 출입국관리법 제63조 제1항에 따라 강제퇴거명령서가 발급된 외국인을 외국인보호실, 외국인보호소 또는 그 밖에 법무부장관이 지정하는 장소(이하 "보호시설"이라 한다)에 보호하려면 소속 사무소장 · 출장소장 또는 보호소장으로부터 보호 의뢰의 사유 및 근거를 적은 보호의뢰서를 발급받아 이를 보호의뢰를 받는 보호시설의 장에게 보내야 한다.

② 출입국관리공무원은 제1항에 따라 보호 의뢰한 외국인이 다음 각 호의 어느 하나에 해당하는 사유가 있으면 다른 보호시설로 보호 장소를 변경할 수 있다.

1. 법에 따른 외국인에 대한 조사
2. 출국집행
3. 보호시설 내 안전 및 질서유지
4. 외국인에 대한 의료제공 등 필요한 처우

③ 출입국관리공무원은 제2항에 따라 보호장소를 변경하려면 소속 사무소장 · 출장소장 또는 보호소장으로부터 보호 장소의 변경사유 등을 적은 보호장소 변경 의뢰서를 발급받아 그 외국인을 보호하고 있는 보호시설의 장과 변경되는 보호시설의 장에게 각각 보내야 한다.

④ 출입국관리공무원은 법 제51조제4항에 따라 긴급보호서를 작성할 때에는 긴급보호의 사유, 보호장소 및 보호시간 등을 적어야 한다.

🧳 의료관광 진행과정

구 분	내 용
고객 응대 준비	다국어로 제작된 웹사이트 (홈페이지) 다국어로 제작된 카다로그 (진료상품, 치료기간, 진료비 포함)
고객 문의	환자에 대한 기본 진료사항 접수 진단서(소견서) 및 의료 사본 접수 환자 특이사항 또는 진료 요구사항 확인
진료 상담	의료관광객이 제공한 정보를 토대로 진료 가능여부 확인 병원 진료시 필요사항 확인
진료 견적서 제공	검진 또는 진료시 체류기간, 의료서비스 비용 포함된 진료 견적서 제공 세부 진행과정을 의료관광객 및 외국인환자 유치업체에 전달

초청장 발송	입원 예약 확인서
	입국비자 발급을 위한 초청장 발송 (휴넷코리아로 온라인 사증 발급인정서)
	입국일 결정, 진료부서의 협조 요청 통보 (병동, 영상의학과, 특 검실, 영양팀, 총무팀 등)
병원 방문	환자 공항 영접 (공항 또는 숙박시설)
	입국자 이름표 준비 및 차량 배차
	외국인환자 유치업체 직원과 방문 여부 확인
입원	문진표 및 입원 결정서 작성
	병실 배정
신체계측 및 환자 기본 검사	병동 및 검사부서의 협조
	특수 검사 협조
검진	의료서비스 제공
퇴원	각종 소견서, 검사 자료 CD 준비
	환자 향후 진료사항 설명
	진료비용 수납
	퇴원 처방 조제
	검사 결과 및 소견서 전달
관광 및 쇼핑	의료관광객의 요청에 따라 관광 및 쇼핑 연계
출국	출국 장소로 차량 이동
	출국 수속 협조
퇴원 후 관리	의료관광객의 e-mail 또는 우편으로 건강검진 결과 전달
	환자 문의사항 및 의문사항 상담
사후관리	의료관광객과의 지속적인 연락 및 정보 교류
	퇴원 후 3개월간 환자의 상태 파악(Follow up Call)
지속적인 의료정보 제공	외국인환자 유치의료기관의 최근 동향 소식 제공
	지속적인 유대관계 유지
	의료관광객의 만족도 조사결과 분석 및 Feed Back

● 내국인 해외의료관광 진행 과정

내국인이 해외의료관광을 선택하는 경우(Outbound)도 있다. 내국인이 해외 의료관광을 선택하는 경로는 어떻게 되어 있을까?

내국인은 국내 에이전시(해외 에이전시의 Branch 역할)를 통해서 해외 의료 기관에 문의.예약 후 의료서비스를 받거나, 해외 에이전시 또는 해외 의료기관 을 검색해서 문의·예약 후 의료서비스를 받는 경우가 있다.

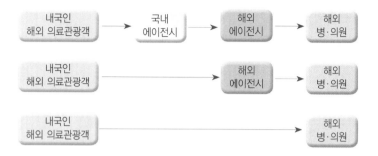

여행업에서 관광안내의 경우 외국인의 국내관광 안내를 맡은 관광통역안내원과 내국인의 해외여행 시 동행하는 투어컨덕터(해외여행객 인솔자)가 있다.

● 의료관광의 시장 종류

    ① Inbound : 외국인의 국내 의료 서비스 구매

    ② Outbound : 내국인의 해외 의료 서비스 구매

    ③ Intrabound : 국내 거주 외국인의 국내 이동

– 의료관광 시스템의 특징 : 전문성, 복잡성, 다양성, 경쟁성, 상호의존성, 마찰과 부조화, 개방성

나. 의료관광의 이해관계자

– 의료관광 시장을 구성하는 요소 : 의료관광객, 고용주, 보험사, 의료기관, 호텔, 여행사, 정부기관

– 의료관광 목적지 : 의료관광객, 에이전시, 의료기관, 의료인, 의료관광코디네이터, 관광사업체

– 의료관광 송출지 : 보험사, 의료관광객, 고용주, 의료인

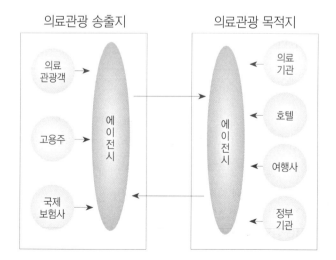

다. 의료관광의 효과

의료관광은 경제, 사회.문화적, 의료 및 관광사업 측면에서 어떤 효과가 있는가?

구 분	내 용	
경제적 효과	• 외화획득 • 세수 확대	• 고용 인력 창출의 효과
사회.문화적 효과	• 국제교류 증대 • 한국 문화 소개 기회	• 한국 이미지 제고
과학적 효과	• IT 기술 활용 증대 (원격 진료, 유비쿼터스 활용 건강관리 기술력 확대 등)	
의료사업측면 효과	• 의료수준의 향상 (JCI인증 등) • 의료 서비스의 국제화(원격진료, 사후관리, 국제보험과 해외병원과의 MOU체결 등) • 수입 증대 • 의료장비 활용 증대	• 전문인력 증가
관광사업측면	• 수입 다변화	

(3) 의료관광 현황

가. 의료관광의 국내외 환경

① 한국 의료관광 경쟁국 : 태국, 싱가폴, 인도, 중국, 필리핀
② 가격 경쟁력 : 미국에 비해서 저렴
③ 의료 서비스 경쟁력 : 미국의 90% 수준
④ 의료관광 경쟁 심화

나. 의료관광의 현황과 문제점

● 의료관광의 국내외 현황

구 분	내 용	
국외	① 관광객 증가 ③ 의료인력 이동의 자유화	② 의료관광 수요의 증가 ④ 한류 열풍이 의료관광에 미치는 영향
국내	① 의료관광을 고부가가치산업으로 인식 ② 의료관광객 증가 ③ 의료관광 전문인력 배출 증가 ④ 의료관광 경쟁력 상승	

● 의료관광의 문제점

구분	내용
정부측면	① 의료관광객 증가로 인해서 자국의 공보험 체계 위협 ② 의료관광객 이동과 함께 전염병의 확산 가능성 ③ 의료 윤리적 문제 발생
의료관광산업 측면	① 국내외 불법 에이전시 ② 의료통역 전문인력 부족 ③ 경증치료(성형, 피부)에 편중된 상태 ④ 의료관광상품 다변화 필요 ⑤ 일회성 의료관광객 대책 필요
의료기관 측면	① 의료분쟁 발생 ② 종교 및 문화를 고려한 의료관광객 위한 편의시설 비용 부담 ③ JCI인증 등 국제인증 비용 부담 ④ 의료관광코디네이터 양성 비용 부담
의료관광객 측면	① 장거리 이동으로 이한 질병 악화 가능성 ② 의료사고 발생에 따른 정신적, 재정적 부담 ③ 의료기관의 위생환경 문제로 인해서 2차 감염의 가능성 ④ 의료 서비스의 질적 차이로 인한 불만족

2) 원무관리

(1) 원무관리의 이해

가. 원무관리의 개념

원무관리란 환자의 병원 내 활동과 관련한 자료를 수집.처리.분석.전달하는 정보 처리 활동을 말한다. 원무관리는 환자의 수속 절차 상의 문제와 그에 따른 진료비 관리 및 진료지원 업무 등을 의미한다.

나. 원무관리의 필요성

규모의 대형화, 의료기술의 발달, 사회보장 제도의 확대, 의료서비스 글로벌화

(2) 환자관리

가. 외래관리/예약관리

- **외국인환자 외래관리**

  쾌적한 공간을 확보, 외국인 전용창구 마련, 해당 외국어로 된 안내 표지판 및 시설 안내, 해당 외국어 각종 서류 준비, 해당 외국어로 진료절차 및 시설 안내

- **외래환자의 구분**
  ① 일반 환자 : 건강보험에 가입하지 않은 환자이거나 비급여대상 질환자인 경우

  건강보험 환자 : 국민건강보험법, 공무원 및 사립학교 교직원 의료보험법에 의한 의료보험 급여대상자

  ② 비급여대상 : 단순한 피로, 이중검수술, 유비술, 건강진단, 일상생활에 지장이 없는 미용성형

  ③ 의료급여 환자 : 생활보호법에 의한 생활보호 대상자, 재해구호법에 의한 이재자, 의사상자보호법에 의한 의상자 및 의상자 유족, 독립유공자 예우에 관한 법률의 적용을 받는 자와 그 가족으로서 국가보훈처장이 의료급여가 필요하다고 요청한 자, 문화재보호법에 의하여 지정된 중요무형문화재의 보유자 및 그 가족으로서 문화체육부장관이 의료급여가 필요하다고 요청한 자, 귀순북한동포 보호법의 적용을 받고 있는 자와 그 가족으로서 보건복지부장관이 의료보호가 필요하다고 인정한 자 또는 기타 생활유지의 능력이 없거나 생활이 어려운 자로서 대통령령이 정하는 자

  ④ 산재보험, 공부상 요양 환자 : 근로자가 사업장에서 업무 수행 중에 발생한 재해를 입은 환자는 건강보험법 적용대상이면 공무상 요양 환자이며, 사업장이 산재보험법 적용 대상이면 산재보험 환자

  ⑤ 자동차보험 환자 : 자동차손해배상보험법에 의한 책임보험 및 종합보험에 가입된 차량과 육운진흥법에 의한 공제조합에 가입한 차량으로 인하여 부상을 당한 환자

- **외래관리의 특징**
  ① 외래진료는 입원실에 수용하지 않은 상태에서 통원진료
  ② 외래진료는 입원환자의 공급원

③ 인력, 장비, 공간의 효율적인 활용으로 진료 기능의 재산성 증가

● 외래관리 업무 내용

구분	담당	내용
안내	원무과/ 고객지원센터	병원 시설 안내 등록 접수 안내 입원환자 면회 안내 환자 불편사항 접수
접수 수납	원무과	초진환자 진료카드 발급 초 · 재진 접수 접수증 발급 환자 인적사항, 진료과목, 보험정보 입력 및 관리 외래진료비 수납 각종 통계 및 보고서 관리
예약	원무과/고객지원센터 /예약실	초진 · 재진 접수 예약 확인 및 변경 관리
진료접수	간호부/원무과	진료 준비 진료 일정 변경 시 원무과에 통보 예약환자 관리
의무기록	의무기록실	환자의 의무기록지 해당과로 송부 외래차트 보관 및 관리

나. 입 · 퇴원 관리

● 입원 관리

① 병실 준비

② 입원약정서 작성

③ 입원생활 중 주의사항 안내

④ 입원 중 각종 검사 및 진료

⑤ 환자의 신체적, 정신적 상태를 확인

⑥ 환자 또는 보호자로부터 건강관련 정보를 획득하고 필요에 따라 공유

⑦ 간호 · 진료계획에 따라 효율적이고 체계적인 간호.치료

● 퇴원관리

① 퇴원계획

② 퇴원교육 (복용방법, 주의사항, 부작용, 약물간 및 약물과 음식 간 상
호작용 등)

다. 진료비 관리

    ① 진료비 영수증 발급

    ② 진료비 상세 내역서 발급

(3) 의료보험

가. 의료보험에 대한 이해

국민건강보험법 제1조(목적) 국민건강보험법은 국민의 질병·부상에 대한 예방·진단·치료·재활과 출산·사망 및 건강증진에 대하여 보험급여를 실시함으로써 국민보건 향상과 사회보장 증진에 이바지함을 목적으로 한다.

● 의료보험의 특징

    ① 강제성   ② 보험료 부담 형평성

    ③ 보험급여의 균등성   ④ 수익자 부담 원칙

● 의료보험의 효과

    ① 위험분산의 효과

    ② 소득에 비래한 보험료를 책정하여 부(소득)의 재분배

    ③ 건강증진, 질병 예방, 재활을 도모하는 효과

● 의료보험관련 정부조직의 역할

    ① 보건복지부

        건강보험제도 관련 전반적인 정책을 결정함. 보험료율 및 보험료 부과기준, 요양급여의 범위 등을 결정하며 관리운영주체인 건강보험공단의 예산 및 규정 등을 승인함.

    ② 국민건강보험공단

        건강보험 보험자인 국민건강보험공단은 건강보험 가입자의 자격을 관리하고, 보험료를 부과 징수하는 역할을 담당함.

        또한 요양기관에는 비용을 지급함 요양기관에서 건강보험심사평가원에 급여비용을 청구하면 건강보험심사평가원에서 이를 심사하여 국민건강보험공단에 통보하고 국민건강보험공단은 심사를 통해 조정된 비용을 요양기관에 지급함. 국민건강보험공단의 급여관련 업무는 제약회사와 협상을 통해 약가결정, 보험급여비용 지급, 상대가치의 점수 당 단가(환산지수)계약 체결 업무를 담당함.

③ 간강보험정책심의위원회

국민건강보험법 제4조에 의해 명시된 보건복지부 장관 소속의 위원회 조직임 요양급여의 기준, 요양급여비용, 가입자의 보험료 수준 등 건강보험에 관한 주요사항을 심의 의결함. 총 25인으로 구성되며 위원장은 보건복지부차관이 되고 가입자 단체 8인, 공급자단체 8인, 공공기관 4인 및 관련 전문가 4인으로 구성됨.

나. 보험청구 업무

● 요양급여비 청구 절차

요양기관의 요양급여 비용 청구 → 심사평가원의 심사 → 심사평가원의 심사결과를 국민보험관리공단에 통보 → 국민보험관리공단의 지급 → 요양기관의 요양급여 수령

다. 국제의료보험 청구 사례 및 실무

● 국제민간의료보험의 종류

① 국제의료보험   ② 여행자 보험

③ 국제학생보험   ④ 국제단체보험

● 국제민간보험 용어 이해

- 청구서(Claim) : 보험금 청구를 위해 작성하는 해당 보험사의 보험청구 양식

- 상환 및 지급(Reimbursement and Payment) : 환자가 미리 치료 후 본인이 진료비를 지불하고 나중에 보험사에 보험 지급을 청구

- 진료비 지불보증서(GOP: Guarantee of Payment) : 환자의 진료비 지불에 대한 보험사의 보증

- Direct Billing : 병원과 보험사가 계약을 통해 보험가입자(환자)를 대신하여 보험사에 진료비를 청구

- 공제액/면책금(Deductible) : 보험자가 환자에게 보험혜택을 주지 않는 일정 비율의 금액을 말하며 환자가 직접 내야 할 금액이다. 보험료가 낮을수록 공제액/면책금은 높으며 보험료가 높을수록 공제액/면책금은 낮다.

- 정액부담제(Co-Payment) : 의료 서비스 건당 미리 정해진 일정액만을

환자가 부담하고 나머지는 보험자가 지불
- 진료비 청구인 (Medical Biller) : 보험회사에서 진료비 청구 담당
- 청구 책임자(Billing Manager) : 보험회사 진료비 책임.관리자
- 지급자(Payor) : 보험사
- 피보험자(Insured) : 보험자가 발생한 보험증권에 이름이 기재된 사람을 의미한다. 보험계약자와 피보험자가 다를 수도 있다.

● 국제보험청구 진행과정
- 외래환자 : 환자의 국제보험 확인 → 지불보증서 요청 → 보험사로부터 지불보증서(GOP : Guarantee of Payment) 수령 → 병원의 보험청구서 작성 및 보험사에 보험금 청구
- 입원환자 : 환자의 국제보험 확인 → 지불보증서 요청 → 보험사로부터 지불보증서 수령 → 추적 관리 및 지속적인 모니터링 → 병원의 보험청구서 작성 및 보험사에 보험금 청구

● 보험청구 서류
① 지불보증서 사본
② 영문 영수증
③ 세부 진료비 명세서
④ 환자의 보험카드 복사본
⑤ 지불요구서 (Payment Request)
⑥ 병원 정보 및 의무기록 활용 승낙 동의서
⑦ 응급실을 경유한 입원환자의 경우, 응급실 기록지 사본, 주요 검사 결과지, 퇴원기록 요약지

(4) 의료정보관리

가. 의료정보관리의 이해

의료인이 환자의 진료와 관련하여 획득한 의료정보 관리를 철저히 보호되어야 한다.

● 기록 열람

의료법 제21조(기록 열람 등) ① 의료인이나 의료기관 종사자는 환자가 아닌 다른 사람에게 환자에 관한 기록을 열람하게 하거나 그 사본을 내주는 등 내용을 확인할 수 있게 하여서는 아니 된다.

② 제1항에도 불구하고 의료인이나 의료기관 종사자는 다음 각 호의 어느 하나에 해당하면 그 기록을 열람하게 하거나 그 사본을 교부하는 등 그 내용을 확인할 수 있게 하여야 한다. 다만, 의사·치과의사 또는 한의사가 환자의 진료를 위하여 불가피하다고 인정한 경우에는 그러하지 아니하다.

1. 환자의 배우자, 직계 존속·비속 또는 배우자의 직계 존속이 환자 본인의 동의서와 친족관계임을 나타내는 증명서 등을 첨부하는 등 보건복지부령으로 정하는 요건을 갖추어 요청한 경우

2. 환자가 지정하는 대리인이 환자 본인의 동의서와 대리권이 있음을 증명하는 서류를 첨부하는 등 보건복지부령으로 정하는 요건을 갖추어 요청한 경우

3. 환자가 사망하거나 의식이 없는 등 환자의 동의를 받을 수 없어 환자의 배우자, 직계 존속·비속 또는 배우자의 직계 존속이 친족관계임을 나타내는 증명서 등을 첨부하는 등 보건복지부령으로 정하는 요건을 갖추어 요청한 경우

6. 병역법 제11조의 2에 따라 지방병무청장이 징병검사와 관련하여 질병 또는 심신장애의 확인을 위하여 필요하다고 인정하여 의료기관의 장에게 징병검사대상자의 진료기록·치료 관련 기록의 제출을 요구한 경우

7. 의료사고 피해구제 및 의료분쟁 조정 등에 관한 법률 제28조제3항에 따른 경우 (생략)

13. 의료사고 피해구제 및 의료분쟁 조정 등에 관한 법률 제28조 제3항에 따른 경우

③ 의료인은 다른 의료인으로부터 제22조 또는 제23조에 따른 진료기록의 내용 확인이나 환자의 진료경과에 대한 소견 등을 송부할 것을 요청받은 경우에는 해당 환자나 환자 보호자의 동의를 받아 송부하여야 한다. 다만, 해당 환자의 의식이 없거나 응급환자인 경우 또는 환자의 보호자가 없어 동의를 받을 수 없는 경우에는 환자나 환자 보호자의 동의 없이 송부할 수 있다.

④ 진료기록을 보관하고 있는 의료기관이나 진료기록이 이관된 보건소에

근무하는 의사·치과의사 또는 한의사는 자신이 직접 진료하지 아니한 환자의 과거 진료 내용의 확인 요청을 받은 경우에는 진료기록을 근거로 하여 사실을 확인하여 줄 수 있다.

⑤ 의료인은 응급환자를 다른 의료기관에 이송하는 경우에는 지체 없이 내원 당시 작성된 진료기록의 사본 등을 이송하여야 한다.

나. 병원 통계관리

- 1일 평균 재원환자수 = 기간 중 재원환자 연 인원수 / 기간 중의 날수
- 응급실 일평균 환자수 = 연 응급실 환자총수 / 응급실 진료일수
- 병상 이용율 = (기간 중 재원 연인원수 / 연가동 병상수) X 100
- 병상 이용율 = 조정 환자수 / 연가동 병상수
- 외래환자 초진율 = (초진 환자수 / 연 외래환자 총수) X 100
- 진료과별 외래환자 구성비 = (진료과별 외래환자수 / 기간중 연 외래환자수) X 100
- 외래환자 입원율 = (입원환자 실인원수 / 연 외래환자수) X 100
- 외래환자 일평균 진료비 (단위 : 원) = 외래 수입 총수 / 연 외래환자 총수
- 임상과별 외래수익율 = (입상과별 외래수입 총액 / 외래수입 총액) X 100
- 감염율 = (기간 중 수술 후 감염 수 / 기간 중 총 수술 건수) X 100
- 제왕절개율 = (기간 중 제왕절개수 / 기간 중 분만 총수) X 100
- 병상 회전율 = 퇴원(입원)실 입원수 / 평균 가동 병상수

● 의료관광실적 보고
의료법 시행규칙 제19조의 9(외국인환자 유치 사업실적 보고)

① 의료법 제27조의 2 제1항 및 제2항에 따라 등록한 의료기관 및 외국인환자 유치업자는 의료법 제27조의 2 제3항 및 의료법 시행령 제42조 제2항 제2호에 따라 전년도 사업실적(외국인환자의 성명은 제외한다)을 다음 각 호의 구분에 따라 매년 3월 31일까지 한국보건산업진흥원에 보고하여야 한다.

1. 의료기관의 경우 다음 각 목에 관한 사항
    가. 외국인환자의 국적, 성별 및 출생년도
    나. 외국인환자의 진료과목, 입원기간, 주상병명 및 외래 방문일수
2. 외국인환자 유치업자의 경우 다음 각 목에 관한 사항
    가. 외국인환자의 국적, 성별 및 출생년도
    나. 외국인환자의 방문 의료기관, 진료과목, 입원기간 및 외래 방문일수
    다. 외국인환자의 입국일 및 출국일

② 한국보건산업진흥원은 의료법 시행령 제42조 제3항에 따라 제1항에 따른 보고 내용과 결과를 매년 4월 30일까지 보건복지부장관에게 보고하여야 한다.

3) 리스크 관리

(1) 리스크관리의 개념

가. 리스크의 정의

- 리스크
  ① 손실, 손상, 불이익의 가능성
  ② 기대한 것을 얻지 못할 가능성
  ③ 기대와 현실 사이의 격차
  ④ 불확실성 자체 또는 그 불확실성의 결과

- 의료관광 리스크관리의 목적
  ① 보다 안전한 의료환경을 조성하고 유지하여 의료의 질 향상
  ② 국제적 신뢰도 향상
  ③ 의료사고 등 원래 사고뿐만 아니라 이동, 관광 등에서 발생할 수 있는 비의료상 원외사고로 인한 재정적 손실 최소화
  ④ 의료분쟁으로 이미지 손상 및 재정적 손실 예방

나. 리스크 관리의 개념

- 리스크 관리 방법
  ① 리스크 원인 파악 ➡ ② 리스크 측정 ➡ ③ 리스크 통제

(2) 리스크관리의 체계

가. 리스크관리 정책 수립

  ① 조직 구성원의 리스크관리 인식
  ② 리스크관리 도구 개발(리스크관리위원회 등)

나. 리스크관리 시스템 구축

- 리스크관리위원회 역할
  ① 의료리스크 관리 계획 수립
  ② 사건·사고 보고 체계 구축
  ③ 사건·사고 유형, 빈도, 추이 분석 및 모니터링

④ 사건 · 사고 원인 파악 및 개선안 확립

⑤ 사건 · 사고 대비 교육

● 리스크 발생시 대처 매뉴얼 준비

4) 의료관광 법규

(1) 의료관련 법규

가. 의료법

● 목적

의료법 제1조(목적) 의료법은 모든 국민이 수준 높은 의료 혜택을 받을 수 있도록 국민의료에 필요한 사항을 규정함으로써 국민의 건강을 보호하고 증진하는 데에 목적이 있다.

● 의료인

의료법 제2조(의료인) ① 의료법에서 "의료인"이란 보건복지부장관의 면허를 받은 의사 · 치과의사 · 한의사 · 조산사 및 간호사를 말한다.

② 의료인은 종별에 따라 다음 각 호의 임무를 수행하여 국민보건 향상을 이루고 국민의 건강한 생활 확보에 이바지할 사명을 가진다.

1. 의사는 의료와 보건지도를 임무로 한다.

2. 치과의사는 치과 의료와 구강 보건지도를 임무로 한다.

3. 한의사는 한방 의료와 한방 보건지도를 임무로 한다.

4. 조산사는 조산(助産)과 임부(姙婦) · 해산부(解産婦) · 산욕부(産褥婦) 및 신생아에 대한 보건과 양호지도를 임무로 한다.

5. 간호사는 상병자(傷病者)나 해산부의 요양을 위한 간호 또는 진료 보조 및 대통령령으로 정하는 보건활동을 임무로 한다.

● 병원의 종류

의료법 제3조(의료기관) ① 의료법에서 "의료기관"이란 의료인이 공중(公衆) 또는 특정 다수인을 위하여 의료 · 조산의 업(이하 "의료업"이라 한다)을 하는 곳을 말한다.

② 의료기관은 다음 각 호와 같이 구분한다.

1. 의원급 의료기관: 의사, 치과의사 또는 한의사가 주로 외래환자를 대상으로 각각 그 의료행위를 하는 의료기관으로서 그 종류는 다음 각 목과 같다.

가. 의원

나. 치과의원

다. 한의원

2. 조산원: 조산사가 조산과 임부·해산부·산욕부 및 신생아를 대상으로 보건활동과 교육·상담을 하는 의료기관을 말한다.

3. 병원급 의료기관: 의사, 치과의사 또는 한의사가 주로 입원환자를 대상으로 의료행위를 하는 의료기관으로서 그 종류는 다음 각 목과 같다.

가. 병원

나. 치과병원

다. 한방병원

라. 요양병원(정신보건법 제3조 제3호에 따른 정신의료기관 중 정신병원, 장애인복지법 제58조 제1항 제2호에 따른 의료재활시설로서 제3조의 2의 요건을 갖춘 의료기관을 포함한다.)

마. 종합병원

③ 보건복지부장관은 보건의료정책에 필요하다고 인정하는 경우에는 제2항 제1호부터 제3호까지의 규정에 따른 의료기관의 종류별 표준업무를 정하여 고시할 수 있다.

● 병원

의료법 제3조의 2(병원 등) 병원·치과병원·한방병원 및 요양병원은 30개 이상의 병상(병원·한방병원만 해당한다) 또는 요양병상(요양병원만 해당하며, 장기입원이 필요한 환자를 대상으로 의료행위를 하기 위하여 설치한 병상을 말한다)을 갖추어야 한다.

● 종합병원

의료법 제3조의 3(종합병원) ① 종합병원은 다음 각 호의 요건을 갖추어야 한다.

1. 100개 이상의 병상을 갖출 것

2. 100병상 이상 300병상 이하인 경우에는 내과·외과·소아청소년과·산부인과 중 3개 진료과목, 영상의학과, 마취통증의학과와 진단검사의학과 또는 병리과를 포함한 7개 이상의 진료과목을 갖추고 각 진료과목마다 전속하는 전문의를 둘 것

3. 300병상을 초과하는 경우에는 내과, 외과, 소아청소년과, 산부인과, 영상의학과, 마취통증의학과, 진단검사의학과 또는 병리과, 정신건강의학과

및 치과를 포함한 9개 이상의 진료과목을 갖추고 각 진료과목마다 전속하는 전문의를 둘 것

② 종합병원은 제1항 제2호 또는 제3호에 따른 진료과목(이하 이 항에서 "필수진료과목"이라 한다) 외에 필요하면 추가로 진료과목을 설치·운영할 수 있다. 이 경우 필수진료과목 외의 진료과목에 대하여는 해당 의료기관에 전속하지 아니한 전문의를 둘 수 있다.

● 상급병원

의료법 제3조의 4(상급종합병원 지정) ① 보건복지부장관은 다음 각 호의 요건을 갖춘 종합병원 중에서 중증질환에 대하여 난이도가 높은 의료행위를 전문적으로 하는 종합병원을 상급종합병원으로 지정할 수 있다.

1. 보건복지부령으로 정하는 20개 이상의 진료과목을 갖추고 각 진료과목마다 전속하는 전문의를 둘 것

2. 의료법 제77조 제1항에 따라 전문의가 되려는 자를 수련시키는 기관일 것

3. 보건복지부령으로 정하는 인력·시설·장비 등을 갖출 것

4. 질병군별(疾病群別) 환자구성 비율이 보건복지부령으로 정하는 기준에 해당할 것

② 보건복지부장관은 제1항에 따른 지정을 하는 경우 제1항 각 호의 사항 및 전문성 등에 대하여 평가를 실시하여야 한다.

③ 보건복지부장관은 제1항에 따라 상급종합병원으로 지정받은 종합병원에 대하여 3년마다 제2항에 따른 평가를 실시하여 재지정하거나 지정을 취소할 수 있다.

④ 보건복지부장관은 제2항 및 제3항에 따른 평가업무를 관계 전문기관 또는 단체에 위탁할 수 있다.

⑤ 상급종합병원 지정·재지정의 기준·절차 및 평가업무의 위탁 절차 등에 관하여 필요한 사항은 보건복지부령으로 정한다.

● 외국인환자 유치 의료기관 및 유치업체 등록기준

의료법 제27조의 2(외국인환자 유치에 대한 등록 등) ① 의료법 제27조 제3항 제2호에 따라 외국인환자를 유치하고자 하는 의료기관은 보건복지부령으로 정하는 요건을 갖추어 보건복지부장관에게 등록하여야 한다.

② 제1항의 의료기관을 제외하고 의료법 제27조 제3항 제2호에 따른 외국인환자를 유치하고자 하는 자는 다음 각 호의 요건을 갖추어 보건복지부장관

에게 등록하여야 한다.

1. 보건복지부령으로 정하는 보증보험에 가입하였을 것

2. 보건복지부령으로 정하는 규모 이상의 자본금을 보유할 것

3. 그 밖에 외국인환자 유치를 위하여 보건복지부령으로 정하는 사항

③ 제1항에 따라 등록한 의료기관 및 제2항에 따라 등록한 자(이하 "외국인 환자 유치업자"라 한다)는 보건복지부령으로 정하는 바에 따라 매년 3월 말 까지 전년도 사업실적을 보건복지부장관에게 보고하여야 한다.

(3월 31일까지 의료기관 및 유치없체는 한국보건산업진흥원에 보고하며, 4월 30일까지 한국보건산업진흥원은 보건복지부에 보고한다.)

④ 보건복지부장관은 의료기관 또는 외국인환자 유치업자가 다음 각 호의 어느 하나에 해당하는 경우 등록을 취소할 수 있다.

1. 제1항 또는 제2항에 따른 등록요건을 갖추지 아니한 경우

2. 의료법 제27조 제3항 제2호 외의 자를 유치하는 행위를 한 경우

3. 의료법 제63조에 따른 시정명령을 이행하지 아니한 경우

⑤ 제1항에 따른 의료기관 중 상급종합병원은 보건복지부령으로 정하는 병상 수를 초과하여 외국인환자를 유치하여서는 아니 된다.(병상 수의 100분의 5)

⑥ 제1항 및 제2항에 따른 등록절차에 관하여 필요한 사항은 보건복지부령 으로 정한다.

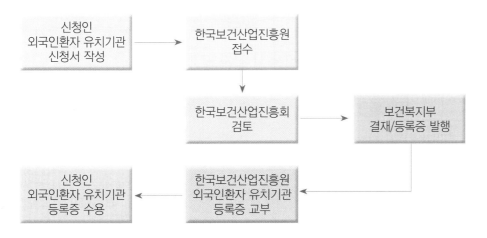

● 외국인환자 유치 의료기관 및 유치업체 등록절차

의료법 시행규칙 제19조의 6(외국인환자 유치를 위한 등록절차) ① 외국인환자를 유치하려는 의료기관은 의료법 제27조의 2 제6항 및 의료법시행령 제42조 제2 항 제1호에 따라 별지 제9호의 4 서식의 등록신청서(전자문서로 된 등록신청서

를 포함한다)에 다음 각 호의 서류를 첨부하여 「한국보건산업진흥원법」에 따른 한국보건산업진흥원(이하 "한국보건산업진흥원"이라 한다)에 제출하여야 한다.

1. 별지 제15호서식의 의료기관 개설신고증명서 사본 또는 별지 제17호 서식의 의료기관 개설허가증 사본
2. 사업계획서
3. 의료법 제19조의 3에 따른 진료과목별 전문의의 명단 및 자격증 사본

② 제1항에 따른 의료기관 외에 외국인환자를 유치하려는 자는 의료법 제27조의 2 제6항 및 의료법시행령 제42조 제2항 제1호에 따라 별지 제9호의 5 서식의 등록신청서(전자문서로 된 등록신청서를 포함한다)에 다음 각 호의 서류를 첨부하여 한국보건산업진흥원에 제출하여야 한다.

1. 정관(법인인 경우만 해당한다)
2. 사업계획서
3. 의료법 제19조의 4 제1항에 따른 보증보험에 가입하였음을 증명하는 서류
4. 의료법 제19조의 4 제2항에 따른 규모 이상의 자본금을 보유하였음을 증명하는 서류
5. 의료법 제19조의 4 제3항에 따른 사무실에 대한 소유권이나 사용권이 있음을 증명하는 서류

③ 한국보건산업진흥원은 제1항 또는 제2항에 따른 신청 내용이 의료법 제27조의 2 제1항 또는 제2항에 따른 등록요건에 적합한지 여부를 검토하여 그 검토 내용을 보건복지부장관에게 알려야 한다.

④ 보건복지부장관은 제3항에 따른 검토 내용을 확인한 결과 의료법 제27조의2 제1항 또는 제2항에 따른 등록요건에 적합한 경우 제1항의 신청인에게는 별지 제9호의 6 서식에 따른 외국인환자 유치 의료기관 등록증을, 제2항의 신청인에게는 별지 제9호의 7 서식에 따른 외국인환자 유치업자 등록증을 각각 발행하여야 한다.

⑤ 한국보건산업진흥원은 제4항에 따라 발행된 등록증을 제1항 및 제2항에 따른 신청인에게 내주어야 한다.

● 외국인환자 유치업체 등록요건
의료법 시행규칙 제19조의 4(외국인환자 유치업자의 등록요건) ① 의료법 제27조의 2 제2항 제1호에서 "보건복지부령으로 정하는 보증보험에 가입하였을 것"

이란 다음 각 호를 모두 충족하는 보증보험에 가입한 경우를 말한다. 다만, 그 보증보험에 가입한 후 외국인환자에게 입힌 손해를 배상하여 보험계약이 해지된 경우에는 1개월 이내에 다시 가입하여야 한다.

1. 외국인환자를 유치하는 과정에서 고의 또는 과실로 외국인환자에게 입힌 손해에 대한 배상책임을 보장하는 보증보험일 것
2. 해당 보험회사가 「보험업법」 제4조 제1항 제2호 라목의 보증보험에 대하여 금융위원회의 허가를 받은 보험회사일 것
3. 보험금액이 1억원 이상이고, 보험기간을 1년 이상으로 하는 보증보험일 것

② 의료법 제27조의 2 제2항 제2호에서 "보건복지부령으로 정하는 규모"란 1억원(다만, 관광진흥법 제4조 및 관광진흥법시행령 제2조 제1항 제1호가목에 따라 일반여행업 등록을 한 경우에는 0원)을 말한다.

③ 의료법 제27조의 2 제2항 제3호에서 "보건복지부령으로 정하는 사항"이란 국내에 설치한 사무소를 말한다.

● 외국인환자 유치 의료기관의 등록요건

의료법 시행규칙 제19조의 3(외국인환자 유치 의료기관의 등록요건) 외국인환자를 유치하려는 의료기관은 의료법 제27조의 2 제1항에 따라 외국인환자를 유치하려는 진료과목별로 의료법 제77조에 따른 전문의 1명 이상을 두어야 한다. 다만, 진료과목이 「전문의의 수련 및 자격 인정 등에 관한 규정」 제3조에 따른 전문과목이 아닌 경우에는 그러하지 아니하다.

전문의의 수련 및 자격 인정 등에 관한 규정 제3조의 전문과목 : 내과, 신경과, 정신건강의학과, 외과, 정형외과, 신경외과, 흉부외과, 성형외과, 마취통증의학과, 산부인과, 소아청소년과, 안과, 이비인후과, 피부과, 비뇨기과, 영상의학과, 방사선종양학과, 병리과, 진단검사의학과, 결핵과, 재활의학과, 예방의학과, 가정의학과, 응급의학과, 핵의학 및 직업환경의학과

● 외국인환자 유치실적 보고

의료법 시행규칙 제19조의 9(외국인환자 유치 사업실적 보고) ① 의료법 제27조의 2 제1항 및 제2항에 따라 등록한 의료기관 및 외국인환자 유치업자는 의료법 제27조의 2 제3항 및 의료법시행령 제42조 제2항 제2호에 따라 전년도 사업실적(외국인환자의 성명은 제외한다)을 다음 각 호의 구분에 따라 매년 3월 31일까지 한국보건산업진흥원에 보고하여야 한다.

1. 의료기관의 경우 다음 각 목에 관한 사항

가. 외국인환자의 국적, 성별 및 출생년도

　　　　나. 외국인환자의 진료과목, 입원기간, 주상병명 및 외래 방문일수

　　2. 외국인환자 유치업자의 경우 다음 각 목에 관한 사항

　　　　가. 외국인환자의 국적, 성별 및 출생년도

　　　　나. 외국인환자의 방문 의료기관, 진료과목, 입원기간 및 외래 방문일수

　　　　다. 외국인환자의 입국일 및 출국일

　　② 한국보건산업진흥원은 의료법시행령 제42조 제3항에 따라 제1항에 따른 보고 내용과 결과를 매년 4월 30일까지 보건복지부장관에게 보고하여야 한다.

● 상급종합병원의 외국인환자 유치 제한

의료법 시행규칙 제19조의 5(상급종합병원의 외국인환자 유치 제한) 의료법 제27조의2 제5항에서 "보건복지부령으로 정하는 병상수"란 의료법 제3조의 4에 따라 지정된 상급종합병원(2010년 1월 31일 전에는 「국민건강보험법」 제40조 제2항에 따라 종합전문요양기관으로 인정된 의료기관을 말함)의 병상수의 100분의 5를 말한다.

나. 의료분쟁

의료사고 피해구제 및 의료분쟁조정 등에 관한 법률

● 정의

의료사고 피해구제 및 의료분쟁조정 등에 관한 법률 제2조(정의) 이 법에서 사용하는 용어의 뜻은 다음과 같다.

　1. "의료사고"란 보건의료인(의료법 제27조 제1항 단서 또는 약사법 제23조 제1항 단서에 따라 그 행위가 허용되는 자를 포함한다)이 환자에 대하여 실시하는 진단·검사·치료·의약품의 처방 및 조제 등의 행위(이하 "의료행위등"이라 한다)로 인하여 사람의 생명·신체 및 재산에 대하여 피해가 발생한 경우를 말한다.

　2. "의료분쟁"이란 의료사고로 인한 다툼을 말한다.

　3. "보건의료인"이란 「의료법」에 따른 의료인·간호조무사, 「의료기사 등에 관한 법률」에 따른 의료기사, 「응급의료에 관한 법률」에 따른 응급구조사 및 「약사법」에 따른 약사·한약사로서 보건의료기관에 종사하는 사람을 말한다.

　4. "보건의료기관"이란 「의료법」에 따라 개설된 의료기관, 「약사법」에 따라 등록된 약국, 「약사법」에 따라 설립된 한국희귀의약품센터, 「지

역보건법」에 따라 설치된 보건소·보건의료원·보건지소 및 「농어촌
등 보건의료를 위한 특별조치법」에 따라 설치된 보건진료소를 말한다.

● 적용 대상

의료사고 피해구제 및 의료분쟁조정 등에 관한 법률 제3조(적용 대상) 이 법은 대한
민국 국민이 아닌 사람이 보건의료기관에 대하여 의료사고로 인한 손해배
상을 구하는 경우에도 적용한다.

(2) 관광관련 법규

가. 관광진흥법

● 목적

관광진흥법 제1조(목적) 관광진흥법은 관광 여건을 조성하고 관광자원을 개발
하며 관광사업을 육성하여 관광 진흥에 이바지하는 것을 목적으로 한다.

● 관광관련 용어

관광진흥법 제2조(정의) 관광진흥법에서 사용하는 용어의 뜻은 다음과 같다.

1. "관광사업"이란 관광객을 위하여 운송·숙박·음식·운동·오락·휴양
   또는 용역을 제공하거나 그 밖에 관광에 딸린 시설을 갖추어 이를 이용하
   게 하는 업(業)을 말한다.
2. "관광사업자"란 관광사업을 경영하기 위하여 등록·허가 또는 지정(이
   하 "등록등"이라 한다)을 받거나 신고를 한 자를 말한다.
3. "기획여행"이란 여행업을 경영하는 자가 국외여행을 하려는 여행자를
   위하여 여행의 목적지·일정, 여행자가 제공받을 운송 또는 숙박 등의 서
   비스 내용과 그 요금 등에 관한 사항을 미리 정하고 이에 참가하는 여행
   자를 모집하여 실시하는 여행을 말한다.
6. "관광지"란 자연적 또는 문화적 관광자원을 갖추고 관광객을 위한 기본
   적인 편의시설을 설치하는 지역으로서 관광진흥법에 따라 지정된 곳을
   말한다.
7. "관광단지"란 관광객의 다양한 관광 및 휴양을 위하여 각종 관광시설을 종
   합적으로 개발하는 관광 거점 지역으로서 이 법에 따라 지정된 곳을 말한다.
10. "지원시설"이란 관광지나 관광단지의 관리·운영 및 기능 활성화에 필
    요한 관광지 및 관광단지 안팎의 시설을 말한다.
11. "관광특구"란 외국인 관광객의 유치 촉진 등을 위하여 관광 활동과 관

련된 관계 법령의 적용이 배제되거나 완화되고, 관광 활동과 관련된 서비스·안내 체계 및 홍보 등 관광 여건을 집중적으로 조성할 필요가 있는 지역으로 이 법에 따라 지정된 곳을 말한다.

● 관광사업의 종류
관광진흥법 제3조(관광사업의 종류) ① 관광사업의 종류는 다음 각 호와 같다.

1. 여행업 : 여행자 또는 운송시설·숙박시설, 그 밖에 여행에 딸리는 시설의 경영자 등을 위하여 그 시설 이용 알선이나 계약 체결의 대리, 여행에 관한 안내, 그 밖의 여행 편의를 제공하는 업

2. 관광숙박업 : 다음 각 목에서 규정하는 업

   가. 호텔업 : 관광객의 숙박에 적합한 시설을 갖추어 이를 관광객에게 제공하거나 숙박에 딸리는 음식·운동·오락·휴양·공연 또는 연수에 적합한 시설 등을 함께 갖추어 이를 이용하게 하는 업

   나. 휴양 콘도미니엄업 : 관광객의 숙박과 취사에 적합한 시설을 갖추어 이를 그 시설의 회원이나 공유자, 그 밖의 관광객에게 제공하거나 숙박에 딸리는 음식·운동·오락·휴양·공연 또는 연수에 적합한 시설 등을 함께 갖추어 이를 이용하게 하는 업

3. 관광객 이용시설업 : 다음 각 목에서 규정하는 업

   가. 관광객을 위하여 음식·운동·오락·휴양·문화·예술 또는 레저 등에 적합한 시설을 갖추어 이를 관광객에게 이용하게 하는 업

   나. 대통령령으로 정하는 2종 이상의 시설과 관광숙박업의 시설(이하 "관광숙박시설"이라 한다) 등을 함께 갖추어 이를 회원이나 그 밖의 관광객에게 이용하게 하는 업

4. 국제회의업 : 대규모 관광 수요를 유발하는 국제회의(세미나·토론회·전시회 등을 포함한다. 이하 같다)를 개최할 수 있는 시설을 설치·운영하거나 국제회의의 계획·준비·진행 등의 업무를 위탁받아 대행하는 업

5. 카지노업 : 전문 영업장을 갖추고 주사위·트럼프·슬롯머신 등 특정한 기구 등을 이용하여 우연의 결과에 따라 특정인에게 재산상의 이익을 주고 다른 참가자에게 손실을 주는 행위 등을 하는 업

6. 유원시설업(遊園施設業) : 유기시설(遊技施設)이나 유기기구(遊技機具)를 갖추어 이를 관광객에게 이용하게 하는 업(다른 영업을 경영하면서 관광객의 유치 또는 광고 등을 목적으로 유기시설이나 유기기구를 설치하

여 이를 이용하게 하는 경우를 포함한다)

7. 관광 편의시설업 : 제1호부터 제6호까지의 규정에 따른 관광사업 외에 관광 진흥에 이바지할 수 있다고 인정되는 사업이나 시설 등을 운영하는 업

② 제1항제1호부터 제4호까지, 제6호 및 제7호에 따른 관광사업은 대통령령으로 정하는 바에 따라 세분할 수 있다.

● 등록

관광진흥법 제4조(등록) ① 관광진흥법 제3조 제1항 제1호부터 제4호까지의 규정에 따른 여행업, 관광숙박업, 관광객 이용시설업 및 국제회의업을 경영하려는 자는 특별자치도지사 · 시장 · 군수 · 구청장(자치구의 구청장을 말한다. 이하 같다)에게 등록하여야 한다.

나. 출입국관리법(출입국 절차 및 비자 발급)

구분	예약	비자	비고
의료관광객 스스로 의료관광 비자를 발급받은 의료관광객	입원 예약	의료관광비자 (C-3-3, G-1-10)	해외 현지 한국 대사관이나 영사관에 비자 신청
외국인환자 유치업체 또는 의료기관을 통해서 의료관광 비자를 발급받은 의료관광객	입원 예약	사증발급인정서 의료관광비자 (C-3-3, G-1-10)	휴넷 코리아를 통해서 사증발급인정서 비자 신청
한국 거주 의료관광객	외래 예약 입원 예약		주한 외국대사관 직원, 주한 미군
한국 거주 외국인	외래 예약 입원 예약		거소신고한 해외교포 외국인 신고를 하고 90일 이상 체류하는 외국인 국민건강보험 가입 가능
일반 관광객	외래 예약 입원 예약	관광 · 통과 비자(B2)	

● 목적

출입국관리법 제1조(목적) 출입국관리법은 대한민국에 입국하거나 대한민국에서 출국하는 모든 국민 및 외국인의 출입국관리를 통한 안전한 국경관리와 대한민국에 체류하는 외국인의 체류관리 및 난민(難民)의 인정절차 등에 관한 사항을 규정함을 목적으로 한다.

● 외국인의 입국

출입국관리법 제7조(외국인의 입국) ① 외국인이 입국할 때에는 유효한 여권과

법무부장관이 발급한 사증(査證)을 가지고 있어야 한다.

② 다음 각 호의 어느 하나에 해당하는 외국인은 제1항에도 불구하고 사증 없이 입국할 수 있다.

1. 재입국허가를 받은 사람 또는 재입국허가가 면제된 사람으로서 그 허가 또는 면제받은 기간이 끝나기 전에 입국하는 사람

2. 대한민국과 사증면제협정을 체결한 국가의 국민으로서 그 협정에 따라 면제대상이 되는 사람

3. 국제친선, 관광 또는 대한민국의 이익 등을 위하여 입국하는 사람으로서 대통령령으로 정하는 바에 따라 따로 입국허가를 받은 사람

4. 난민여행증명서를 발급받고 출국한 후 그 유효기간이 끝나기 전에 입국 하는 사람

③ 법무부장관은 공공질서의 유지나 국가이익에 필요하다고 인정하면 제2항 제2호에 해당하는 사람에 대하여 사증면제협정의 적용을 일시 정지할 수 있다.

④ 대한민국과 수교(修交)하지 아니한 국가나 법무부장관이 외교부장관과 협의하여 지정한 국가의 국민은 제1항에도 불구하고 대통령령으로 정하는 바에 따라 재외공관의 장이나 사무소장 또는 출장소장이 발급한 외국인입 국허가서를 가지고 입국할 수 있다.

● 허위초청의 금지

출입국관리법 제7조의 2(허위초청 등의 금지) 누구든지 외국인을 입국시키기 위 한 다음 각 호의 어느 하나의 행위를 하여서는 아니 된다.

1. 거짓된 사실의 기재나 거짓된 신원보증 등 부정한 방법으로 외국인을 초 청하거나 그러한 초청을 알선하는 행위

2. 거짓으로 사증 또는 사증발급인정서를 신청하거나 그러한 신청을 알선 하는 행위

● 사증

출입국관리법 제8조(사증) ① 출입국관리법 제7조에 따른 사증은 1회만 입국할 수 있는 단수사증(單數査證)과 2회 이상 입국할 수 있는 복수사증(複數査證)으 로 구분한다.

② 법무부장관은 사증발급에 관한 권한을 대통령령으로 정하는 바에 따라 재외공관의 장에게 위임할 수 있다.

③ 사증발급에 관한 기준과 절차는 법무부령으로 정한다.

● 사증발급 인정서

출입국관리법 제9조(사증발급인정서) ① 법무부장관은 출입국관리법 제7조 제1항에 따른 사증을 발급하기 전에 특히 필요하다고 인정할 때에는 입국하려는 외국인의 신청을 받아 사증발급인정서를 발급할 수 있다.

② 제1항에 따른 사증발급인정서 발급신청은 그 외국인을 초청하려는 자가 대리할 수 있다.

③ 제1항에 따른 사증발급인정서의 발급대상·발급기준 및 발급절차는 법무부령으로 정한다.

유치기관이 신원보증서를 제출하는 경우 비용조달능력입증서류 생략가능(신원보증서 첨부화일)

신 원 보 증 서			
※ [ ]에는 해당하는 곳에 √ 표시를 합니다.			
피보증 외국인	성　명		漢字
	생년월일	성 별	(　)남 (　)여
	국　적		여권번호
	대한민국 주소		전화번호
	체류목적		
신원 보증인	가. 인적사항		
	성　명		漢字
	국　적	성 별	(　)남 (　)여
	여권번호 또는 주민등록번호		전화번호
	주소		
	피보증인과의 관계		
	근무처		직위
	근무처 주소		비고
	나. 보증기간(보증기간의 최장기간은 4년으로 한다)		
	다. 보증내용 　(1) 체류중 제반법규를 준수하도록 한다. 　(2) 출국여비 및 이와 관련된 비용에 대한 지불책임을 부담한다. 　(3) 체류 또는 보호 중 발생되는 비용에 대한 지불책임을 부담한다.		
위 신원보증인은 피보증 외국인이 대한민국에 체류함에 있어서 그 신원에 이상이 없음을 확인하고 위 사항을 보증합니다.			
년　　월　　일장			
	신원보증인		(서명 또는 인)

● 체류 자격

출입국관리법 제10조(체류자격) ① 입국하려는 외국인은 대통령령으로 정하는 체류자격을 가져야 한다.

② 1회에 부여할 수 있는 체류자격별 체류기간의 상한은 법무부령으로 정한다.

● 체류 자격 부여

출입국관리법 제23조(체류자격 부여) 대한민국에서 출생하여 출입국관리법 제10조에 따른 체류자격을 가지지 못하고 체류하게 되는 외국인은 그가 출생한 날부터 90일 이내에, 대한민국에서 체류 중 대한민국의 국적을 상실하거나 이탈하는 등 그 밖의 사유로 출입국관리법 제10조에 따른 체류자격을 가지지 못하고 체류하게 되는 외국인은 그 사유가 발생한 날부터 30일 이내에 대통령령으로 정하는 바에 따라 체류자격을 받아야 한다.

● 체류자격 변경허가

출입국관리법 제24조(체류자격 변경허가) ① 대한민국에 체류하는 외국인이 그 체류자격과 다른 체류자격에 해당하는 활동을 하려면 미리 법무부장관의 체류자격 변경허가를 받아야 한다.

② 제31조 제1항 각 호의 어느 하나에 해당하는 사람으로서 그 신분이 변경되어 체류자격을 변경하려는 사람은 신분이 변경된 날부터 30일 이내에 법무부장관의 체류자격 변경허가를 받아야 한다.

출입국관리법 제25조(체류기간 연장허가) 외국인이 체류기간을 초과하여 계속 체류하려면 대통령령으로 정하는 바에 따라 체류기간이 끝나기 전에 법무부장관의 체류기간 연장허가를 받아야 한다.

● 외국인 등록

출입국관리법 제31조(외국인등록) ① 외국인이 입국한 날부터 90일을 초과하여 대한민국에 체류하려면 대통령령으로 정하는 바에 따라 입국한 날부터 90일 이내에 그의 체류지를 관할하는 출입국관리사무소장이나 출장소장에게 외국인등록을 하여야 한다. 다만, 다음 각 호의 어느 하나에 해당하는 외국인의 경우에는 그러하지 아니하다.

1. 주한외국공관(대사관과 영사관을 포함한다)과 국제기구의 직원 및 그의 가족

2. 대한민국정부와의 협정에 따라 외교관 또는 영사와 유사한 특권 및 면제를 누리는 사람과 그의 가족

3. 대한민국정부가 초청한 사람 등으로서 법무부령으로 정하는 사람

② 출입국관리법 제23조에 따라 체류자격을 받는 사람으로서 그 날부터 90일을 초과하여 체류하게 되는 사람은 제1항에도 불구하고 체류자격을 받는 때에 외국인등록을 하여야 한다.

③ 출입국관리법 제24조에 따라 체류자격 변경허가를 받는 사람으로서 입국한 날부터 90일을 초과하여 체류하게 되는 사람은 제1항에도 불구하고 체류자격 변경허가를 받는 때에 외국인등록을 하여야 한다.

④ 출입국관리사무소장이나 출장소장은 제1항부터 제3항까지의 규정에 따라 외국인등록을 한 사람에게는 대통령령으로 정하는 방법에 따라 개인별로 고유한 등록번호를 부여하여야 한다.

● 사증발급

출입국관리법 시행령 제7조(사증발급) ① 출입국관리법 제7조 제1항에 따라 사증(查證)을 발급받으려는 외국인은 사증발급 신청서에 법무부령으로 정하는 서류를 첨부하여 재외공관의 장에게 제출하여야 한다.

② 재외공관의 장은 외국인이 제1항에 따라 사증발급 신청을 하면 법무부령으로 정하는 바에 따라 사증을 발급한다. 이 경우 그 사증에는 출입국관리법 시행령 제12조에 따른 체류자격과 체류기간 등 필요한 사항을 적어야 한다.

③ 법무부장관은 사증 발급에 필요하다고 인정하는 때에는 사증을 발급받으려는 외국인에게 관계 중앙행정기관의 장으로부터 추천서를 발급받아 제출하게 하거나 관계 중앙행정기관의 장에게 의견을 물을 수 있다.

④ 제3항에 따른 추천서 발급기준은 관계 중앙행정기관의 장이 법무부장관과 협의하여 따로 정한다.

⑤ 법무부장관은 취업활동을 할 수 있는 체류자격에 해당하는 사증을 발급하는 경우에는 국내 고용사정을 고려하여야 한다.

● 온라인 사증발급

– 의료관광객이 재외 공관(영사관)을 방문하지 않고 전자비자(E-VISA)를 발급받아 의료관광 활성화에 기여

– 휴넷코리아(www.visa.go.kr)

– 출입국관리법 시행령 제7조의2(온라인에 의한 사증발급 신청 등) ① 법무부장관은 출입국관리법 제7조 제1항에 따른 사증 또는 법 제9조 제1항에 따른 사증발급인정서(이하 "사증등"이라 한다)의 온라인 발급 신청 등을 위하여 정보통신망을 설치·운영할 수 있다.

② 제1항에 따른 정보통신망을 통하여 사증등의 발급을 신청하려는 사람은 신청서와 법무부령으로 정하는 서류를 온라인으로 제출할 수 있다.

③ 제2항에 따라 정보통신망을 통하여 사증등의 발급을 신청하려는 사람은 미리 사용자 등록을 하여야 한다.

④ 법무부장관은 법무부령으로 정하는 외국인이 제2항에 따라 온라인으로 출입국관리법 제7조 제1항에 따른 사증의 발급을 신청한 경우에는 그 외국인에게 온라인으로 사증을 발급할 수 있다.

⑤ 제4항에 따라 온라인으로 발급하는 사증의 발급신청과 수수료의 납부는 그 외국인을 초청하려는 자가 대리할 수 있다.

⑥ 제1항의 정보통신망 설치·운영, 제2항의 온라인에 의한 사증등 발급 신청서의 서식 및 제4항의 전자사증 발급 등에 필요한 세부 사항은 법무부장관이 정한다.

다. 재외동포의 출입국과 법적 지위에 관한 법률

● 국내 거소신고

재외동포의 출입국과 법적 지위에 관한 법률 제6조(국내 거소신고) ① 재외국민과 재외동포체류자격으로 입국한 외국국적동포는 이 법을 적용받기 위하여 필요하면 대한민국 안에 거소(居所)를 정하여 그 거소를 관할하는 출입국관리사무소장(이하 "사무소장"이라 한다) 또는 출입국관리사무소출장소장(이하 "출장소장"이라 한다)에게 국내거소신고를 할 수 있다.

② 제1항에 따라 신고한 국내거소를 이전한 때에는 14일 이내에 그 사실을 신거소(新居所)가 소재한 시·군·구의 장이나 신거소를 관할하는 사무소장·출장소장에게 신고하여야 한다.

재외동포의 출입국과 법적 지위에 관한 법률 제14조(건강보험) 국내거소신고를 한 재외동포가 90일 이상 대한민국 안에 체류하는 경우에는 건강보험 관계 법령으로 정하는 바에 따라 건강보험을 적용받을 수 있다.

● 외국인환자 유치업체의 가이드라인

외국인환자 유치업체는 외국인환자를 유치함에 있어서 어떤 마음자세가 필요할까?

① 유치업자는 언제나 환자의 최선의 이익을 위해 행동할 윤리적 의무와 직업적 책임을 가지며 국적, 종교, 성적 편견으로 환자를 차별하지 않는다.

② 유치업자는 의료기관이나 환자와 계약할 때에 보건복지부의 외국인환자 유치를 인가받은 등록된 유치업자임을 알린다.

③ 유치업자는 의료기관과 계약할 때에 보건복지부의 외국인환자 유치를 인가받은 등록된 유치업자임을 알린다.

④ 유치업자는 의료기관으로부터 의료기관 인증, 임상 데이터 및 의사의 면허나 임상경험에 대한 정보를 제공받아 환자에게 안내한다.

⑤ 유치업자는 환자가 진료를 받아야 할 의료기관과 의료인이 정해지면 해당 의료기관의 진료절차, 분쟁해결제도, 개인정보 보호 및 의료진의 전문성과 환자의 권리, 의무 등에 대하여 충분히 이해한 후 환자에게 그 사실을 설명한다.

⑥ 유치업자는 의료기관에 문의하여 환자의 개별 진료행위에 대한 진료비, 투약비, 옵션사항 및 예상 외의 추가시술에 따른 추가비용 등 총 예상 진료비를 환자에게 안내한다.

⑦ 유치업자는 원활한 진료행위를 위해 환자가 대한민국에 입국할 때에 관련 서류(비자, 진단서, 전원의뢰서, 국내 의료기관의 예약 입증자료, 보험증서 등)들을 빠짐없이 준비할 수 있도록 확인한다.

⑧ 유치업자는 환자가 대한민국에 입국할 경우에 관련법에 의한 각종 전염병의 국내 유입을 예방하기 위하여 예방 접종을 하도록 안내하고 확인서(예, 대한민국 검역법[1] 기준: 예방접종 증명서 및 검역증 제출)을 제출하도록 하

---

1) 검역법

제1조(목적) 검역법은 우리나라로 들어오거나 외국으로 나가는 운송수단, 사람 및 화물을 검역(檢疫)하는 절차와 감염병을 예방하기 위한 조치에 관한 사항을 규정하여 국내외로 감염병이 번지는 것을 방지함으로써 국민의 건강을 유지·보호하는 것을 목적으로 한다.
제2조(정의) 검역법에서 사용하는 용어의 뜻은 다음과 같다.
　1. "검역감염병"이란 다음 각 목의 어느 하나에 해당하는 것을 말한다.
　　가. 콜레라　　　나. 페스트　　　다. 황열　　　　라. 중증급성호흡기증후군
　　마. 조류인플루엔자 인체감염증　　바. 신종인플루엔자감염증
　　사. 가목에서 바목까지의 것 외의 감염병으로서 외국에서 발생하여 국내로 들어올 우려가 있거나 우리나라에서 발생하여 외국으로 번질 우려가 있어 보건복지부장관이 긴급 검역조치가 필요하다고 인정하여 고시하는 감염병
　2. "운송수단"이란 선박, 항공기, 열차 또는 자동차를 말한다.
　3. "검역감염병 환자"란 검역감염병 병원체가 인체에 침입하여 증상을 나타내는 사람으로서 의사의 진단 및 검사를 통하여 확인된 사람을 말한다.

며 그 사실을 해당 의료기관 및 관계기관에 알린다.

⑨ 환자와 유치업자, 의료기관과 유치업자 사이에 계약과 관련하여, 계약의 체결 및 그 이행에 관한 모든 사항에 관하여 각 당사자는 대한민국 민법 제 2조 신의성실의 원칙에 입각하여 각자의 업무에 최선을 다한다.

⑩ 유치업자는 직무상 알게 된 환자의 비밀을 치료의 목적 외에 누설하지 않는다.

⑪ 환자와 의료기관 사이에 의료분쟁이 발생한 경우 유치업자는 양 당사자 간의 분쟁이 원만히 해결될 수 있도록 협조를 하며, 환자를 대리하여 한국보건 산업진흥원 Medical Call Center[2]에 사고의 접수 및 상담을 요청할 수 있다.

⑫ 유치업자는 환자에게 응급상황이 발생할 경우를 대비하여 해당 의료기관 의 대응 방법 및 적절한 대응책에 관하여 충분히 인지하고 이를 환자에게 설명하여야 하며 한국보건산업진흥원 Medical Call Center(1577-7129)에 도 움을 요청할 수 있다.

⑬ 유치업자는 외국인 환자나 대한민국에서 치료를 받고 본국으로 귀국한 후 에 문제제기를 한 경우 한국보건산업진흥원에 그 사항에 관하여 보고한다.

⑭ 유치업자는 의료행위의 전문성을 감안하여 외국인환자의 상담 및 의료기 관 소개 업무를 담당하는 직원은 의료인 중에서 선발하도록 한다.

● 외국인환자 유치의료기관의 가이드라인

의료기관은 외국인환자에게 의료서비스를 제공함에 있어서 어떤 마음자세가 필요할까?

① 의료기관은 항상 환자의 최선의 이익을 위해 행동할 윤리적 의무와 직업적 책임을 가지며 국적 · 종교 · 인종 · 성적 편견으로 환자를 차별하지 않는다.

② 의료기관은 유치업자나 환자와 계약할 때에 '보건복지부의 외국인환자 유 치를 인가받은 등록된 기관'임을 알린다.

③ 의료기관은 유치업자와 계약할 때에 '보건복지부의 외국인환자 유치를 인 가받은 등록된 유치업자'인지의 여부를 확인한다.

④ 의료기관은 홈페이지 등을 통하여 환자와 유치업자가 열람할 수 있도록 의료 기관 인증, 임상데이터 및 의사의 면허나 임상경험에 대한 정보를 제공한다.

⑤ 의료기관은 환자에게 진료절차 · 분쟁해결제도 · 개인정보보호 및 환자의

---

4. "검역감염병 의사환자"란 검역감염병 병원체가 인체에 침입한 것으로 의심되나 검 역감염병 환자로 확인되기 전 단계에 있는 사람을 말한다.

5. "감염병 매개체"란 공중보건에 위험한 감염성 물질을 전달하는 쥐나 위생해충을 말한다.

2) 한국보건산업진흥원 Medical Call Center: +82-15777-129
한국보건산업진흥원: www.khidi.or.kr

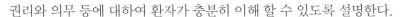

권리와 의무 등에 대하여 환자가 충분히 이해 할 수 있도록 설명한다.

⑥ 의료기관은 환자의 개별 진료행위에 대한 진료비, 투약비·옵션사항 및 예상 외의 추가시술에 따른 추가비용 등 총 예상진료비를 환자에게 사전에 알린다.

⑦ 의료기관은 환자가 지참한 서류(비자, 진단서, 전원의뢰서, 처방전, 보험증서 등)들을 미리 검토하여 진료행위가 원활하게 이루어 질 수 있도록 준비한다.

⑧ 의료기관은 환자가 대한민국에 입국할 경우에 각종 전염병의 국내 유입을 예방하기 위하여 해당 사항이 있는지 확인하고 그 예방조치((예) 대한민국 검역법기준: 예방접종증명서 및 검역증 제출)를 하도록 유치업자 및 환자 에게 요구 할 수 있다.

⑨ 의료기관과 환자, 의료기관과 유치업자 사이의 계약과 관련하여, 계약의 체결 및 그 이행에 관한 모든 사항에 관하여 각 당사자는 (대한민국 민법 제2조)[3] '신의성실의 원칙'에 입각하여 각자의 업무에 최선을 다한다.

⑩ 의료기관은 외국인환자의 진료상담 및 진료행위를 도와줄 전담 코디네이 터나 통역사를 배치한다.

⑪ 의료기관은 진단 및 치료 과정에 환자의 의사와 선택을 반영함으로써 환자 의 인격과 자기결정권을 존중한다.

⑫ 의료기관은 직무상 알게 된 환자의 비밀을 법률에 특별한 규정이 있는 경 우를 제외하고 치료의 목적 외에 누설하지 않는다.

⑬ 환자와 의료기관 사이에 의료분쟁이 발생한 경우 양 당사자는 분쟁이 원만 히 해결 될 수 있도록 상호협조를 하여야 하며, 의료기관은 '한국보건산업 진흥원(Medical Call Center)'에 사고의 접수 및 상담을 요청 할 수 있다.

⑭ 의료기관의 종사자들은 의료분쟁에 대비한 관련교육을 이수 하여야 하며 분쟁해결 매뉴얼을 숙지한다.

⑮ 의료기관은 의료분쟁의 해결과 관련하여 배상 재원(손해배상보험 등)을 별도로 마련한다.

⑯ 의료기관은 환자에게 응급상황이 발생할 경우를 대비하여 이에 대한 대응 체계 및 방법 등에 관하여 미리 환자에게 설명하고, 환자의 응급상황 접수 를 받은 경우 신속하게 대처한다.

⑰ 의료기관은 외국인 환자가 대한민국에서 치료를 마치고 본국으로 귀국할 경우에 환자에게 적절한 건강관리 방법에 대해서 조언한다.

---

3) 민법 제2조 (신의성실)
　① 권리의 행사와 의무의 이행은 신의에 좇아 성실히 하여야 한다.
　② 권리는 남용하지 못한다.

2. 보건의료관광행정 예상문제

01 지중해의 사람들이 순례여행을 떠났던 에피다우로스는 어떤 신의 성지인가?

① 아스클레피오스   ② 테살리아

③ 코로니스   ④ 히폴리토스

정답 ①

02 로마시대 성지 및 온천에서의 목욕을 통해서 신의 계시를 받고 몸이 정화된다고 믿었다. 그러나 로마 제국의 멸망 후 이와 같은 풍습이 사라진 이유를 바르게 설명한 것은?

① 삼림욕이 유행

② 인구 감소

③ 질병이 목욕과 온천을 통해서 전파될 수 있다는 두려움

④ 전쟁과 기근

정답 ③

16세기 르네상스 시대에 유럽에서 온천요법이 일종의 의학적 치료방법으로 각광받기 시작하였다. 치료를 목적으로 광천수를 이용하여 온천목욕, 자연증기 목욕 등이 이탈리아를 중심으로 발달했다. 1553년 베니스에만 200개의 스파가 있었다.

03 터키식 증기 사우나는 어떤 문화들이 결합한 것인가?

① 러시아식 목욕문화와 이슬람식 목욕문화

② 핀란드식 목욕문화와 이슬람식 목욕문화

③ 영국식 목욕문화와 러시아식 목욕문화

④ 로마식 목욕문화와 이슬람식 목욕문화

정답 ④

로마식과 이슬람식이 접목되면서 목욕에 종교적 정화의식이 더 가미되었다.

04 18세기 유행했던 해수 치료에 대해서 잘못 알고 있는 것은?

① 고대 이집트에서 해수의 치료가 시작되었다.

② 18세기에 해수의 치료효과를 인식하면서 해수요법이 각광받기 시작하였다.

③ 그리스에서는 해수에 진흙을 첨가해서 치료에 이용하였다.

④ 결핵 환자도 치료를 위해서 바닷가로 갔다.

정답 ④

맑은 공기가 건강에 좋다는 인식으로 결핵환자는 산에서 요양을 하고 기관지염과 관

05 현대적인 마시지 치료는 언제부터 부상했는가?

① 18세기 　　　② 19세기 　　　③ 20세기 　　　④ 21세기

정답 ②

현대적인 마사지 치료는 스웨덴을 중심으로 부상했다.

아시아에서는 태국 마사지가 유명하며, 2500년의 역사를 가지고 있다.

06 인도의 마사지를 잘못 설명한 것은?

① 태국 마사지에서 유래되었다.

② 아유르베다는 몸 속의 독소를 제거하거나 중화시킨다.

③ 인도 마사지의 역사는 기원전 5,000년으로 거슬러 올라간다.

④ 아유르베다는 에테르(공허), 공기, 불, 물, 흙의 다섯 가지 요소에 바탕을 둔다.

정답 ①

아유르베다는 신체와 영혼을 치유하는 기능을 한다. 약물치료, 침술, 척추 지압, 마사지, 구토법, 하제, 관장제, 코 안의 약물 투여, 방혈, 음식 조절, 맛의 조절, 생활 방식과 규칙성, 요가, 호흡과 명상, 만트라(암송) 등으로 질병을 치유한다.

한의학에서 오행(목,화,토,금,수)에 이론적 바탕을 둔다면 아유르베다는 에테르(공허), 공기, 불, 물, 흙의 다섯 가지 요소에 바탕을 둔다.

한의학에서 태양인, 태음인, 소양인, 소음인으로 분류하듯이, 아유르베다는 인간을 바타(공기와 허공), 피타(불과 물), 카파(물과 흙)으로 분류한다.

요가 : 신성(진리)와의 결합을 가르친다.

탄트라 : 에너지 조절 방법을 가르친다.

아유르베다 : 생활의 과학

07 현대적 의료관광에 대해서 잘못 이해하고 있는 것은?

① 20세기에 들어서면서 의학적 치료를 목적으로 이동하는 현상이 본격적으로 시작되었다.

② 소수의 부유층이 의료관광을 했다.

③ 후진국이나 개발도상국에서 선진국 의료기술의 혜택을 받고자 했다.

④ 전통의학을 무시한다.

정답 ④

전통의학을 대체의학으로 적극 활용하고 있다.

08 태국 의료관광의 성장 이유를 잘못 이해하고 있는 것은?

① 1997년 태국 바트화의 폭락으로 태국의 경제 위기를 극복하기 위한 수단으로 의료관광을 활성화했다.

② JCI 인증을 받은 병원이 많고, 선진국 의료인을 채용한다.

③ 병원이 국유화되어 있다.

④ 미국에서 발생한 911 테러로 인하여 유럽과 미국으로 갔던 의료관광객이 아시아 쪽으로 눈을 돌렸다.

정답 ③ 태국은 병원의 영리 법인화

09 의료관광 보험을 잘못 연계한 것은?

① 의사 또는 병원 : 의사 및 병원책임보험

② 관광객 : 여행의료보험

③ 의료관광에이전시 : 서울보증보험에 가입한 보증보험

④ 의료관광객 : 여행 취소.중단 보험

정답 ④ 의료관광객 : 의료관광보험
미국 의료관광에이전시를 대상으로 하는 보험 : 의료관광객으로부터 소송을 당했을 때 발생할 수 있는 비용을 보장하는 보험
관강객 : 여행취소, 중단 보험

10 외국인환자 유치업체가 가입해야 할 보험금액과 보험기간을 바르게 연결한 것은?

① 보험금액은 5천만원 이상, 보험기간은 6개월 이상

② 보험금액은 1억원 이상, 보험기간은 1년 이상

③ 보험금액은 2억원 이상, 보험기간은 1년 이상

④ 보험금액은 2억원 이상, 보험기간은 2년 이상

정답 ②

11 1995년 세계무역기구(WTO)의 창설과 함께 서비스 교역에 관한 일반협정(GATS)이 제정되었다. GATS의 의료관광관련 4가지 모드에 포함되지 않는 것은?

① 신체적 이동　　　　　　② 자료의 물리적 이동

③ 사이버 공간에서의 자료 이동　④ 국가내 공급 이동

정답 ④ 　Mode 1　국경간 공급　Cross-border Supply
　Mode 2　해외 소비　Consumption Abroad
　Mode 3　상업적 주재　Commercial Presence
　Mode 4　자연인 이동　Movement of Natural Persons

12 외국인환자 유치 의료기관과 유치업체의 실적 보고에 대해서 바르게 이해하고 있는 것은?

① 매년 3월 31일까지 한국보건산업진흥원에 보고
② 매년 4월 30일까지 한국보건산업진흥원에 보고
③ 매년 3월 31일까지 보건복지부에 보고
④ 매년 4월 30일까지 보건복지부에 보고

정답 ①
한국보건산업진흥원은 4월 30일까지 보건복지부에 보고

13 Carrea와 Bridge가 내린 의료관광의 정의에서 빈 칸에 들어갈 가장 적합한 용어는?

"의학적 개입을 통해 건강을 강화하거나 회복하려고 자신의 일상적인
(   ) 밖으로 이동하는 행위"

① 진료권   ② 생활권
③ 거주지역   ④ 통학권 및 통근권

정답 ①

14 Jagyasi가 내린 의료관광의 정의 중에서 "장거리를 이동하거나"는 어떤 형태의 의료관광을 의미하는가?

"개인이 레저나 비즈니스 등에 직간접으로 관여하면서 의료서비스를 받기 위해 장거리를 이동하거나 국경을 넘는 일련의 행동"

① Inbound   ② Outbound
③ International   ④ Intrabound

정답 ④

15 의료관광과 유사한 용어를 잘못 설명한 것은?

① Medical Travel은 순수 의료 · 치료의 비중이 크다.
② Heath/Wellness Tour는 건강검진과 같이 경증치료와 관련이 높다.
③ Medical Skin Care Tour는 스파, 마사지 등 대체의학과 관련이 높다.
④ Medical Tourism은 관광의 비중이 크다.

정답 ④
Medical Tourism은 의료와 관광 · 휴양 · 여가를 겸한 것이다.

구분	내용	비중
Medical Travel	중증치료 수술 및 완치 목적	의료의 비중이 높음
Health/Wellness Tour	경증치료 건강검진 및 외래치료	의료와 관광의 비중이 서로 비슷함
Medical Skin Care Tour	스파, 마사지 등	관광의 비중이 높음

16 의료관광의 결정요인이 아닌 것은?

① 내국인을 해외 의료관광으로 밀어내는 요인
② 외국인을 해외 의료관광으로 유인하는 요인
③ 의료관광 촉진요인
④ 의료관광 방해요인

[정답] ②
외국인을 국내 의료관광으로 유인하는 요인
의료관광 결정요인의 종류
① 밀어내는 요인 : 높은 의료비, 낮은 의료수준, 긴 대기시간, 제한적인 의료서비스, 특정 치료에 대한 부정적 시각, 준거문화의 차이
② 유인하는 요인 : 높은 의료수준, 낮은 의료비, 짧은 대기시간, 의료서비스 선택 폭 확대, 의료진에 대한 친숙성, 여행상품과의 패키지 연계, 국가의 배경적 속성과 의료서비스 결합
③ 촉진요인 : 교통의 발달, 인터넷 보급, 의료관광 보험상품의 확대, 의료관광 비자 발급
④ 방해요인 : 여행관련 불안과 염려, 의료관련 불안과 염려
⑤ 상황요인 : 국제 경제상황, 정치적 상황, 물리적 거리

17 선진국의 높은 의료비 원인이 아닌 것은?

① 선진국은 인건비가 높고, 따라서 의료비에서 인건비의 비중이 높다.
② 선진국의 경우, 인구당 의료장비율 높기 때문에 고가 의료장비의 사용이 결국 의료비 상승을 부추기고 있다.
③ 의료사고 배상보험료가 높다.
④ 국민의 전염병 발병율이 높다.

[정답] ④
태국 의사들은 의료사고 배상보험료로 1년에 500달러 정도이지만, 미국의 경우 1년에 10만 달러 정도 지불한다.
선진국 국민의 비만으로 인한 대사증후군 환자가 많다.

18 선진국의 의료 대기시간이 긴 이유를 잘못 설명한 것은?

① 전문의가 부족하다.
② 예약 문화가 자리 잡지 못해서 발생한 병목현상 때문이다.
③ 환자별 검사를 여러 가지 실시하면서 검진에 필요한 소요시간이 길다.
④ 환자 개인별 의사와의 상담 시간이 길다.

정답 ②
EU국가 내에서 긴 대기시간을 기다릴 수 없는 환자들은 다른 EU국가로 이동해서 치료를 받고 자국의 보험혜택을 받을 수 있다.

19 의료관광의 장애요인 중 제한적 의료서비스에 대해서 잘못 이해하고 있는 것은?

① 장기이식, 대리출산, 안락사, 낙태를 불법으로 간주하는 국가를 벗어나 이런 서비스가 가능한 국가로 이동하는 경우
② 줄기세포 등 자국에서 특정 신기술 및 특정 의료서비스를 아직 발전시키지 못한 경우
③ 환율의 강세로 상대적으로 의료비가 저렴한 경우
④ 성형수술에 대한 배타적 의식 등 문화적 차이 때문에 타국에서 의료서비스를 받는 경우

정답 ③

20 의료관광에서 내국인을 해외로 밀어내는 요인을 잘못 이해하고 있는 것은?

① 자국에서 특정 의료 및 치료에 대한 부정적 시각
② 특정 의료 및 치료를 불법으로 간주
③ 자국의 낮은 의료비
④ 새로운 의료기술의 국가인증 소요시간이 오래 걸리는 경우

정답 ③
자국의 높은 의료비, 긴 대기시간, 새로운 의료기술의 국가 인증 기간과 절차가 복잡해서 동일한 의료기술이 가능한 국가로 이동하는 경우 (예) 일본의 경우 새로운 의료기술의 국가 인정 소요시간이 타 국가에 비해서 2배 이상 소요된다.
일본의 경우, 성형수술은 부모에게서 물려받은 신체를 바꾸는 행위로 부정적으로 보는 견해가 있다.
한국의 경우, 성전환 수술을 태국에서 하기도 한다.
캐나다의 경우, 낙태가 합법적이지만 문화적으로 금기시하기 때문에 낙태수술에 대한 접근성이 떨어진다.
이민자의 경우, 언어 소통과 차별받는다는 인식 때문에 자신의 고국에서 의료서비스를 받고 싶은 동기도 있다.

21 외국인환자를 유인하는 요인을 잘못 설명한 것은?

① 높은 의료수준   ② 낮은 의료비

③ 복잡한 출입국 절차   ④ 짧은 대기시간

정답 ③

의료 서비스 선택의 폭 다양화, 출입국 절차의 간소화

22 저개발국가에서 높은 의료수준을 증명하는 방법이라고 볼 수 없는 것은?

① 짧은 대기시간과 신속한 의료 서비스

② 선진국 의료기관에서의 의료 교육 및 연수

③ JCI 인증

④ 나눔 의료봉사

정답 ①

23 대체 의학을 잘못 연결한 것은?

① 아유로베다 : 인도   ② 요가 : 인도

③ 마시지 및 허브 : 태국   ④ 탬플 스테이 : 한국

정답 ④

한의학 : 대체 의학   탬플 스테이 : 관광 상품

24 의료관광 촉진요인을 잘못 설명한 것은?

① 높은 체재비   ② 인터넷 보급 확대

③ 교통의 발달   ④ 의료관광 보험상품 확대

정답 ①

의료관광 비자 발급 간소화

미국 : 6개월 체류 가능 B-2 의료비자 (추가로 6개월 더 연장 가능)

인도 : 1년 거주 가능 의료비자

한국 : 90일 이내의 경우 C-3-3, 1년 이내 G-1-10 비자

25 의료관광에 영향을 주는 통화가치에 대해서 잘못 이해하고 있는 것은?

① 통화가치가 약세 기조일 때 의료관광이 촉진된다.

② 통화가치가 강세 기조일 때 의료관광이 촉진된다.

③ 2012년 5월에 온라인 상에서 3000달러로 유방확대술이 가능하다고 광

고했다. 2012년 10월에 환율변동으로 1달러당 한화가 10% 정도 증가 했다면, 수출 경쟁력은 10% 증가한 것이다. (예) 1달러 당 1000원에서 1100원으로 증가

④ 환율이 상승하면 의료관광객에게 비용절감 효과를 줄 수 있다.

정답 ②

26 의료관광의 방해요인(장애요인) 중 정치적 상황을 잘못 이해한 것은?

① 항공사 임금인상 데모
② 북한 미사일 실험
③ 한국 위안부에 대한 일본 정부의 부정적 태도
④ 중국과 일본의 영토분쟁

정답 ④
중국과 일본의 분쟁으로 한국의 반사이익

27 의료관광의 촉진요인 중 물리적 측면을 잘못 설명한 것은?

① 의료관광 시장은 일반적으로 3~4시간 거리가 목적지로 고려된다.
② 의료관광객들에게 정형외과의 물리치료가 인기가 있다.
③ 물리적 거리가 가까우면, 교통비용이 상대적으로 저렴하다.
④ 물리적 거리가 가까우면, 사후관리를 위해 재방문 등이 용이할 수 있다.

정답 ②
장거리 이동은 결국 비용 부담이 더 증가하는 요인이 된다.
물리적 거리에 비례해서 이동에 따른 임상적 위험이 증가될 수 있다.

28 의료관광 방해요인(장애요인)을 잘못 설명한 것은?

① 음식의 차이 및 음식 알레르기에 대한 두려움과 염려
② 의료관광 비자의 발급
③ 원활하지 못한 의사소통에 대한 두려움과 염려
④ 장거리 여행에 대한 두려움과 염려

정답 ②
아랍인은 종교적으로 Halal을 한 고기를 먹어야만 한다.
혼자 의료관광을 할 경우, 가족과 떨어짐에 따라 가족에 대한 그리움을 느낄 수 있다.
일본인의 경우, 남을 배려하고 프라이버스를 존중하는 경향이 강하므로 만일 자신이 정중하게 대우받지 못하고 있다고 느끼면 문화적 충격을 느낄 수 있다.

29 의료관광의 방해요인(장애요인)을 잘못 설명한 것은?

① 정부의 의료관광 정책

② 과거의 진료실적과 의료사고 건수에 대한 미공개

③ 합병증과 부작용의 가능성 그리고 합병증과 부작용이 발생했을 경우 대처가 용이한지에 대한 두려움

④ 목적지 국가 의료기관의 의료수준에 대한 불확실한 믿음

[정답] ①

사후관리에 대한 염려

귀국 후의 의료서비스 연속성 가능 여부에 대한 염려

의료사고에 대한 보상 제도 (미국의 경우 징벌적 손해배상제도가 있다. 가해자의 악의나 무분별한 과실행위에 대해서 실제 피해액 이외에 징벌적인 성격의 금액을 추가해서 보상받을 수 있도록 한 제도)

치료과정에서 환자가 병원균에 감염되는 것에 대한 두려움

인도의 경우 의료진은 우수하지만, 사회적 인프라 수준이 낮고 병원시설의 수준이 낮아서 위생상태가 잘 관리되고 있지 못하여 병원감염의 문제가 있다.

30 의료관광 목적지 국가의 입장에서 의료관광의 긍정적 효과에 대해서 잘못 이해하고 있는 것은?

① 외화 획득   ② 고용인력 확대

③ 의료서비스의 질 확대   ④ 한국보험회사의 의료관광 적극 권유

[정답] ④

국가 구분	효과	비고
송출 국가	긍정적 효과	의료관광객 : 의료비용 절감, 신속한 의료서비스, 높은 수준의 의료서비스 보험자 : 의료비용 절감 고용주 : 의료비용 절감 보건산업 전체 : 경쟁력 향상 자극
	부정적 효과	의료관광객 : 임상적 리스크, 재정적 리스크 보험자 : 사후관리 비용 추가 발생 보건산업 전체 : 의료기관의 수익 감소, 진료 서비스질 저하, 비효율적 자원관리
목적지 국가	긍정적 효과	국가 : 외화 수입 증대 국민 : 낙수효과 (외국인 의료 서비스로 인해서 국민 의료서비스도 개선되는 효과) 보건산업 전체 : 의료관광 고용인력 확대, 인프라 개선, 의료기술 발달, 의료인력 질 향상
	부정적 효과	국민 : 접근의 형평성 문제, 진료비 상승, 의료비 비효과성 보건산업 전체 : 의료의 상업화, 의료기관 의료서비스 불균형, 의료기관의 외국 자본

31 의료관광 송출 국가의 입장에서 의료관광의 긍정적 효과에 대해서 잘못 이해하고 있는 것은?

① 보험자의 의료비 부담 절감

② 의료관광객의 신속한 의료서비스 혜택

③ 의료관광 수입 증대

④ 고용주의 의료비 부담 절감

정답 ③

외화 유출

32 다음 보기에서 의료관광 수혜자가 아닌 것은?

> 미국 ABC회사에 다니는 환자가 한국 DEF병원에서 의료 서비스를 받을 경우, 이동 비용을 포함해도 1/3 비용으로 의료 서비스를 받을 수 있다.

① 항공사 　　　　　　　　② 고용주

③ 보험자 　　　　　　　　④ 미국 주치의

정답 ④

33 다음 중 용어의 의미를 잘못 이해하고 있는 것은?

① Uninsured : 보험에 가입하지 않은 무보험자

② Underinsured : 보험에 가입했지만 보험 혜택의 범위가 적은 과소보험자

③ Self-insured : 보험의 피부양자

④ Insured : 보험에 가입한 경우

정답 ④

Self-insured : 고용주에게 보험료를 납부하고 고용주는 보험자에게 보험료 관리를 위탁관리하는 경우

34 의료관광객 입장에서 의료관광의 부정적 효과를 잘못 이해하고 있는 것은?

① 외국에서의 의료서비스를 받으면서 임상적인 리스크에 노출된다.

② 물리적 거리로 인해서 의료서비스의 연속성을 보장받기 어렵다.

③ 의료진과의 원활하지 못한 언어소통으로 인해서 위험에 노출될 수 있다.

④ 재정적 리스크가 커 진다.

정답 ④

의료관광객이 귀국 후 합병증과 부작용으로 고통받을 수 있다.
의료사고 발생시 합리적인 보상이 쉽지 않다.
비용부담이 적다.

35 의료관광객 송출국가의 보험자 입장에서 의료관광의 부정적 효과를 잘못 이해하고 있는 것은?

① 외국에서 치료를 받고 귀국해서 얻게 된 합병증으로 인해 보험자의 부담이 발생될 수 있다.
② 외국에서 감염된 전염성 질환으로 인해 사회경제적 비용이 증가되고 결과적으로 보험자 부담이 증가될 수 있다.
③ 의료관광 보험상품 가입자가 증가하면 결과적으로 국내 의료서비스 지원 의료보험 가입자가 줄어들게 되어 피보험자 간의 비용 공유 부담이 증가해서 결과적으로 보험료 인상으로 이어질 수 있다.
④ 의료사고가 증가할 수 있다.
정답 ④

36 의료관광에서 의료기관의 역할을 잘못 이해하고 있는 것은?

① 의료 서비스 제공자
② 의료관광 상품의 협상자
③ 의료관광객을 유치하는 마케터 역할
④ 보험료 납부자
정답 ④
국제의료관광 시장에서 경쟁우위를 확보하기 위해서 수준 높은 의료 서비스 기술을 혁신적으로 개발해야할 혁신자로서의 역할

37 외국인환자 유치 의료기관 내 국제진료센터의 역할에 대해서 잘못 이해하고 있는 것은?

① 예약 관리 및 예약 변경 관리
② 진료시 통역
③ 의료관광객 만족도 조사
④ 의료진의 의료관광 인센티브 협상
정답 ④
국제진료센터의 역할

구 분	역 할
예약	예약 접수 예약 확인 예약 변경 관리 의료 상담 및 견적 산출 예약 확인서 작성 및 발송 준비사항 통보
비자	비자발급 지원 : 의료목적 입증서류 (진료예약 확인서, 초청병원의 진단서) 작성 및 발송 www.visa.go.kr을 통해 전자 접수 사증발급인증서
이동	공항 픽업
진료	진료과정 설명 (진료동의서 작성 등 지원) 진료시 통역 및 진료 후 안내 입원 (입원 서약서 작성 등 지원) 진료비 설명 (처방전 설명) 영문 영수증 작성 및 발급
검사	검사 일정 검사 안내 검사결과지 외국어 번역 검사결과지 작성 및 관리 (복사, 검사결과 CD로 제작 등) 검사결과지 발송 (우편, Email, Fax 등)
보험	보험사와 협력관계 구축 예약자의 보험 확인 (보험만료기간 및 보험 커버리지 확인) 보험사에 연락하여 환자지불계약 확답 받기 보험 서류 관리 (청구서류 작성 및 반려된 청구서류 점검하여 원인 파악 등)
진료비	진료비 후불자 지불보증 확인 진료비 미수관리 (미수금 환자 추적, 보험회사 독촉, 미수금 현황 자료 관리 등)
식음료	종교적 성향을 고려한 식단 준비 알레르기 음식 파악
리스크 관리	리스크관리 내규 및 프로토콜 작성 리스크 사례 분석 (원인 파악과 개선안 강구) 환자의 불만 사항 처리 (원인 파악 및 해결방안 강구)
관광	호텔 예약 식당 예약 의료관광객에 적절한 관광 패키지 선택 주요 관광지 소개
자원봉사자 관리	자원봉사자 모집 자원봉사자 업무 분담 자원봉사자 스케줄 관리

환자 만족 도 관리	환자 만족도 설문지 제작 설문조사 조사 자료 분석 보고서 작성
퇴원	다음 예약 입력 퇴원시 이벤트 기획 및 실행 (저녁식사, 와인파티, 선물 증정 등) 퇴원시 주의사항 전달 및 퇴원약 설명 비행기 탑승 가능 진단서 발급 (성형외과 등)
이동	공항으로 영송
사후관리	감사 서한 발송

38 외국인환자 유치 의료기관의 의료관광 마케팅 관련 국제협력 업무를 잘못 이해하고 있는 것은?

① 시장 조사

② 외국 병원, 외국 보험사, 국내외 의료관광 에이전시와의 협약 체결

③ 광고, 홍보

④ 외국인환자 진료 통역

정답 ④

구 분	내 용
마케팅 기획	마케팅 계획 수립 (의료관광 컨퍼런스 파악, 팸투어, 의료봉사, 의료 교육 등)
상품 개발	의료관광 상품 개발 시장조사 (국내외 의료관광 상품 내용 및 가격 조사)
광고 · 홍보 업무	병원 안내물 외국어로 제작 홈페이지 외국어 제작 의료관광 컨퍼런스 참석 외국인환자 유치 설명회 발표자료 준비 홍보대사 위촉
대외 협력	국내외 의료관광유치업체와 협약 체결 호텔.식당 등과 협약 체결 외국 병원과의 협약 체결 외국 보험사와의 협약 체결 출입국관리소와의 협력관계 구축 의료관광 협회 등과 협력관계 구축

39 외국인환자 유치 의료기관에서 갖추어야 할 시설이 아닌 것은?

① 이슬람 신도를 위한 종교시설

② 유헬스 시설 확보

③ 국제의료관광코디네이터 채용 등 인적 자원 확보

④ 외국 공관과의 핫라인

정답 ④

전문의 확보

40 외국인환자 유치의료기관에서 유헬스를 위해 필요한 것이 아닌 것은?

① 원격조정 PC 프로그램　　　② 원격 상담 인력

③ 원격 자문 인력　　　④ 원격 모니터링 시설

정답 ①

41 다음 중 불법 원격진료에 해당되는 것은?

① 러시아 블라디보스톡에 있는 병원과 한국 세브란스병원이 원격진료 및 진료협력 네트워크를 구축했다.

② 부산시 동래구에 거주하는 주민이 서울대학교 병원으로부터 화상으로 원격진료를 받았다.

③ 섬에 거주하는 주민이 보건소에 설치된 화상 진료 시스템을 이용해서 서울성모병원으로 원격진료를 받았다.

④ 교도소에 설치된 화상 진료 시스템을 이용해서 고려대학교 병원 의료 진으로부터 원격진료를 받았다.

정답 ②

42 의료관광 리스크관리에 포함되지 않는 것은?

① 의료비 절감

② 의료 사고 발생

③ 인종, 성별, 종교, 국적에 따른 차별

④ 미수금 발생

정답 ①

구 분	리스크 유형	내 용
임상적 리스크	환자 진료	환자의 임상정보 비밀 누출 다른 환자 및 병원 직원으로부터의 학대 및 폭력 종교, 국적, 성별에 따른 차별 환자 개인물품 도난이나 손실 환자 위급상황에 대한 적절한 대처 미흡 및 부실
	의료진	의료사고에 의한 환자와 의료진간의 소송
의료지원	행정직원	직업병이나 직업관련 재해 직원에 대한 환자의 차별 성희롱
	자산	화재 병원 기물 파손
	재정적	투자 손실 치료비 미수 의료장비 구매 손실
	기타	의료 폐기물 오염

43 의료관광 리스크관리 시스템을 잘못 이해하고 있는 것은?

① 의사와 간호사간 정확한 의사전달 체계 확립
② 응급상황 발생에 대비한 대처요령 매뉴얼 준비
③ 의료관광 진료과목의 축소
④ 경찰, 보건소, 언론사 등의 조사요구에 대한 대응창구 단일화

정답 ③

구 분	내 용
의사	정확한 의료 전달체계 확립 각종 양식 준비 환자 특이사항 등 환자관련 정보 관리 응급상황에 대비한 전달체계 확립
간호사	업무 내용을 간호차트에 상세히 기록 응급상황에 대비한 보고체계 확립
진료지원부서	응급상황에 대비한 비상연락망 구축 의사의 오더에 대한 신속한 검진 및 결과 피드백
행정실	응급상황 접수 후 환자 보호자에게 신속한 연락 환자 이송 필요시 신속한 대응 환자 보호자 대응 경찰, 보건소, 언론사 등으로부터의 조사요구에 대응 및 창구 단일화 원무, 행정, 보험심사 등의 책임범위와 역할 분장

44 의료관광 리스크관리 단계에서 빈 칸에 가장 적합한 것은?

> 리스크 확인 및 분석 → 리스크 관리 방안 분석 → 리스크 관리방안 선정
> → 리스크 관리방안 실행 → (   )

① 리스크 유형 파악   ② 리스크 비용 산정
③ 리스크 담당 채용   ④ 리스크 관리방안 모니터

정답 ④

구 분	내 용
리스크 확인 및 분석	리스크 유형 파악 리스크 확인 방법 파악 리스크 심각성 분석 리스크 관리 목표 설정
리스크 관리 방안 분석	리스크 통제 방안 분석 리스크 관리 자금 조달 분석
리스크 관리 방안 선정	기준 선정
리스크 관리 방안 실행	실행
리스크 관리 방안 모니터	결과 모니터(Feed back)

45 의료관광 거래 흐름도에서 괄호 안에 들어가는 것은?

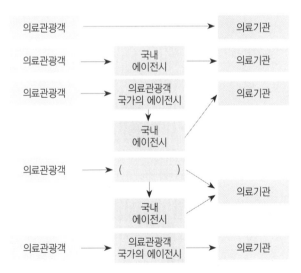

① 국내 여행사   ② 국내 보험사
③ 해외 보험자 또는 고용주   ④ 국내 항공사

정답 ③

46 유치업체 등록 절차에서 괄호 안에 들어갈 올바른 것은?

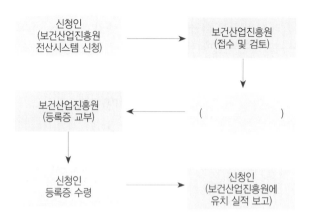

① 보건진흥원, 등록증 발행　　② 보건복지부, 등록증 발행
③ 한국관광공사, 등록증 등록　　④ 서울보증보험, 등록증 발급

정답 ②

47 의료관광 에이전시와 의료기관과의 협력 프로세스 중 빈 칸에 들어갈 적합한 것은?

① 에이전시 평가자료 요청, 평가자료 제출
② 의료기관에서 에이전시로 Fam Tour, 의료관광 에이전시의 의료기관
　방문
③ MOU 체결 제안, MOU 체결
④ 의료관광 인력 파견, 통역 서비스 제공

정답 ①

48 의료관광 에이전시와 의료기관간의 환자 프로세스에서 빈 칸에 들어갈 적합한 것은?

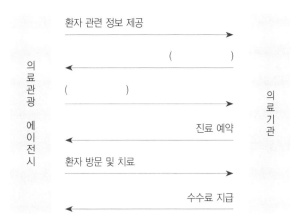

① 치료 견적서 제공, 환자가 의료서비스 선택한 후 통보

② GOP 문의, GOP 확인

③ MOU 체결 제안, MOU 체결 동의

④ 치료비 청구, 원격진료

정답 ①

49 에이전시의 리스크관리에 포함되지 않는 것은?

① 현금 흐름 관리

② 명확한 환불 정책을 의료관광객에게 안내

③ 항공 사고

④ 세계적 공인 의료기관 소개

정답 ③

구 분	내 용
현금 흐름 관리	환율 변화 주시 의료관광객 비용 미지불, 병원의 수수료 미지불 등 현금흐름을 숙지할 필요가 있다.
환불 정책 수립	명확한 환불 정책을 의료관광객에게 공지한다.
임상적 리스크 관리	의료사고의 책임을 의료인에게 있다. 그러나 신뢰할 수 없는 의료기관을 소개해준 책임을 물어 소송을 걸 수도 있다. JCI인증을 받은 병원 위주로 소개한다.

50 해외여행객을 대상으로 한 보험이 아닌 것은?

① 여행취소, 중단보험　　　　② 여행의료보험
③ 학생의료보험　　　　　　　④ 민간건강보험

정답 ④

종류	내용
여행취소, 중단보험	여행이 취소되거나 중단된 경우에 비용을 보상하는 보험
여행의료보험	해외여행 중 당할 수 있는 응급상황이나 사고를 보장한다.
학생의료보험	외국에 가는 학생들을 위한 보험
국제의료보험	장기간 외국에 체류하는 사람들을 위한 보험
의료관광보험	특정 의료 서비스를 받기 위해 외국의 의료기관을 이용할 경우 발생하는 비용을 보장하는 보험

02 보건의료서비스지원관리

1. 보건의료서비스지원관리 핵심 요점

1) 의료의 이해

(1) 건강과 질병관리에 대한 이해

가. 공중보건의 정의 및 역사

- 공중보건의 정의 : 조직적인 지역사회의 노력을 통해서 질병을 예방하고 생명을 연장시킴과 동시에 신체적·정신적 효율을 증가시키는 기술과 과학(윈슬로우)

- 공중보건의 목표
  - 공중보건의 직능을 추진하는 주체는 공공단체 및 조직화된 지역사회나 직장사회 등이다.
  - 공중보건의 주요 목표는 질병을 예방하고 생활환경(공기, 수도, 주택 등)을 위생적으로 하여 수명을 연장하는 것 외에 정신적, 신체적 능률 향상을 도모하는 데 있다.

    > 헌법 제35조 ① 모든 국민은 건강하고 쾌적한 환경에서 생활할 권리를 가지며, 국가와 국민은 환경보전을 위하여 노력하여야 한다.
    > ② 환경권의 내용과 행사에 관하여는 법률로 정한다.
    > ③ 국가는 주택개발정책 등을 통하여 모든 국민이 쾌적한 주거생활을 할 수 있도록 노력하여야 한다.
    > 헌법 제36조 ① 혼인과 가족생활은 개인의 존엄과 양성의 평등을 기초로 성립되고 유지되어야 하며, 국가는 이를 보장한다.
    > ② 국가는 모성의 보호를 위하여 노력하여야 한다.
    > ③ 모든 국민은 보건에 관하여 국가의 보호를 받는다.

  - 공중보건의 활동을 추진하는 데는 과학과 기술이 중요하며 동시에 관계기관이 사회의 협력을 얻어 조직적으로 활동해 나아가는 것이 중요하다.

- 공중보건의 수준평가
  - 평균여명(平均餘命) : 어떤 연령의 사람이 평균적으로 앞으로 몇 년을 살 수 있는지를 나타내는 수치
  - 평균수명 : 0세의 기대여명
  - 사망률(粗死亡率) : 사망자수 / 총인구수
  - 영·유아 사망률 : 출생 후 1세 미만아의 사망률
  - 비례사망률(比例死亡率) : 연간 전체 사망자 중 50세 이상 사망자수를 백분율로 표시

- 세계보건기구(W.H.O)에서 제시한 국가별 보건수준을 평가 지표
  - 평균수명(平均壽命) : 0세의 평균 여명
  - 조사망률(粗死亡率) : 인구 10만명당 사망자 수
  - 비례사망률(比例死亡率) : 50세 이상 인구의 사망률

- 조선시대

  예조산하 중앙의료기관

  ① 전의감 : 일반 의료행정 및 의과 고시 담당

  ② 내의원 : 황실 치료

  ③ 전형사 : 의약

  ④ 혜민서 : 일반서민의 치료

  ⑤ 활인서 : 전염병환자 치료

  광혜원 : 1885년 선교사 알렌을 궁중전의로 위촉하고 설립한 왕립병원

나. 건강의 이해

🏥 건강의 정의

구 분	내 용
WHO	단순히 질병이 없고 허약하지 않은 상태만 의미하는 것이 아니며 육체적 및 정신적 건강과 사회적 안녕이 완전한 상태
Walch	자신이 특수한 환경 속에서 효과적으로 그 기능을 발휘할 수 있는 상태
Talcott Parson	각 개인이 사회적인 역할과 임무를 효과적으로 수행할 수 있는 최적의 상태

WHO(세계보건기구) 오타와 헌장의 건강 전제조건 : 평화, 주거, 교육, 식량, 소득, 안정적인 생태계, 지속가능한 자원, 사회정의와 형평

① 국민건강증진법 : 국민에게 건강에 대한 가치와 책임의식을 함양하도록 건강에 관한 바른 지식을 보급하고 스스로 건강생활을 실천할 수 있는 여건을 조성함으로써 국민의 건강을 증진함을 목적으로 한다.

② 국민건강보험법 : 국민의 질병·부상에 대한 예방·진단·치료·재활과 출산·사망 및 건강증진에 대하여 보험급여를 실시함으로써 국민보건 향상과 사회보장 증진에 이바지함을 목적으로 한다.

건강에 영향을 미치는 요소 : 생물학적.유전적 요인, 환경요인(물리적 환경, 사회적 환경), 개인의 건강 습관 및 행위, 보건의료 전달체계

다. 사고 및 질병관리의 이해

① 사고(Accident) : 뜻밖에 갑자기 일어난 좋지 않은 일
  – 재해 : 예기치 아니하게 우발적인 외래적 사고(생명보험사)
  – 상해 : 예기치 아니하게 우연히 일어나고 기대할 수 없는 결과의 외래적 사고(손해보험사)
  – 사고의 원인 : 급격성, 우연성, 외래성

② 질환(Disease) : 신체적, 정신적 기능이나 구조의 병리학적 변화를 의미하는 의학적 용어
  예 급성 질환, 만성 질환, 전염성 질환, 선천적 질환, 퇴행성 질환, 악성 질환, 정신 질환

③ 질병(Illness) : 신체의 구조나 기능에 이상이 생겨서 정상범위에서 벗어난 상태로 자극에 대해 조직이나 장기의 항상성이 떨어져 병적 반응이 나타난 상태, 개인이 스스로 건강하지 못하다고 느끼는 질환에 대한 개인적인 반응으로 질환과 직접 관련되지 않을 수도 있다.

  – 질병의 종류 : 세균성(감염성), 순환기성(비감염성)

  – 질병의 요인 : 외적 요인, 내적 요인

외적 요인	내적 요인
영양 장애 물리적 요인 화학적 요인 생물학적 요인	소인 (연령, 성별, 인종 등 질병에 대한 감수성이 높은 경향) 유전 면역 상태 영양 상태

- 질병의 발생기전 : 질병을 일으키는 원인들에 의해 인체에 일어나는 기전과 경과로 미생물이나 유행물질에 의한 염증반응, 인체의 면역체계에 의한 면역반응, 발암물질에 의한 발암과정 등으로 분류

종 류	내 용
염증과 감염으로 인한 질병	홍역, 장티푸스, 인플루엔자, 폐렴, 간염
자신의 방어기전에 의한 질병	수혈 부작용, 자가 용혈성 빈혈, 기관지 천식, 아토피, 건선, 접촉성 피부염, 류마티스 관절염
세포의 변화로 인한 질병	암
심장이나 혈관이 막히거나 터져서 발생하는 질병	협심증, 심근경색, 뇌경색, 뇌출혈, 고혈압, 동맥경화증
필요한 물질의 부족이나 과잉으로 인한 질병	당뇨병, 황달, 담석증, 요로 결석증, 통풍, 요독증, 간성혼수
손상된 세포가 재생되지 않고 다른 조식으로 대치되어 발생하는 질병	심부전증, 간경변증
선천적 질병	다운증후군, 터너증후군, 혈우병, 적록색맹

- 질병의 예방
  ① 1차적 예방 : 질병발생 억제 단계

    질병을 사전에 예방하거나 질병에 대한 대처능력을 강화한다. 예방접종, 환경개선, 생활조건의 개선, 영양개선, 보건교육 등 공중보건학적 접근법이다.

  ② 2차적 예방 : 조기발견과 조기치료 단계

    조기발견과 조기치료로 질병의 중증화를 예방하고 병의 악화를 지연시킨다.

  ③ 3차적 예방 : 재활 및 사회복귀 단계

    질병이나 불구상태에서 잔재효과를 최대한 예방하여 불구를 예방하고 장애의 범위 내에서 최적의 기능 회복에 중점을 둔다.

🗄 질병의 진단 기구 종류

종류	내용
물리적	체온계, 청진기, 혈압계, 내시경, X-ray, 초음파 진단기, CT, MRI, PET-CT(양전자단층활영) 등
화학적	혈액 검사, 소변 검사 등

라. 건강증진의 개념과 전략

① 건강증진 개념

건강증진이란 사람들로 하여금 스스로의 건강에 대한 관리를 증가시키는 과정이며 또한 자신의 건강을 개선하게 하는 과정이다.

② 건강증진 전략

스트레스 관리, 질병예방관리(건강 검진), 의료비 부담 준비

마. 전염병 및 만성질환의 이해

– 전염병 : 병원체의 감염으로 인해 발병되었을 경우 감염성 질환이라고 하며, 감염성 질환이 전염성을 가지고 새로운 숙주에게 전염시키는 것을 전염병이라고 한다.

– 전염병 발생의 조건 : 전염원, 전염경로, 숙주

– 병원체의 종류

종 류	내 용
세균	단세포로 된 식물성 병원체 예 장티푸스, 디프테리아, 결핵, 폐렴, 임질, 콜레라
바이러스	병원체 중에서 가장 작고, 살아있는 조직 세포 내에서만 증식 예 홍역, 소아마비, 후천성면역결핍증, 일본뇌염, 인플루엔자, 광견병, 풍진, 유행성이하선염
리케치아	세균과 바이러스의 중간 크기로 살아있는 조직 세포 내에서만 증식 예 발진티푸스, 발진열, 쯔쯔가무시병, 록키산홍반열
진균	광합성이나 운동성이 없는 생물 예 무좀, 캔디다증
기생충	동물성 기생체로서 원충과 같은 연충류가 있다. 예 말라리아, 아메바성 이질, 사상충, 회충증, 간/폐흡충증
클라미디아	리케치아와 같이 진핵생물의 세포 내에서만 증식하는 세포 내 기생체 예 트라코마, 앵무새병

– 병원소 : 병원체가 증식하고 생존을 계속하여 다른 숙주에게 전파될 수 있는 상태로 머무는 장소

– 침입구별 전염병

구 분	전염병 종류
소화기	콜레라, 이질, 장티푸스, 파라티푸스, 소아마비, 전염성 간염, 파상열
호흡기	결핵, 나병, 두창, 디프테리아, 성홍열, 수막구균성수막염, 백일해, 홍역, 폐렴
피부점막	트라코마, 파상풍, 바일병, 페스트, 발진티푸스, 일본뇌염
성기점막	매독, 임질, 연성하감, 에이즈

– 만성질환 : 갑작스러운 증상이 없이 서서히 발병하여 치료와 치유에도 오랜 시간을 필요로 하는 질환을 통틀어 이르는 말. 암, 심장병, 위궤양, 관절 류머티즘, 결핵, 당뇨병, 신장염 따위가 있다.

(2) 의료체계와 의료전달체계

가. 의료체계에 대한 개념

① 의료체계의 유형 : 자유방임형, 사회보장형, 사회주의형
② 진료비 지불제도 : 행위별 수가제(FFS : Fee for Service), 인두제, 봉급제, 포괄수가제(Case Payment), 총괄계약제(Global Budget)

구 분		내 용
행위별 수가제	장점	• 의사들의 환자 진료 재량권이 크고 환자들은 최선의 진료 가능 • 양질의 의료서비스를 공급하기 위하여 노력 • 의사들의 진료 노력에 비해서 수입이 증가하므로 열심히 일함.
	단점	• 환자들의 증가 • 과잉진료와 과잉투약으로 의료비가 상승 • 예방에 소홀 • 의료 단가가 높은 고급 의료에 치중
포괄 수가제	장점	• 의료비 상승 억제 가능 • 진료비 청구 심사와 심사 업무의 간호화가 가능 • 환자 진료의 경제성을 높일 수 있다.
	단점	• 환자에 대한 의료 서비스의 최소화와 규격화 • 의사의 병원 경영자간의 갈등 • 합병증이 생기거나 신기술, 신의약품 적용시 곤란 • 의료비에서 치료의 난이도를 고려하지 않음

나. 의료전달체계의 개념

- 한국의 의료전달체계 종류
  ① 1차 진료 : 공급자로부터 수용자에게 전달되는 최초 의료로 일차적인 보건 의료서비스 제공 · 예방 · 보건 교육 등을 포함한다.
  ② 2차 진료 : 1차 관리체계에서 후송된 수용자의 건강문제에 대한 조기진단과 조기치료를 목적으로 하며, 도 · 시 · 군 지역에 위치한 병원과 의원을 포함한다.
    - 군 · 소도시 : 내과 · 외과 · 소아과 · 산부인과 등 기본 4개과 진료 할 수 있는 100~200병상 규모의 병원
    - 중소도시 이상 대도시 : 200~400병상 규모의 종합병원급 의료기관
  ③ 3차 진료 : 병원이나 의원의 시설과 보건의료인력(의료인 · 의료기사 · 약사 · 간호조무사)로는 감당할 수 없는 건강문제에 대해서 보다 전문적인 진단과 집중적인 치료를 제공하는 종합병원이나 특수치료병원
- 한국의 진료체계 종류 :
  ① 일반진료 : 중진료권에서 1차 진료를 받고 진료의뢰서를 받아 대진료권 내 의료기관, 보건 기관, 3차 의료기관을 이용한다.
  ② 치과 : 대진료권 내의 모든 치과는 1차 의료기관으로 이용할 수 있다.
  ③ 한방치료 : 대진료권 내의 모든 한방 의료기관은 1차 의료기관으로 이용할 수 있다.
  ④ 특수병원치료 : 3차 의료기관을 제외한 중진료권 내의 모든 의료기관 및 보건기관에서 1차 진료를 받고 진료의뢰서를 받아 대진료권 내 특수의료기관이나 대진료권 내 3차 진료기관을 이용할 수 있다.

2) 병원 서비스 관리

- 의료법에 의한 병원 종류 : 종합병원, 병원 · 치과병원 · 한방병원 · 재활병원, 요양병원, 의원 · 치과의원 · 한의원
- 병원 설립 주체별 종류 : 국 · 공립병원, 공사병원, 특수법인 병원, 학교법인 병원, 사단법인 병원, 재단법인 병원, 사회복지법인 병원, 회사법인 병원, 의료법인 병원, 개인병원
- 진료 서비스 수준에 따른 병원 종류 : 1차 의료기관, 2차 의료기관, 3차 의료기관
- 이익 추구에 따른 병원 종류 : 영리병원, 비영리병원

(1) 병원의 이해

가. 병원의 정의 및 분류

- 병원 분류(의료법)

① 의원 : 의사 · 치과의사 · 한의사가 외래 진료 업무를 수행하는 의료기관

조산원 : 조산사가 조산과 임부 · 해산부 · 산욕부 및 신생아에 대한 조건과 양호 지도를 행하는 의료기관

② 병원 : 의사 · 치과의사 · 한의사가 의료행위를 하는 곳으로 입원환자 30인 이상을 수용할 수 있는 시설을 갖추고 주로 입원환자에 대하여 의료를 행하는 의료기관

종합병원 : 입원환자 100인 이상을 수용할 수 있는 시설을 갖춘 의료기관 100 병상 이상 300 병상 이하인 경우 내과, 외과, 소아청소년과, 산부인과 중 3개 진료과목, 진단방사선과, 마취통증의학과, 진단검사의학과 또는 병리학을 포함한 7개 이상의 진료과목을 갖추고 진료과목마다 전문의를 둔 의료기관

③ 300 병상 이상인 경우 내과 · 외과 · 소아청소년과 · 산부인과 · 진단방사선과 · 마취통증의학과 · 단검사의학과 또는 병리과 · 정신과 · 치과를 포함한 9개 이상의 진료과목을 갖추고 진료과목 마다 전문의를 둔 의료기관

요양병원 : 의사 또는 한의사가 요양환자 30인 이상을 수용하는 시설을 갖추고 주로 장기입원이 필요한 환자를 위한 요양병상을 갖춘 의료기관

④ 상급종합병원 : 보건복지부령으로 정하는 20개 이상의 진료과목을 갖추고 각 진료과목마다 전속하는 전문의를 두며, 전문의가 되려는 자를 수련시킬 수 있고, 보건복지부령으로 정하는 인력, 시설, 장비 등을 갖추고 질병군별 환자구성 비율이 보건복지부령으로 정하는 기준에 해당되는 병원

⑤ 전문병원 : 병원급 의료기관 중에서 특정 진료과목이나 특정 질환 등에 대하여 난이도가 높은 의료행위를 하는 병원으로 특정 질환별, 진료과목별 환자의 구성비율 등이 보건복지부령으로 정하는 기준에 해당하며, 보건복지부령으로 정하는 수 이상의 진료과목을 갖추고 각 진료과목마다 전속하는 전문의를 둔 의료기관

- 설립주체별 분류 : 국 · 공립병원, 사립병원
- 의료전달체계에 따른 분류 : 1차 병원, 2차 병원, 3차 병원

나. 병원 조직의 기능과 역할

– 병원조직의 구성 : 의료인, 의료기사 및 유사 인력, 행정사무인력, 기술인력, 기능인력

🧰 병원 조직과 역할

구 분		내 용
진료부서	임상진료 각 과	외래 진료실, 응급실, 병동, 수술실, 분만실 등에서 환자 진료기능을 수행
	진단검사의학과, 임상병리과, 영상의학과, 핵의학과 등	임상진료과의 진단에 필요한 검사를 실시
	마취과	수술처치에 필요한 마취를 담당
	치료 방사선과, 재활의학과	치료를 요하는 환자의 치료 및 물리치료를 담당
간호부서		외래, 응급실, 병동 등에서 환자 간호를 수행하고 인공신장실, 내시경실, 방사선 치료실 등 특수진료시설에서 의사의 진단, 치료행위를 지원 환자 및 환자 보호자의 건강교육 및 원내 생활에 관한 안내
진료지원부서	중앙공급실	린넨류, 피복, 침구류를 세탁 및 공급 진료용 의료기구, 위생재료를 소독, 멸균하여 공급 각종 공급 기자재의 구매를 담당
	의무기록실	의무기록을 보존 및 관리 각종 질병의 통계 및 환자 통계 담당 미완성된 의무기록을 검색해서 보완 조치
	영양실	환자식이의 식단표 작성 및 조리 급식 담당 환자의 영양지도 및 상담 담당 급식 재료의 구매
약제부서		의사로부터 처방된 외래 · 입원환자에게 필요한 의약품을 조제.투약
행정 및 관리부서	행정담당	환자의 접수, 수속, 진료비 계산, 진료비 청구 업무 직원의 채용, 교육, 배치, 급여 등 인사노무 행정 현금 출납, 수지 계산 등 업무 전공의 수련, 학생 교육, 의학연구 등 의료진의 교육 및 연구활동 지원 문서, 직인, 업무 연락, 비상계획, 민방위.예비군, 소송 등의 업무
	시설행정관리	건물, 의료기기, 기계, 전기, 통신설비, 조경 등의 유지보수, 전력, 유류 지원, 청소, 경비, 소방 업무
	계획.통제	병원 단기 및 중기 사업계획 수립 예산 결선 및 경영 분석 회계 업무 이사회, 병원장 등 최고관리 경영층에 대한 자문 및 회의 운영관련 사무

다. 병원 업무의 특성

- 기능적 특성 : 비영리 및 공공재적 특성, 대량생산이 불가능, 저장 불가능, 기계화 및 자동화 한계, 전문성, 노동집약적 행위, 의료장비의 다양화 및 복잡성, 윤리성 및 인간애 필요, 1일 24시간 그리고 1년 365일 지속적인 서비스 제공
- 조직적 특성 : 자본집약적이면서 노동집약적인 특성, 진료.교육.연구 등 다양한 운영 목적, 사회봉사기관으로서의 공익성, 높은 여성인력 구성 비율, 전문집단이므로 통제와 조정의 어려움, 조직체계가 진료와 행정으로 분리되어 있으므로 이원화 및 갈등 존재, 낮은 대체성으로 인해 업무 수행 스트레스 높음, 사람을 상대하므로 사람에 따른 서비스 질 평가가 상이하여 조직 구성원의 업적 평가 어려움

(2) 진료 서비스 이해

가. 환자관리 서비스

① 외래진료 프로세스 : 진료신청서 작성 → 외래 접수 → 해당 진료과 진료 → 수납 → 검사/처방전 발급 → 귀가

② 입원진료 프로세스 : 입원 결정 → 입원 예약 → 입원 수속 → 입원 → 퇴원 교육 → 퇴원

③ 응급환자 프로세스 : 응급실 접수 → 진찰(예진) → 비응급환자는 외래진료 / 응급환자는 처치 · 검사 · 협진 → 입원 → 퇴원 → 귀가

- 전동 및 전실 : 어떠한 이유로 환자가 동일 의료기관 내에서 병동 또는 병실을 이동하는 경우
- 전원 : 환자가 다른 의료기관으로 이동하는 경우 (퇴원 절차를 거친 후 다른 병원으로 이동하며, 이 때 환자의 의무기록이나 엑스레이.초음파.컴퓨터단층촬영 등 영상자료도 함께 보내진다.)
- 가퇴원 : 휴일 퇴원, 응급상황 발생 등 어떤 이유로 퇴원 시점에 정확한 진료비 계산이 불가능한 경우 입원비 · 진료비 · 투약비 · 검사비 · 촬영비 등을 감안하여 보증금 형태로 일시 보관금을 내고 퇴원 후 다시 정산하는 경우
- 선택진료 : 선택진료란 환자 또는 그 보호자가 특정한 의사를 선택하여 진료를 받는 제도이며, 선택진료를 원하는 경우 선택진료신청서를 작성하여 신청한다.

외국인환자 유치 의료기관 온라인 문의 신청서

Registration

Patient's Name	Last ( ) First ( ) Middle ( )
Date of Birth	Day ( ) Month ( ) Year ( )
Gender	Male ( ) Female ( )
Nationality	
Occupation	
Status	Resident ( ) Tourist ( ) Other ( )
Address in Korea	
Telephone Number	Home: Office: Cellular:
Permanent Address (Outside Korea)	
E-mail Address	
Do you have a Korean Medical Insurance Card?	Yes ( ) No ( )
Do you have a Private Medical Insurance?	Yes ( ) No ( )
If yes, Insurance Company Name Types of Coverage	
Payment	Cash ( ) Visa ( ) Master ( ) Other ( )

● 선택 진료

의료법 제46조(환자의 진료의사 선택 등)

① 환자나 환자의 보호자는 보건복지부령으로 정하는 바에 따라 종합병
원·병원·치과병원·한방병원 또는 요양병원의 특정한 의사·치과의

사 또는 한의사를 선택하여 진료(이하 "선택진료"라 한다)를 요청할 수 있다. 이 경우 의료기관의 장은 특별한 사유가 없으면 환자나 환자의 보호자가 요청한 의사·치과의사 또는 한의사가 진료하도록 하여야 한다.

② 제1항에 따라 선택진료를 받는 환자나 환자의 보호자는 선택진료의 변경 또는 해지를 요청할 수 있다. 이 경우 의료기관의 장은 지체 없이 이에 응하여야 한다.

③ 의료기관의 장은 보건복지부령으로 정하는 바에 따라 환자 또는 환자의 보호자에게 선택진료의 내용·절차 및 방법 등에 관한 정보를 제공하여야 한다.

④ 의료기관의 장은 제1항에 따라 선택진료를 하게 한 경우에도 환자나 환자의 보호자로부터 추가비용을 받을 수 없다.

⑤ 의료기관의 장은 제4항에도 불구하고 일정한 요건을 갖추고 선택진료를 하게 하는 경우에는 추가비용을 받을 수 있다.

⑥ 제5항에 따른 추가비용을 받을 수 있는 의료기관의 의사·치과의사 또는 한의사의 자격 요건과 범위, 진료 항목과 추가 비용의 산정 기준, 그 밖에 필요한 사항은 보건복지부령으로 정한다.

● 선택진료에 관한 규칙 **(보건복지부령 제61호)**

선택진료에 관한 규칙 제2조(선택진료의 요청) 의료법 제46조 제1항 및 제2항에 따라 환자 또는 그 보호자가 종합병원·병원·치과병원·한방병원(국립병원 한방진료부를 포함한다) 또는 요양병원(이하 "선택진료 의료기관"이라 한다)의 특정한 의사·치과의사 또는 한의사(이하 "의사 등"이라 한다)를 선택하여 진료를 요청하거나 그 변경 또는 해지를 요청하는 경우에는 다음 각호의 구분에 의한 신청서를 선택진료 의료기관의 장에게 제출하거나 전화 등 통신매체를 이용하여 그 신청을 하여야 한다.

선택진료에 관한 규칙 제4조(추가비용 징수의사 등의 자격 및 범위 등) ① 의료법 제46조 제5항 및 제6항에 따라 추가비용을 징수하려는 선택진료 의료기관의 장은 다음 각 호의 어느 하나에 해당하는 재직 의사들 중 실제로 진료가 가능한 의사 등의 80퍼센트의 범위에서 추가비용을 징수할 수 있는 선택진료 담당 의사 등을 지정하여야 한다.

1. 의료법 제5조에 따른 면허취득 후 15년이 경과한 치과의사 및 한의사

2. 의료법 제77조에 따른 전문의 자격인정을 받은 후 10년이 경과한 의사

3. 의료법 제77조 제1항에 따른 전문의 자격 인정을 받은 후 5년이 경과하고 대학병원, 대학부속 치과병원 또는 대학부속 한방병원의 조교수 이상인 의사 등

4. 의료법 제5조에 따른 면허 취득 후 10년이 경과하고 대학병원 또는 대학부속 치과병원의 조교수 이상인 치과의사

② 제1항 본문에서 "실제로 진료가 가능한 의사 등"이란 의사 등 가운데 다음 각 호의 자를 제외한 자를 말한다.

1. 진료는 하지 아니하고 교육·연구에만 종사하는 자

2. 6개월 이상의 연수 또는 유학 등으로 부재중인 자

③ 선택진료 의료기관의 장은 진료과목별로 1명 이상의 추가비용을 징수하지 아니하는 의사등을 두어야 한다. 이 경우 상급종합병원 또는 종합병원인 선택진료 의료기관의 장은 보건복지부장관이 지정하여 고시하는 필수진료과목에 대해서는 전 진료시간 동안 추가비용을 징수하지 아니하는 의사 등을 1명 이상 두어야 한다.

● 선택 진료비

① 진료수가 기준액의 55%

② 입원료의 20%

③ 영상진료 및 방사선 치료료 : 진료수가 기준액의 25% (방사선 치료료 : 50%, 방사선 혈관촬영료 : 100%)

④ 검사료·정신요법료 : 진료수가 기준액의 50%, 심층분석요법 100%

⑤ 마취·처치·수술 : 진료수가 기준액의 100%

나. 진료지원 서비스 : 약무, 진단방사선, 진단검사, 검사실, 재활의학실, 영양관리 등

● 의무기록사본 발급

사본발급에 필요한 서류 : 사진이 부착된 신분증 또는 신분증 사본, 친족관계 증명서, 자필서명이 있는 동의서 및 위임장(사망.의식불명.미성년자 등의 경우에는 법정 대리인이 대신할 수 있다.)

신청자 종류	필요한 서류
환자 본인	사진이 있는 신분증
친족 (배우자.직계존속.직계 비속.배우자의 직계존속)	신청자의 신분증 또는 사본 친족관계증명서 (가족관계증명서, 주민등록등본 등) 환자가 자필서명한 동의서 환자의 신분증 사본
환자 대리인 (형제.자매.보험회사 등)	신청자의 신분증 또는 사본　환자가 자필서명한 동의서 환자가 자필서명한 위임장　환자의 신분증 사본

● 동의서

- 동의서의 종류 : 수술 동의서, 마취 동의서, 수혈 동의서, 내시경 동의서 등
- 동의서의 필수 요소 : 충분한 정보 제공, 환자의 이해, 환자의 자발적인 동의
- 동의서 구성 내용 : 질병의 특성, 수술·시술의 목적, 수술·시술의 적응증, 수술·시술의 종류, 마취 포함 여부, 마취의 종류와 위험요인 설명, 수술·시술의 위험성 및 대안, 수술·시술을 받지 않을 경우 일어날 수 있는 상황, 회복 기간

● 수혈 동의서

BLOOD TRANSFUSION CONSENT

Registered Number		If American, Social Security Number	
Name		Gender/Age	Male (　) Female (　) Age:
Ward		Department	
Inspection location		Booking Date	mm/dd/yy
Physician (Description Doctors)		Diagnosis	
Transfusion Type		Capacity (Unit)	

I (or Guardian[1]) have received sufficient explanation from the doctor regarding blood transfusion[2], and I understand the risk of complications[3] and chance[4] of accident due to the patient's unique physical condition.

I agree that treatment is needed and therefore consent[5] this treatment.

Date: mm/dd/yy

Name of Patient   (Signature)

Address:

Social Security Number:

Name of Guardian   (Signature)

Address:

Tel.:

Mobile Phone Number:

This agreement is valid[6] through your signature or seal[7].

Hospital

수술동의서 등 각종 동의서는 백산출판사의 의료관광 실무영어(계약서·동의서·양식·안내서·서한·팩스·E-mail 사례 중심)을 참고한다.

---

1) guardian: 보호자
2) blood transfusion: 수혈
3) complications: 합병증
4) chance: 가능성
     chance of accident: 사고 가능성
5) consent: 동의하다.
6) valid: 유효한
7) seal: 도장, 인감

다. 종합검진 서비스

● 진료 서비스 종류

진료 서비스	내 용
내과	● 소화기내과 : 식도, 위, 소장, 대장질환, 간질환, 췌장, 담낭질환 ● 순환기내과 : 관상동맥질환, 심부전, 판막질환, 부정맥, 대동맥질환, 말초혈관질환 ● 신장내과 : 신장, 요로질환, 요로감염, 다낭성신질환, 급성신부전, 만성신부전, 고혈압, 당뇨병성신질환, 전신성홍반성낭창, 만성사구체질환, 신장질환의 호흡기 합병증 ● 알레르기내과 : 호흡기 알레그리질환, 알레르기성 비염, 두드러기, 알레르기성 결막염 ● 혈액·종양 내과 : 항암제를 사용한 암 환자 치료 ● 호흡기내과 : 폐암, 폐결핵, 폐렴, 폐섬유화증, 만성폐쇄성질환, 흉막질환 ● 감염내과 : 세균, 바이럿, 진균, 결핵 ● 내분기대사내과 : 내분비기관 호르몬 이상, 호르몬 분비장기 질병 ● 류마티스 내과 : 류마티스관절염, 강직성척추염, 염증성근염, 전신성경화증, 전신성홍반성 낭창, 자가면역성 질환, 퇴행성관절염, 섬유근막톡증, 통풍
외과	● 소화기외과 : 간, 담도, 췌장, 위, 소장, 대장, 직장, 항문 질환 진단 및 수술 치료 ● 정형외과 : 사지와 척추에 있는 뼈, 관절, 근육, 인대, 신경, 혈관 등 주위 조직에 대한 질환과 외상을 진단하고 수술 치료 ● 성형외과 : 신체 외부에 발생한 선천적 및 후천적 기형과 결손 및 기능 장애를 회복하고 외모 개선을 목적으로 한 진단과 수술 치료 ● 신경외과 : 뇌, 척수, 뇌신경, 척수신경 등 중추신경과 말초신경에 대한 진단과 수술 치료
비뇨기과	요로계(신장, 요관, 방광, 요도)와 생식기관(전립선, 고환, 음경), 부신, 후복막강의 질환 진단과 치료
산부인과	● 산과는 임신과 관련해서 모체와 태아의 건강 관리 ● 부인과는 자궁근종, 자궁선종 등 부인과 양성질환과 자궁경부암, 난소암, 자궁내막암과 같은 악성질환 진단과 치료
피부과	피부, 점막, 모발, 조갑(손톱과 발톱)에 발생하는 질환의 진단과 치료
신경과	중추신경과 말초신경으로 이루어진 신경계 질환의 진단과 치료
이비인후과	귀, 코, 목과 과련된 질환의 진단과 치료

재활의학과	사고나 질병으로 인하여 발생된 신체적 문제나 장애를 극복하며 남아있는 기능을 최대한 회복시키고 적절한 보장구 등을 이용하여 사회에 복귀시키는 역할
소아청소년과	출생부터 청소년기에 이르기까지 정상적인 성장과 발달을 관리하고 이 시기에 발생하는 질환의 진단과 치료
정신신경의학과	심리적 원인이나 사회환경적 원인 그리고 중추신경계의 생물학적 원인 등으로 인해 발생하는 인간의 행동.사고.감정 등의 이상에 대한 진단과 치료
치과	치아의 구강질병 및 치아, 턱의 부정교합 진단과 치료

● 진료지원 서비스 종류

종 류	내 용
약제	병원에서 사용하는 의약품 조제, 시험, 약품 관리
병리	환자로부터 수술, 갱검, 천자, 도말 등으로 얻은 조직이나 세포의 병리학적 검사를 통해 형태학적 및 기능적 분석으로 질병의 원인과 발병기전을 밝히고 입상진단을 확진하며 질병의 병리학적 정보를 제공함으로써 치료방침을 결정하고 예후판정에 도움을 주며, 치료의 적정성 여부를 판단할 수 있는 근거를 제공
영상의학	입원환자 및 외래환자를 대상으로 방사선.초음파.자장 등을 통해 영상을 획득.보관하는 역할
진단검사	입원환자 및 외래환자를 대상으로 각종 검사업무를 수행
감염관리	환자와 직원의 감염을 예방하고 감염전파를 차단하기 위해서 감염감시 및 감염예방 업무 수행
영양	질병 치료에 적절한 영양을 섭취할 수 있는 식사 처방에 의해 적절한 식사를 계획하고 조리.생산하여 제공하여 주는 급식 서비스 업무와 환자의 영양상태 평가, 영양치료계획과 실시, 영양교육 및 영양지원 등의 임상영양서비스 업무를 통해 환자의 영양 상태를 개선시켜 직 · 간접적인 치료 효과를 증진시켜 주는 역할 수행
의무기록	환자의 진료기록과 정보를 안전하게 보관.생성하고 그 기록과 정보가 환자와 병원, 의료진과 경영진을 위하여 유용하게 사용되도록 지원 역할

3) 의료서비스 이해

(1) 의료서비스 개념

가. 의료서비스의 정의 및 유형

의료서비스란 질병의 예방, 치료, 관리와 의료진 및 보건의료전문 인력에 의해 제공되는 서비스를 통해 신체적·정신적 안녕상태를 보존하는 것
 – 의료행위 기준 : 의료적 서비스, 의료 외적 서비스
 – 단계 기준 : 사전 서비스, 제공시점 서비스, 사후 서비스

> ● 의료 서비스 분류
> 의료적 서비스
> 의료 외적 서비스 : 진료절차, 의료인과 행정직원들의 친절성, 진료환경

나. 의료서비스의 특성

① 서비스의 특징 : 무형성, 저장이 불가능(소멸성), 소비와 생산의 동시성, 이 질성(다양성), 소비자가 생산의 과정에 참여
② 의료 서비스의 특징 : 무형성, 동시성, 다양성, 소멸성, 다수의 의사결정

다. 국가별 의료와 문화 특성

 – 문화의 특성 : 학습성, 공유성, 지속성, 다양성, 보편성, 체계성, 상대성
 – 건강관리에서 고려할 문화적 요소 : 생리학적 다양성, 심리학적 특징, 통증에 대한 반응, 성별, 공간, 시간, 음식의 다양성(본 서 23쪽의 의료관광 전문가로서의 자질 중 문화차이 이해 설명 자료 참고)

(2) 의료서비스 과정

가. 의료관광 프로세스

프로세스	구 분	내 용
초기접촉 단계	정보수집	환자의 개인정보, 건강상태, 진료기록, 진료비 지불주체 및 지불방식
	치료계획 수립	진료 의사 선정, 치료 가능 여부, 치료 계획, 진료 일정, 사전 준비사항
	예상 진료 비용 산출	환자에게 필요한 검사, 시술 및 치료계획에 따른 예상 진료비를 확인, 진료비 견적
	회신	신속한 회신, 상담자 연락처 안내, 긍정적인 관계 형성

확인 과정	초청장 작성	방문 목적, 서비스 내용	
	예약 확인서 작성	방문 목적, 서비스 내용	
	환자 등록	환자 개인정보 재진의 경우 개인정보 변경 여부 확인	
	예약 일시 확정	진료 과목 및 담당의사 선정 입원치료의 경우 병실 이용기간 및 종류 확인 예약 일시 확정	
	예약사항 안내	진료, 검사/시술에 대한 예약 내용과 사전 준비사항 안내 예약변경 및 취소 관리	
	진료비 지불방식 안내	보험여부 확인, 진료비 지불보증 범위 확인과 개인 부담금 확인 진료비 청구에 필요한 서류 확인	
	전자 사증 발급	휴넷코리아(www.visa.go.kr)	
영접	공항 픽업		
	이동		
서비스 과정	병원 도착		
	대기	편안한 분위기	
	진료 전	언어별 의료관광코디네이터 배치 환자 기본정보 확인 환자 지불방법 확인	
	진료 중	환자 상태 확인 진료 및 검사시 환자의 사생활 보호 진료시 환자의 신체노출을 최소화	
	진료 후	진료 내역 확인 검사 · 치료 처방전 발급 재진 예약	
	귀가 전 준비사항		
	퇴원	퇴원 계획 수납	
영송		출국장 이동	
추후관리		정기적으로 Follow Up Letter/E-mail 발송	

나. 초기접촉 과정

문의 → 정보수집 → 치료계획 수립 → 예상 진료 비용 산출 → 회신

① 초기접촉과정에서 유의할 사항

② 의료기관에 대한 신뢰할 만한 정보 제공

③ 의료진에 대한 다양한 정보 제공

④ 환자의 질문에 대한 신속한 응답

⑤ 구비해야 할 서류 목록 전달

다. 확인과정

① 환자 등록

② 예약 일시 확정

③ 진료비 지불방식 안내

④ 초청장 작성

⑤ 예약확인서 작성

⑥ 의사진단서

⑦ 지불능력 확인서 (재직증명서, 은행잔고 확인서, 기타 재산증명서류)

⑧ 전자사증(e-VISA) 발급(휴넷코리아 : www.visa.go.kr)

라. 서비스과정

공항 픽업 → 대기 → 진료 전 (치료 동의서 작성) → 진료(검사/시술) → 진료 후 (약 처방) → 재진 예약

마. 매뉴얼 작성법

업무의 목적, 진행 순서별 정리, 간결하고 정확한 표현, 유의사항 정리

● 매뉴얼 효과

① 정보사용의 극대화를 통해 업무의 질 향상 도모

② 일관성 있는 서비스 제공으로 고객에게 신뢰감 형성

③ 의료분쟁 예방 및 대비

④ 신규 직원의 교육자료로 활용 가능

4) 의료 커뮤니케이션

(1) 의료커뮤니케이션의 개념

가. 의료 커뮤니케이션의 정의

의료 커뮤니케이션 : 고객과 의료인 사이의 의사소통

나. 의료 커뮤니케이션의 이론

- 의료커뮤니케이션의 종류
  ① 진단을 위한 커뮤니케이션
  ② 상담을 위한 커뮤니케이션
  ③ 상호협력 관계 구축을 위한 커뮤니케이션
  ④ 의료정보 교육을 위한 커뮤니케이션

- 의료커뮤니케이션 과정
  도입 단계 → 정보 수집 단계 → 정보 제공 단계 → 종료 단계

다. 의료 커뮤니케이션과 문화

- 효과적인 의료 커뮤니케이션 방법
  ① 환자가 이해할 수 있는 언어 사용
  ② 명확하고 간결하게 설명
  ③ 정보를 일정한 순서에 맞춰 설명
  ④ 중요한 정보는 맨 처음 또는 맨 마지막에 설명
  ⑤ 상담 중간에 적절하게 환자의 질문이나 이야기에 반응하면서 환자의 문제에 대하여 관심을 보이고 공감을 표현한다.

(2) 의료커뮤니케이션의 유형

가. 환자와의 커뮤니케이션

의료 커뮤니케이션 종류 : 상담, 진단, 상호협력, 교육

나. 보호자와의 커뮤니케이션

① 여과된 대화
② 특권적 대화

영유아기의 환자, 환자가 중태이거나 의식이 없는 경우, 나이가 많거나 인지능력이 떨어지는 경우 보호자와의 커뮤니케이션이 중요하다.

의료관광객 문의, 공항영접, 문진, 증상 표현, 건강검진, 수술 및 진료와 관련한 영어 회화 표현은 백산출판사의 의료관광 실무영어회화를 참고한다.

다. 동선별 커뮤니케이션

프로세스	내용
문의	정확성, 신속성
치료 계획	내부 커뮤니케이션
예상 진료비용 산출	상세성, 정확성
영접	친절성
진료	신뢰성
사후관리	지속성

● 종합 건강검진 시 유의사항

구분	종류	내용
검진 전	음식	건강검진 2-3일 전부터 육류, 음주, 과고를 피한다.
	채변	건강검진 하루 전 또는 당일에 채취한다.
	금식	건강검진 전날 오후 7시 이전에 저녁 식사를 가볍게 하고 10시 이후부터 금식한다. (물, 껌, 담배는 절대 금한다.)
	복용약	아스피린, 항응고재를 복용하는 경우 적어도 1주일 전에는 복용여부를 주치의와 상의한다. 심장질환, 간질환 등이 있거나 현재 복용하는 약이 있으면 주치의와 상의한다.
	수면 위내시경 수면 대장내시경	자가운전을 금한다.
	가임여성	생리 3~4일 전 또는 생리 3~4일 후에 종합 건강검진을 받는다. 임신 가능성이 있는 고객은 검진을 받을 수 없다.(태아에게 심각한 영향을 줄 수 있다.)
검진 당일	금식	아침 식사, 물, 담배, 껌을 금한다.
	복용약	혈압약, 심장약, 천식약, 갑상선약, 항경련제약은 오전 6시경에 최소량의 물로 복용한다. 당뇨약을 복용하는 고객은 건강검진 당일 아침 인슐린 주사나 당뇨약 복용을 금한다.
	수면 내시경	의식이 회복되는 시간이 개인차가 있을 수 있으므로 가능한 보호자를 동반한다. 건강검진 당일 오후에는 휴식이 바람직하다. 검사 당일은 자가운전 및 기계조작을 피한다.

2. 보건의료서비스지원관리 예상문제

01 우리나라 의료보장제도의 종류에 포함되지 않는 것은?

① 산업재해보상보험　　　　② 자동차보험

③ 국제의료관광보험　　　　④ 의료보험

정답 ③

구 분		내 용
의료보험	정기소득계층	근로자와 그 가족
		특수작업계층과 그 가족
	부정기소득계층	일반 소득자와 그 가족
		농업 소득자와 그 가족
		일반 자영자
의료보호	무소득 및 부족계층	영세민
		자활보호 대상자
산업재해배상보험		정기소득계층인 근로자 등 업무상해재자
공무상 요양		정기소득계층인 공무원과 사립학교 교직원
자동차보험		자동차 사고 피해자

02 진료행위별 수가제의 장점을 잘못 설명한 것은?

① 환자의 질환상태에 따라 의사가 적절한 서비스를 자율적으로 제공한다.

② 과잉투약 또는 불필요한 검사, 처치 등의 과잉진료를 막을 수 있다.

③ 의료인들의 의료장비 및 기술의 개발에 경쟁적인 유인책을 제공해 의학순수 기술의 발달에 기여한다.

④ 의학순수 기술의 발달, 현대 첨단과학기술을 응용한 고급 의료서비스의 개발에 기여한다.

정답 ②

구 분	내 용
장점	환자의 질환상태에 따라 의사가 적절한 서비스를 자율적으로 제공한다. 의료인들의 의료장비 및 기술의 개발에 경쟁적인 유인책을 제공해 의학순수 기술의 발달, 현대 첨단과학기술을 응용한 고급 의료서비스의 개발에 기여한다.
단점	과잉투약 또는 불필요한 검사, 처치 등의 과잉진료에 대한 우려가 있다.

03 포괄수가제(DRG)의 장점을 잘못 이해하고 있는 것은?

① 의료비 증가의 억제   ② 행정관리의 간편화

③ 임상적 자율성   ④ 의료의 다양성 보장

정답 ④

구 분	내 용
장점	의료비 증가의 억제 임상적 자율성 (주어진 진료비의 범위 내에서 이기는 하지만 의사들의 임상적인 자율권이 보장된다.) 행정관리의 간편화 의료기관의 자발적인 경영 효율화
단점	진료서비스를 하나의 묶음 단위로 관리하므로 개별 진료가 규격화되거나 의료의 다양성이 저해될 수 있다. 의료기관이 과도한 영리 추구로 의료서비스의 제공량이 최소화될 경우 의료 서비스의 질이 저하될 염려가 있다. 의료 서비스 제공을 최소화하려는 경향이 있어 환자와의 마찰이 예상된다.

04 병원에서 보기의 상황을 바르게 이해하고 있는 것은?

> 병원은 환자의 보험을 입국 전에 확인했다. 외국인 의료관광객이 가입한 보험의 Deductible(공제액)이 2,000 달러이다. 외국 보험회사로부터 GOP(Guarantee of Payment)를 받았다. 한국 병원에서 청구된 의료비는 10,000달러이다.

① 의료관광객은 2,000달러만 지불하면 된다.

② 의료관광객은 8,000달러를 지불하면 된다.

③ 의료관광객은 10,000달러를 지불한다.

④ 보험회사는 10,000달러를 지불한다.

정답 ①

05 외국인환자 서비스 제공을 위해서 의료기관에서 구성할 의료관광 조직이 소속될 위치로 적절한 것은?

① A

② B

③ C

④ D

정답 ①

06 400실 규모의 상급병원에서 외국인환자에게 배정할 수 있는 침상의 최대 수는?

① 10　　　　　② 20　　　　　③ 30　　　　　④ 40

정답　②

상급병원은 외국인환자에게 병실 수의 5% 초과해서 제공할 수 없다.

07 협의의 의미에서 의료분쟁이란 무엇인가?

① 의료기관에서 의료행위가 개시되어 종료될 때까지의 전체 과정 중에서 의료 소비자와 관련하여 발생하는 모든 불미스러운 일을 의미한다.

② 의료행위와 관련하여 의료진의 과실에 의한 의료과오가 발생한 경우뿐만 아니라 의료진의 과실 때문인지 환자 측의 소인 때문인지 그 원인이 명확히 규명되지 않아 다툼이 있는 경우에 양 당사자 간의 견해 차이로 합의가 이루어지지 않고 다툼이 발생한 상황이다.

③ 의료행위가 당시의 의학지식 또는 의료기술의 원칙에 따라 의료인에게 요구되는 주의의무를 게을리함으로써 환자에게 적합한 결과가 발생하지 못하게 된 경우로서 의료행위 상의 모든 잘못을 총칭한다.

④ 의료과오의 원인인 의료진의 주의의무 위반에 대한 법적 비난 가능성을 의미한다.

정답　②

의료사고(광의의 의미) :
의료과오 : 의료행위가 당시의 의학지식 또는 의료기술의 원칙에 따라 의료인에게 요구되는 주의의무를 게을리함으로써 환자에게 적합한 결과가 발생하지 못하게 된 경우로서 의료행위 상의 모든 잘못을 총칭한다.
의료과실 : 의료과오의 원인인 의료진의 주의의무 위반에 대한 법적 비난 가능성을 의미한다. 따라서 의료사고가 모두 의료과오가 되는 것은 아니다.
의료분쟁 : 의료행위와 관련하여 의료진의 과실에 의한 의료과오가 발생한 경우뿐만 아니라 의료진의 과실 때문인지 환자 측의 소인 때문인지 그 원인이 명확히 규명되지 않아 다툼이 있는 경우에 양 당사자 간의 견해 차이로 합의가 이루어지지 않고 다툼이 발생한 상황이다.
의료분쟁은 협의의 의료사고만을 대상으로 한다.

08 아래의 상황에 대해서 법률 적용을 잘못 이해하고 있는 것은?

> 병원에서 바닥이 미끄러워 환자가 넘어져 부상을 입었다.

① 손해배상 청구　　　　　② 병원 내 안전사고

③ 보호의무 위반　　　　　④ 의료사고

정답　④

09 의료분쟁의 예방을 위한 조치로 적합하지 않은 것은?

① 의료기관과 환자와의 신뢰관계 구축

② 의료인의 설명 의무 강화

③ 각종 동의서 등 구체적인 양식 마련

④ 한국의료분쟁 조정중재원에 조정 신청

정답 ④

의료인 및 관련 업무자 대상 소양 교육
진료기록, 간호기록, 검사기록, 원무기록 등 각종 기록부 성실 기재
처방을 할 때나 복용 지도를 할 때 환자에게 충분한 설명 및 주의사항은 문서로 제공
의료기관 내 안전 교육 강화
의료기관 내 리스크관리 체계 확립
24시간 콜센터 운영
분쟁해결 방법을 계약서에 명시

10 의료사고 발생시 적용되는 법률과 관련이 없는 것은?

① 민법 제390조 : 채무불이행과 손해배상

② 민법 제750조 : 불법행위의 내용

③ 민법 제756조 : 사용자의 배상책임

④ 형법 제268조 : 의사 · 병원 배상보험 가입 의무

정답 ④

민법 제390조 : 채무불이행과 손해배상
민법 제750조 : 불법행위의 내용
민법 제751조 : 재산 이외의 손해의 배상
민법 제756조 : 사용자의 배상책임(타인을 사용하여 어느 사무에 종사하게 한 자는 피용자
가 그 사무집행에 관하여 제삼자에게 가한 손해를 배상할 책임이 있다.)
형법 제268조 : 업무상 과실 · 중과실 치사상

11 의료사고에 대해서 소송외 방법에 포함되는 것은?

① 조정 · 중재

② 형사소송

③ 채무불이행 책임 민사소송

④ 불법행위 책임 민사소송

정답 ①

12 괄호 안에 들어갈 적합한 용어를 바르게 묶은 것은?

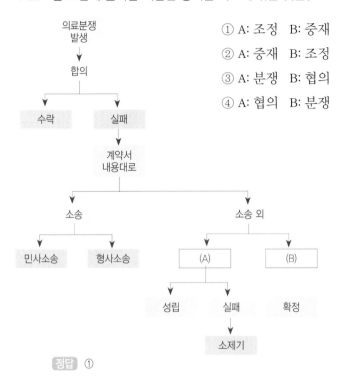

① A: 조정   B: 중재

② A: 중재   B: 조정

③ A: 분쟁   B: 협의

④ A: 협의   B: 분쟁

정답 ①

13 의료관광관련 리스크의 유형이 아닌 것은?

① 폭발적 위기   ② 즉각적 위기   ③ 국가적 위기   ④ 만성적 위기

정답 ③

외국인환자 리스크발생 유형

구 분	내 용
폭발적 위기	대형 화재로 인한 환자 사망 사고 전력 공급 중단 또는 즉각적 조치가 불가능한 상황에서 환자 사망 환자 급식 이상에 따른 사망 사고 전산시스템 이상에 따른 환자 데이터 손실 사고
즉각적 위기	진료행위 의심 및 불만상황에 대해서 환자가 본인 국적의 영사관에 고발하는 경우 투약 오류, 약물/시술 오류, 오더 오류, 수혈 사고 등 의료과실 환자의 자살 이상의 상황에 대한 언론의 고발성 보도
점진적 위기	환자 퇴원 후 이상 상황 발견되었지만 병원측에서 투명하고 체계적인 대응하지 못함 평소 입원시 발생한 불만사항을 해소하지 못한 상태에서 귀국 후 소송 제기
만성적 위기	상기 리스크 상황에 대해 체계적인 대응을 못할 경우 병원 신뢰도에 손상 국제적인 유언비어 가십성 보도

14 고대 의료관광에 대해서 잘못 이해하고 있는 것은?

① 의학의 신으로 모신 아스클레피오스 신전에 환자들이 많이 모였다.

② 고대 올림픽에 참가했던 선수들의 이동이 의료관광의 시작이다.

③ 온천에서의 휴식과 사교활동이 병행되었다.

④ 로마의 멸망과 함께 온천에서 질병이 전염된다는 의식이 널리 퍼지면서 온천관광은 한 동안 사라졌다.

정답 ②

아스클레피오스 신전을 찾은 환자들은 목욕을 하고 치료의 신이 꿈 속에 나타나 조언을 해주거나 신전의 성스러운 뱀들이 자신의 아픈 곳을 핥아 치료를 해줄 수 있다고 믿고 신전의 툭 터진 긴 복도에서 수면을 취했다. 즉, 물과 수면 요법으로 질병을 치료할 수 있다고 믿었다.

15 핸더슨이 분류한 보건관광의 종류에 대해서 잘못 이해하고 있는 것은?

① 의료관광   ② 미용성형수술

③ 중증치료   ④ 스파 및 대안치료

정답 ③

구 분	내 용
의료관광	암치료, 건강검진, 심장수술 등 중증치료, 장기이식
미용성형수술	가슴확대수술, 얼굴성형수술, 지방흡입술 등 경증치료
스파 및 대안치료	지압, 아로마 테라피, 미용, 각질제거, 운동, 다이어트, 꽃 요법, 허브 치유, 수치료, 마사지, 명상, 머드 테라피, 해수 치료, 요가 등

16 의료와 관련한 보기의 현상을 바르게 설명한 것은?

소득이 증가하면 특별한 증상을 지각하지 못하더라도 사전 예방차원에서 고가의 건강검진을 받거나 또는 건강증진에 도움이 되는 각종 서비스의 구매도 증가한다.

① 의료는 소득 탄력성이 높다.

② 의료는 소득 탄력성이 낮다.

③ 의료는 소득 탄력성과 관련이 없다.

④ 의료는 소득 탄력성은 1이다.

정답 ①

소득 탄력성은 1을 기준으로 1보다 크면 탄력적이고 1 보다 작으면 비 탄력적이다.
관광과 의료는 소득 탄력성이 매우 높은 편이다.

17 의료와 관광의 가격 탄력성을 바르게 설명한 것은?

① 의료의 가격 탄력성는 비탄력적이다.

② 관광의 가격 탄력성은 비탄력적이다.

③ 의료와 관광의 가격 탄력성은 모두 비탄력적이다.

④ 의료와 관광의 가격 탄력성은 탄력적이다.

정답 ①

가격 탄력성은 필수재인가 사치재인가에 따라서 달라진다.
가격상승으로 인한 수요 감소의 폭은 필수재일수록 비탄력적이고 사치재일수록 탄력적이다.
의료의 가격 탄력성은 비탄력적이다.
관광의 가격 탄력성은 탄력적이다.(관광상품 가격이 증가하면 수요는 감소한다.)

18 다음 표는 미국, 인도, 태국, 싱가폴의 심장동맥 우회수술의 가격이다. 가격 경쟁력이 가장 높은 국가는?

	미국	인도	태국	싱가폴
심장동맥 우회술	130,000	10,000	11,000	18,500
무릎인공 관절수술	40,000	8,500	7,000	9,000

① 미국　　　　② 인도　　　　③ 태국　　　　④ 싱가폴

정답 ②

19 한국 의료산업의 현황을 잘못 이해하고 있는 것은?

① 급성병상은 공급부족이고 장기요양병상은 공급과잉이다.

② 높은 고용창출 효과

③ 국내총생산(GDP) 대비 국민 의료비 증가 추세

④ 공공의료 서비스 부분의 취약

정답 ①

의료분야 여성고용인력 창출 효과가 높다.
생산유발 계수와 부가가치 창출 효과가 높다.
병원들이 지속적으로 규모 확장을 꽤하고 있기 때문에 의료서비스의 취약한 재무구조와 낮은 이익률
급성병상은 공급과잉이고 장기요양병상은 공급부족이다.
비보험 서비스 비중이 큰 의료서비스는 높은 수준을 보이지만 일부 의료서비스 수준 열세
국가 의료 R&D 사업 연계 체제의 취약
네트워크 형성 역량의 취약

20 유비쿼터스 Healthcare 서비스 유형을 잘못 이해하고 있는 것은?

① U-Hospital
② 입원 치료
③ 홈 모바일 헬스케어
④ 웰니스

정답 ②

종 류	내 용	
U Hospital 군	모바일 병원 병원 정보, 예약관리	병·의원간 원격진료 의료 스마트 카드
홈 모바일 헬스케어 군	모바일 원격관리 위치추적 서비스	홈 원격관리 실버타운 건강관리
웰니스 군	카운슬러 화상상담 모바일 스트레스 관리 모바일 비만 관리	U-Fitness 모바일 운동량 체크

21 아래는 U-Health의 발전단계를 표현한 것이다. 각 단계의 서비스 유형을 잘못 연결한 것은?

① Information : 질병 및 건강정보
② Community : 질병관련 의사 소통
③ Products : 온라인 약국
④ Transactions : 임상도구 연결

정답 ④

단 계	내 용
Information	질병 및 건강정보
Community	질병관련 의사소통 전문가 상담
Products	온라인 약국 전자 시장
Transactions	의료보험 청구 및 지급 의약품 공인
Services	진료 및 질병 관리 임상도구

22 U-Healthcare 서비스 유형이 아닌 것은?

① 온라인 휘트니스 서비스　　② 모바일 건강관리 서비스

③ 모바일 건강관리 서비스　　④ 온라인 마케팅

정답 ④

서비스 종류	내 용
병원환자 정보 서비스	병원정보(입원환자 상태 및 병상정보) 및 건강정보를 유.무선 단말기를 통해 필요한 정보를 제공하는 서비스
의료 텔레매틱스	원격조정, 구급 시스템을 통합한 신개념의 의료서비스로 환자나 대상자의 생체신호 발생에 따라 모니터링 센터와 응급병원 등이 GPS와 연계하여 긴급출동 서비스
전자 처방전 서비스	문서로 발생되는 전자 처방전을 휴대폰 인증이나 암호화를 사용하여 유.무선 통신 서비스로 제공되는 서비스이며 특히 약국에서 이용자의 대기시간을 감소시키는 편리성을 제공
온라인 휘트니스 서비스	이용자의 스케줄 체크, 건강상태나 트레이닝 메뉴를 전문가가 작성하고 이를 바탕으로 트레이닝의 진척관리나 조언을 온라인상에서 제공
모바일 건강관리 서비스	휴대폰을 이용하여 혈압, 당뇨 등 실시간으로 무선망을 통해 건강상태의 제공 및 핸드폰으로 전달단 정보를 토대로 건강을 위한 정보 서비스 제공
예약관리 에이전트 시스템	복수의 병원에서 이용자 본인의 가용시간에 따라 적정한 해당 병원 및 의사를 검색.예약해 주는 시스템
의료 스마트카드 서비스	스마트카드를 통해 개인별 기본 의료정보를 저장하고 진료 등을 위한 예약.수납.처방기록 등의 저장이 가능하도록 하는 의료 서비스
모바일 간호관리 서비스	모바일환경을 기반으로 하여 간호관리를 효율적으로 지원하는 서비스이며, 이동성과 휴대성이 향상된 업무환경에서 보다 다양한 간호관리 및 응급환자 조치가 가능
적외선 응급구호 서비스	가정이나 실내에서 적외선 장치를 이용하여 사람의 움직임이 없을 경우

23 국제보험청구 프로세스에서 빈 칸에 들어갈 적합한 용어는?

> 환자에게 보험카드와 여권 또는 ID증빙서 요청 → 보험사에 환자의 보험가입 확인 → 보험사에 (　　) 요청 → 보험사에 (　　) 수령 → 병원에서 보험청구서 작성 → 보험료 청구서를 국제우편물로 발송

① 지불보증서　　　　　② 예약

③ 진단서　　　　　　　④ 비자

정답 ①

구 분	프로세스	내 용
외래 환자의 경우	환자의 국제보험 가입여부 확인	환자의 여권이나 ID로 환자의 국제보험 가입여부 확인 환자 본인으로부터 보험사에서 발생한 보험카드를 제출받아 앞·뒷 면을 복사해서 사본을 보관 (보험 청구시 보험카드 사본을 첨부해야 되므로 보관 관리 필요) 보험카드 : 앞 면에는 보험사 로고, 발급일자, 보험 종류, 인식번호, 이 름, 생년월일, 환자 본인 부담금 내용, 보험사 안내상담 전화번호 등이 기재되어 있다.)
	지불보증서 요청	검사명, 진단명, 향후 치료계획 등을 기재한 영문진단서를 발급받아 보험사에 통보하고 지불보증서(GOP: Guarantee of Payment) 요청 환자는 보험사의 양식인 Assignment of Benefits Form과 Claim Form의 환자 기록 부분을 작성해서 서명 및 날인한다.
	보험사로부터 지 불보증서 수령	보험사로부터 지불보증서를 인터넷 또는 팩스 등으로 전달받는다. 지불보증 범위를 확인한다. (지불보증이 되는 진료항목과 지불보증이 되지 않는 진료항목을 확인한다. 최초 진료에 대한 보증기간을 확인한다. 환자가 병원에 직접 납부해야 하는 정액부담이 얼마인지 확인한다. 면책(Deductible)되는 부분이 얼마인지 확인한다.
	병원의 보험청구 서 작성 및 보험 청구	보험청구서에 담당의사 또는 병원이 기재할 내용을 명확히 기재한 후 청구서를 보험사에 전달한다. 국제우편물의 발송 영수증을 잘 보관한다. (보험금 지급이 지연되거 나 누락되는 경우가 있을 수 있으므로 잘 보관 관리) 보험청구서가 정확히 전달되어 접수되었는지 확인한다.
입원 환자의 경우	환자의 국제보험 가입여부 확인	동일
	지불보증서 요청	동일
	보험사로부터 지 불보증서 수령	동일
	추적 관리 및 지속 적인 모니터링	최초 영문진단서에 의해 병원으로부터 입원사실 및 진단명, 수술 및 처치명, 대략적인 예상 입원기간 등을 통보받은 보험사에서 환자 담당 의사 또는 간호사와 정기적인 접촉을 통해 환자의 상태, 치료방향, 향 후 치료기간 등을 모니터링한다. 최초 지불보증서상에 지불보증된 치료기간을 초과하여 진료가 필요 할 경우에는 보험사에 즉각 알리고 서면상으로 승낙을 받아야 한다. 경우에 따라서는 최초 보증기간이 포함된 지불보증서를 새롭게 다시 받을 필요도 있다. 진료 보증기간을 넘겨서 보험사에 통보한 경우, 보 험금 지급이 지연되거나 보험금 지급을 거부당할 수 있다. 따라서 최 초 보증기간 보다 연장되는 경우, 반드시 그 사실을 보험사에 보증기 간 내에 통보하고 승낙을 받는다. 최초 지불보증서상에 보증된 진료비는 질병 발생 당시의 진단명에만 적용되며, 정밀검사 후 다른 질환의 발견이나 발생으로 다른 치료가 필요한 경우 즉시 보험사에 연락하여 다른 질환에 대한 치료비 보증 이 포함된 새로운 지불보증서를 받아야 한다.
	병원의 보험청구 서 작성 및 보험사 청구	동일

24 다음 보기의 보험 카드에 수록되지 않은 정보는?

> **Blue Cross Blue Shild LOGO**
>
> Issued 18 06 21
>
> Blue PPO
>
> Subscriber Identification Number : HU012H1234
>
> Subscriber Name : GIL DONG HONG
>
> Customer Service : 1-877-253-4797
>
> Pharmacy Help Desk : 1-800-724-5033
>
> Bin Number : 526424
>
> PCP Office Visit Copay : $30
>
> Emergency Room Copay : $100 (Waived if Admitted)

① 환자 이름   ② 보험사 이름

③ 보험사 상담전화 번호   ④ 보험료 지불방법

정답 ④

25 보험사에 의료관광객의 보험금을 청구할 때 제출하는 서류가 아닌 것은?

① 보험 청구서   ② 영수증

③ 비자 사본   ④ 진단서

정답 ③

일반적으로 보험청구서와 함께 제출하는 서류

종 류	내 용
보험청구서	보험사별 보험 청구서
지불보증서 사본	병원에서 요청한 지불보증서가 입원 전까지 도달하지 않고 지연되거나 거절되면 국제보험의 혜택을 받을 수 없다. 이런 경우 환자가 전액 진료비를 병원에 납부하여야 한다.
영문 영수증	영문 영수증에 기록할 사항 : 환자의 성명, 환자의 병원 등록번호, 진료과목, 담당의사명, 진료일자, 진료형태(응급실, 외래, 입원), 병원명, 병원 주소, 병원 연락처, 병원 대표자 이름, 사업자 등록번호 환자 이름을 표기할 때 성과 이름의 순서가 다를 수 있으므로 성과 이름을 구분하는 표시를 기재한다. 이름 표기란에 First Name, Middle Name, Last Name을 구체적으로 구분하고, Dr. Mr. Mrs. 등 호칭을 체크하는 칸도 마련하여 예의에 어긋나거나 서류분류에서 혼동이 없도록 유의한다. 진료항목, 진료비, 보험에서 보장되는 진료항목과 보험에서 보장되지 않는 항목에 대해 표시한다. 총진료비, 총진료비 중 본인 부담진료비(Deductible), 환자와 보험사가 Co-pay하는 금액, 환자가 직접 부담하는 본인 부담금(Out of Pocket으로 분류한다. 화폐단위가 한화인지, 달러인지도 표기한다.

세부 진료비명세서 (Itemized Bill)	진료비 지급 상세내역서(Explanation of Benefits: EOB)에는 수신인 성명, 수신인 주소, 수신인 전화번호, 발송일자, 환자 성명, 보험증권 번호, 클레임 번호, 지급된 수표번호, 총치료비, 공제비용, 환자 본인부담금, 보험금 지급 금액(해당 국가의 화폐단위)를 기재한다.
환자 ID 사본 (여권 또는 ID증빙)	
영문 진단서 (영문 소견서)	병원명, 병원 주소, 병원 전화번호, 팩스번호, 발급일자, 환자명, 생년월일, 성별, 진단명, 치료내용 및 향후 치료계획 등이 정확히 기재되어야 하며, 작성한 의사명과 자필서명이 반드시 필요하다.
지불요구서 (Payment Request)	환자 이름, ID 번호, 보험사에 접수된 Case번호, 입원일자, 병원명, 병원 주소, 현금 전송 또는 수표 등의 지급 형태 등을 기재한다. 현금 전송의 경우 거래은행명, 은행 주소, 예금주 성명, 계좌번호, 은행 ABA번호 (BIC코드) 수표로 지급받기를 원하는 경우 수취인의 성명과 주소를 맨 하단에 기재한다.
병원정보 및 의무기록 활용 승낙 동의서(Release of Medical Information/Records Authorization)	
응급실 기록지 사본 (ER Note)	응급실(Emergency Room)을 경유한 입원환자의 경우
검사 결과지	
퇴원기록 요약지 (Discharge Summary)	

26 보험사에 진료비 청구하기 위해 보험청구서를 전달하는 적절한 방법은?

① 전자문서 또는 국제우편　　② 전화
③ 직접 전달　　　　　　　　④ 외교행랑

정답 ①

27 의료관광의 장애요인 중 하나인 이환율를 바르게 설명한 것은?

① 일정한 기간 내에 또는 동일한 수술에 대해 부작용이 발생하는 비율
② 환율의 급격한 변화
③ 일정한 기간 내에 발생한 수술대비 의료사고 비율
④ 환율의 약세

정답 ①
이환율(罹患率, Prevalence) : 일정한 기간 내에 또는 동일한 수술에 대해 부작용이 발생하는 비율

28 보건측면에서 의료관광의 문제점을 잘못 이해하고 있는 것은?

① 의료관광객은 면역체계가 서로 다른 국가에서 치료 및 진료를 받는다.
② 병원 위생 수준, 수혈, 장기 및 조직 기증으로 인해 질병을 얻거나 부작용이 생길 수 있다.
③ 항생제에 저항성을 가진 세균에 노출될 가능성이 있다.
④ 외국인환자와의 원활하지 못한 언어소통

정답 ④

식품이나 물의 낮은 위생 상태로 인하여 질병에 노출될 위험성이 있다.
항생제의 품질이 나라 마다 다르며 모조 항생제에 노출될 위험성이 있다.

29 의료관광 송출국가 입장에서 의료관광에 대해서 부정적인 이유를 바르게 설명한 것은?

① 의료서비스 대기시간이 더 길어진다.
② 공항이 혼잡해 진다.
③ 합병증, 부작용, 수술 후 처치는 환자 자국의 의료 시스템 부담이 될 수 있다.
④ 보험회사의 부담이 크다.

정답 ③

의료관광이 활성화되면 송출국가의 의료기관이 침체될 가능성이 있다.

30 의료관광객의 최초 접촉에서 의사소통 불가로 인한 고객과의 재연결 지연 및 두절을 해결하는 방안을 잘못 설명한 것은?

① 언어별 국제의료관광코디네이터 배치 및 외부 지원 체계 구축
② 담당자와 재연락을 취하도록 고객의 연락처를 확보
③ 비자 발급의 간소화
④ 국제진료센터 담당직원들의 외국어 교육을 강화

정답 ③

31 병원 입장에서 에이전시와의 의사소통 문제를 해결하는 방안을 잘못 설명한 것은?

① 에이전시와 병원간의 계약 여부 및 계약 내용을 파악한다.
② 보험 범위 및 약관을 확인한다.
③ 에이전시와 고객과의 관계를 파악한다.
④ 에이전시가 고객의 상태를 정확히 파악하고 있는지 확인한다.

정답 ②

에이전시와 병원간의 계약 여부 및 계약 내용을 파악한다.
에이전시와 고객과의 관계를 파악한다.
에이전시가 고객의 상태를 정확히 파악하고 있는지 확인한다.
에이전시의 요구사항을 정확히 파악한다.
고객의 연락처를 파악한다.
고객과 직접 대화를 시도한다.
비용 문의할 때, 비용 지불 주체를 파악한다.

32 원격의료 상담이 지체되는 등의 제약을 받지 않기 위한 조치를 잘못 설명한 것은?

① 원격의료 담당 의사를 채용한다.

② 최초 진단을 위해서 필요한 의료 데이터 목록을 의료관광객에게 사전에 전달한다.

③ 고객이 보유한 의료 데이터가 부족할 경우, 환자가 추가로 현지에서 검사를 받도록 독려한다.

④ 고객이 보유하고 있는 의료 데이터가 충분하고 적합한지 원격의료 상담 전 확인한다.

> **정답** ①
> 환자의 신상정보와 의료 데이터가 일치하는지 사전에 확인한다.
> 환자의 의료 데이터를 미리 전달받는 방법과 시기를 명확히 설명한다. (우편물 배송 주소 등)
> 환자가 의료 데이터를 발송한 배송회사명, 고유번호를 확인한다.

33 보험수가 적용의 오류를 방지하기 위한 조치를 잘못 설명한 것은?

① 환자의 성별을 정확히 파악한다.

② 환자의 대한민국 국민건강보험 소지 여부를 정확히 파악한다.

③ 환자의 현 거주지를 정확히 파악한다.

④ 환자의 국제보험 적용 여부를 정확히 확인한다.

> **정답** ① 환자의 국적을 정확히 파악한다.

34 외국인 환자의 외래 진료 시간 배분이 부족하지 않도록 취해야 할 조치를 바르게 설명한 것은?

① 외래 환자 수를 줄인다.

② 환자의 궁금한 사항을 미리 파악해서 외래 진료시 의료진이 충분히 설명할 수 있도록 준비한다.

③ 병상 수를 늘린다.

④ 병원을 새로 건립한다.

> **정답** ②
> 최초 진료 설계시 의료진과 협의해서 충분한 진료 시간을 배정한다.

35 입원 절차가 지연되는 것을 방지하기 위한 조치를 잘못 설명한 것은?

① 병실의 청소상태를 사전에 확인한다.

② 환자의 언어별 코디네이터, 간병인, 통역사를 제대로 배정했는지 확인한다.

③ 환자가 요청한 병동의 가용여부를 미리 확인한다.

④ 입원 시 수술 후 사후관리를 미리 설명한다.

정답 ④

36 의료진과의 의사소통과 관련한 불만요인을 제거하기 위한 조치를 잘못 설명한 것은?

① 환자가 이해하기 어려운 의료용어를 사용한다.

② 환자에게 진료와 수술에 대해서 정확히 설명과 통역이 제대로 이루어 졌는지 확인한다.

③ 환자가 의료진의 설명을 정확히 이해하고 있는지 확인한다.

④ 환자에게 수술법, 수술 전.후의 주의사항을 설명한 브로셔 등 자료가 있으면 제공한다.

정답 ①

37 수술 일정이 지연된 경우의 조치를 바르게 설명한 것은?

① 수술실을 청결하게 관리한다.

② 수술 담당의사를 변경한다.

③ 정확한 수술 지연 이유를 환자에게 납부할만하게 설명하고 수술 시간 을 다시 확인하여 환자와 보호자에게 통보한다.

④ 병실을 옮긴다.

정답 ③
정확한 수술 지연 이유를 파악한다.

38 환자의 퇴원 준비 미흡을 대비하기 위한 조치를 바르게 설명한 것은?

① 환자에게 퇴원 예정 하루 전 퇴원수속을 밟도록 한다.

② 환자에게 환송 파티와 선물을 제공한다.

③ 환자 퇴원에 필요한 서류 목록에 따라 해당 외국어별 서류를 준비한다.

④ 환자 퇴원 후 공항까지의 교통편을 재확인한다.

정답 ③
퇴원 후 복용약에 대한 사용 설명 및 주의사항을 전달한다.

39 제 1군 감염병의 종류에 포함되지 않는 것은?

① 콜레라　　　　　　　　　　② B형 간염

③ 장티푸스　　　　　　　　　④ 세균성 이질

정답 ②

감염병의 예방 및 관리에 관한 법률 제2조(정의) 이 법에서 사용하는 용어의 뜻은 다음과 같다.

1. "감염병"이란 제1군 감염병, 제2군 감염병, 제3군 감염병, 제4군 감염병, 제5군 감염병, 지정 감염병, 세계보건기구 감시대상 감염병, 생물테러 감염병, 성매개 감염병, 인수(人獸)공통 감염병 및 의료관련 감염병을 말한다.

2. "제1군 감염병"이란 마시는 물 또는 식품을 매개로 발생하고 집단 발생의 우려가 커서 발생 또는 유행 즉시 방역대책을 수립하여야 하는 다음 각 목의 감염병을 말한다.
   - 가. 콜레라　　　나. 장티푸스　　　다. 파라티푸스
   - 라. 세균성이질　　　마. 장출혈성대장균감염증　　　바. A형간염

3. "제2군 감염병"이란 예방접종을 통하여 예방 및 관리가 가능하여 국가예방접종사업의 대상이 되는 다음 각 목의 감염병을 말한다.
   - 가. 디프테리아　　　나. 백일해(百日咳)
   - 다. 파상풍(破傷風)　　　라. 홍역(紅疫)
   - 마. 유행성이하선염(流行性耳下腺炎)　　　바. 풍진(風疹)
   - 사. 폴리오　　　아. B형간염
   - 자. 일본뇌염　　　차. 수두(水痘)

4. "제3군 감염병"이란 간헐적으로 유행할 가능성이 있어 계속 그 발생을 감시하고 방역대책의 수립이 필요한 다음 각 목의 감염병을 말한다.
   - 가. 말라리아　　　나. 결핵(結核)
   - 다. 한센병　　　라. 성홍열(猩紅熱)
   - 마. 수막구균성수막염(髓膜球菌性髓膜炎)　　　바. 레지오넬라증
   - 사. 비브리오패혈증　　　아. 발진티푸스
   - 자. 발진열(發疹熱)　　　차. 쯔쯔가무시증
   - 카. 렙토스피라증　　　타. 브루셀라증
   - 파. 탄저(炭疽)　　　하. 공수병(恐水病)
   - 거. 신증후군출혈열(腎症侯群出血熱)　　　너. 인플루엔자
   - 더. 후천성면역결핍증(AIDS)　　　러. 매독(梅毒)
   - 머. 크로이츠펠트-야콥병(CJD) 및 변종크로이츠펠트-야콥병(vCJD)

5. "제4군 감염병"이란 국내에서 새롭게 발생하였거나 발생할 우려가 있는 감염병 또는 국내 유입이 우려되는 해외 유행 감염병으로서 보건복지부령으로 정하는 감염병을 말한다.

6. "제5군 감염병"이란 기생충에 감염되어 발생하는 감염병으로서 정기적인 조사를 통한 감시가 필요하여 보건복지부령으로 정하는 감염병을 말한다.

7. "지정 감염병"이란 제1군 감염병부터 제5군 감염병까지의 감염병 외에 유행 여부를 조사하기 위하여 감시활동이 필요하여 보건복지부장관이 지정하는 감염병을 말한다.

8. "세계보건기구 감시대상 감염병"이란 세계보건기구가 국제공중보건의 비상사태에 대비하기 위하여 감시대상으로 정한 질환으로서 보건복지부장관이 고시하는 감염병을 말한다.

9. "생물테러 감염병"이란 고의 또는 테러 등을 목적으로 이용된 병원체에 의하여 발생된 감염병 중 보건복지부장관이 고시하는 감염병을 말한다.

10. "성매개 감염병"이란 성 접촉을 통하여 전파되는 감염병 중 보건복지부장관이 고시하는 감염병을 말한다.

11. "인수공통 감염병"이란 동물과 사람 간에 서로 전파되는 병

40 의료관광 사후관리를 위해 준비해야 할 사항이 아닌 것은?

① 상담할 때 부작용에 대해서 상세히 설명한다.
② 고객과의 커뮤니케이션 라인 구축
③ 고객 현지 담당의사와의 커뮤니케이션 라인 구축
④ Follow Up Protocol 준비

정답 ①

41 병원에서의 언어별 간병인 및 야간 통역자 지원에서 유의할 사항이 아닌 것은?

① 환자에게 언어별 간병인 및 야간 통역자 지원 여부를 사전에 신청받는다.
② 환자가 언어별 간병인 및 야간 통역자 지원 대상자인지 확인한다.
③ 언어별 간병인 및 야간 통역자 지원 지원에 따른 추가 비용 발생에 대해서 설명한다.
④ 의료인에게 언어별 간병과 야간 통역대행을 의뢰한다.

정답 ④

42 다음은 의료 서비스의 어떤 특징에 대해서 말하는 것인가?

> 의료 서비스는 구매하기 전에 보거나 느끼거나 만지거나 테스트해 볼 수 없다.

① 무형성   ② 생산과 소비의 비분리성
③ 이질성   ④ 소멸성

정답 ①

43 다음은 의료 서비스의 어떤 특징에 대해서 말하는 것인가?

> 환자가 수술 방법, 의료 서비스 방법 등의 상담에 직접 참여해서 의사와 함께 의사 결정한다.

① 무형성   ② 생산과 소비의 비분리성
③ 이질성   ④ 소멸성

정답 ②

44 다음은 의료 서비스의 어떤 문제점에 대한 해결방안인가?

원격진료를 통해 시간과 공간을 초월한 의료서비스의 네트워크를 구축한다.

① 무형성   ② 생산과 소비의 비분리성

③ 이질성   ④ 소멸성

정답 ②

45 다음은 의료 서비스의 어떤 문제점에 대한 해결방안인가?

의료 서비스 표준화를 매뉴얼로 작성한다.

① 무형성   ② 생산과 소비의 비분리성

③ 이질성   ④ 소멸성

정답 ③

46 다음은 의료 서비스의 어떤 문제점에 대한 해결방안인가?

수요와 공급간의 균형과 효율성을 높이기 위해 예약 시스템을 활용한다.

① 무형성   ② 생산과 소비의 비분리성

③ 이질성   ④ 소멸성

정답 ④

47 의료법의 목적 중 빈 칸에 들어갈 적절한 용어는?

의료법 제1조(목적) 이 법은 모든 국민이 수준 높은 의료 혜택을 받을 수 있도록 국민의료에 필요한 사항을 규정함으로써 국민의 건강을 (　　)하고 (　　)하는 데에 목적이 있다.

① 관리, 감독   ② 보호, 증진

③ 감독, 추진   ④ 통제, 촉진

정답 ②

48 약사가 의사 또는 치과의사의 처방전 없이 조제할 수 있는 경우를 잘못 설명한 것은?

① 병원에 입원한 외국인환자를 위하여 조제하는 경우
② 의료기관이 없는 지역에서 조제하는 경우
③ 재해가 발생하여 사실상 의료기관이 없게 되어 재해 구호를 위하여 조제하는 경우
④ 사회봉사 활동을 위하여 조제하는 경우

정답 ①

약사법 제23조(의약품 조제) ① 약사 및 한약사가 아니면 의약품을 조제할 수 없으며, 약사 및 한약사는 각각 면허 범위에서 의약품을 조제하여야 한다. 다만, 약학을 전공하는 대학의 학생은 보건복지부령으로 정하는 범위에서 의약품을 조제할 수 있다.

② 약사 또는 한약사가 의약품을 조제할 때에는 약국 또는 의료기관의 조제실(제92조제1항제2호후단에 따라 한국희귀의약품센터에 설치된 조제실을 포함한다)에서 하여야 한다. 다만, 시장·군수·구청장의 승인을 받은 경우에는 예외로 한다.

③ 의사 또는 치과의사는 전문의약품과 일반의약품을 처방할 수 있고, 약사는 의사 또는 치과의사의 처방전에 따라 전문의약품과 일반의약품을 조제하여야 한다. 다만, 다음 각 호의 어느 하나에 해당하면 의사 또는 치과의사의 처방전 없이 조제할 수 있다.

1. 의료기관이 없는 지역에서 조제하는 경우
2. 재해가 발생하여 사실상 의료기관이 없게 되어 재해 구호를 위하여 조제하는 경우
3. 감염병이 집단으로 발생하거나 발생할 우려가 있다고 보건복지부장관이 인정하여 경구용(經口用) 감염병 예방접종약을 판매하는 경우
4. 사회봉사 활동을 위하여 조제하는 경우

원체에 의하여 발생되는 감염병 중 보건복지부장관이 고시하는 감염병을 말한다.

12. "의료관련감염병"이란 환자나 임산부 등이 의료행위를 적용받는 과정에서 발생한 감염병으로서 감시활동이 필요하여 보건복지부장관이 고시하는 감염병을 말한다.

13. "감염병환자"란 감염병의 병원체가 인체에 침입하여 증상을 나타내는 사람으로서 제11조제5항의 진단 기준에 따른 의사 또는 한의사의 진단이나 보건복지부령으로 정하는 기관의 실험실 검사를 통하여 확인된 사람을 말한다.

14. "감염병의사환자"란 감염병병원체가 인체에 침입한 것으로 의심이 되나 감염병환자로 확인되기 전 단계에 있는 사람을 말한다.

15. "병원체보유자"란 임상적인 증상은 없으나 감염병병원체를 보유하고 있는 사람을 말한다.

16. "감시"란 감염병 발생과 관련된 자료 및 매개체에 대한 자료를 체계적이고 지속적으로 수집, 분석 및 해석하고 그 결과를 제때에 필요한 사람에게 배포하여 감염병 예방 및 관리에 사용하도록 하는 일체의 과정을 말한다.

17. "역학조사"란 감염병환자, 감염병의사환자 또는 병원체보유자(이하 "감염병환자등"이라 한다)가 발생한 경우 감염병의 차단과 확산 방지 등을 위하여 감염병환자등의 발생 규모를 파악하고 감염원을 추적하는 등의 활동과 감염병 예방접종 후 이상반응 사례가 발생한 경우 그 원인을 규명하기 위하여 하는 활동을 말한다.

18. "예방접종 후 이상반응"이란 예방접종 후 그 접종으로 인하여 발생할 수 있는 모든 증상 또는 질병으로서 해당 예방접종과 시간적 관련성이 있는 것을 말한다.

19. "고위험병원체"란 생물테러의 목적으로 이용되거나 사고 등에 의하여 외부에 유출될 경우 국민 건강에 심각한 위험을 초래할 수 있는 감염병병원체로서 보건복지부령으로 정하는 것을 말한다.

49 의료인에 포함되지 않는 자는?

① 국제의료관광코디네이터　　② 치과의사

③ 간호사　　④ 조산사

정답 ①

의료법 제2조(의료인) ① 의료법에서 "의료인"이란 보건복지부장관의 면허를 받은 의사 · 치과의사 · 한의사 · 조산사 및 간호사를 말한다.

② 의료인은 종별에 따라 다음 각 호의 임무를 수행하여 국민보건 향상을 이루고 국민의 건강한 생활 확보에 이바지할 사명을 가진다.

1. 의사는 의료와 보건지도를 임무로 한다.
2. 치과의사는 치과 의료와 구강 보건지도를 임무로 한다.
3. 한의사는 한방 의료와 한방 보건지도를 임무로 한다.
4. 조산사는 조산(助産)과 임부(姙婦) · 해산부(解産婦) · 산욕부(産褥婦) 및 신생아에 대한 보건과 양호지도를 임무로 한다.
5. 간호사는 상병자(傷病者)나 해산부의 요양을 위한 간호 또는 진료 보조 및 대통령령으로 정하는 보건활동을 임무로 한다.

50 의료기관의 종류에 포함되지 않는 것은?

① 의원급 의료기관　　② 병원급 의료기관

③ 건강원　　④ 조산원

정답 ③

의료법 제3조(의료기관) ① 의료법에서 "의료기관"이란 의료인이 공중(公衆) 또는 특정 다수인을 위하여 의료 · 조산의 업(이하 "의료업"이라 한다)을 하는 곳을 말한다.

② 의료기관은 다음 각 호와 같이 구분한다.

1. 의원급 의료기관: 의사, 치과의사 또는 한의사가 주로 외래환자를 대상으로 각각 그 의료행위를 하는 의료기관으로서 그 종류는 다음 각 목과 같다.

　　가. 의원　　　　나. 치과의원　　　　다. 한의원

2. 조산원: 조산사가 조산과 임부 · 해산부 · 산욕부 및 신생아를 대상으로 보건활동과 교육 · 상담을 하는 의료기관을 말한다.
3. 병원급 의료기관: 의사, 치과의사 또는 한의사가 주로 입원환자를 대상으로 의료행위를 하는 의료기관으로서 그 종류는 다음 각 목과 같다.

　　가. 병원　　　　나. 치과병원　　　　다. 한방병원

　　라. 요양병원(「정신보건법」 제3조제3호에 따른 정신의료기관 중 정신병원, 「장애인복지법」 제58조 제1항 제2호에 따른 의료재활시설로서 제3조의 2의 요건을 갖춘 의료기관을 포함한다. 이하 같다)

　　마. 종합병원

③ 보건복지부장관은 보건의료정책에 필요하다고 인정하는 경우에는 제2항 제1호부터 제3호까지의 규정에 따른 의료기관의 종류별 표준업무를 정하여 고시할 수 있다.

03 보건의료관광 마케팅

1. 보건의료관광 마케팅 핵심 요점

1) 마케팅의 이해

(1) 의료관광 마케팅의 이해

가. 의료서비스 마케팅의 이해

- 상품의 종류
  ① 소비재 : 편의품(일상생활용품), 선매품(고객이 여러 상표와 점포를 둘러본 후 구매하는 제품), 전문품
  ② 산업재 : 원자재, 부품(형태의 변화없이 완제품의 형태로 다른 제품의 생산에 투입되는 제품), 자본재(완제품 생산에 부분적으로 투입되는 제품), 소모품과 서비스

- 의료서비스 : 의료의 본질적 행위인 진단 · 진료 · 처방 · 투약뿐만 아니라 의료행위로 인해 부가적으로 발생하는 의료 외적 행위를 모두 포함한다. 따라서 의료서비스를 구매하는 고객은 근본적으로 의사의 전문적 의료행위 및 병원의 전반적인 서비스를 구매하는 것이다.

- 진료행위 : 질병이나 부상 및 예방활동을 포함하는 모든 행위를 비롯하여 병원 이용고객이 병원 도착에서부터 진료예약 · 진료신청 · 진료 · 검사 · 진단 · 치료 · 진료비 납부 · 투약 · 원외처방전 발급 등의 모든 과정을 포함한다.

- Kotler의 마케팅 정의 : 개인과 집단이 제품과 가치를 창조하고 타인과의 교환을 통하여 그들의 욕구와 욕망을 충족시키는 사회적 또는 관리적 과정이다.

🗑 마케팅 종류

구 분	내 용
내부 마케팅	서비스 접점 직원 및 모든 지원 요원을 대상으로 병원 경영 목표와 일치하는 동기부여
외부 마케팅	잠재적인 소비자의 욕구를 충족할 수 있는 진료 서비스, 촉진 전략을 개발 및 제공
관계 마케팅	신규 고객 창출 보다는 기존 고객의 유지와 향상에 초점을 맞추는 전략

- 관광 마케팅 : 최대한의 이익을 확보하려는 관광기업의 목적에 부합되도록 관광시장의 조사와 예측 그리고 선택을 통하여 자사의 관광상품을 시장에서 가장 좋은 위치에 선점하도록 노력하는 경영활동이다.

- 의료 마케팅 : 의료기관이 속한 지역 주민의 만족도 향상, 의료기관의 경쟁 우위 확보, 의료서비스 특화로 인한 의료기관의 경영 효율성 향상

의료관광마케팅은 의료관광상품을 의료기관, 유치기관, 정부, 정부산하기관, 협회가 서로 협력하여 개발하고 기획하여 외국인환자에게 판매하여 수익을 창출하는 일체의 경제활동을 의미한다.

장 점	단 점
의료관광객 유치 한국의료경쟁력 알림 효과 수입 증대 효과 표적 시장의 Needs 충족 마케팅 자원 증대 효과 마케팅 활동 효율성 증대	마케팅 비용 부담 발생 과다진료를 조장할 우려 의료서비스의 질 저하 우려 의료기관간의 경쟁 심화

나. 관광 마케팅의 이해

최대한의 이익을 확보하려는 관광기업의 목적에 부합되도록 관광시장의 조사와 예측 그리고 선택을 통하여 자사의 관광상품을 시장에서 가장 좋은 위치에 선점하도록 노력하는 경영활동이다.

● 관광상품의 특성별 극복 대안

특 성	내 용	특성 극복을 위한 대안
무형성	샘플의 제시가 어려움 서비스 품질 사전 평가 불가능	유형적 단서 강조 구전 촉진과 평판의 개발 선의적인 이미지 구축과 의사소통 수단의 효율적 활용 서비스의 명칭 및 상징화 상표명 사용 확대
재고 불가능성	재고 불가능	예약 시스템 선진화 서비스 차별화 패키지 상품 개발 다양한 유통경로 구축 및 판매촉진 활동 강화
시한성	수요와 공급의 불일치	신크로 마케팅의 전개 시장 세분화 목표 고객의 설정 변동적 수요에 대처하기 위한 전략 수립
이질성	서비스의 일관성이 어려움	서비스 표준화

(2) 환경분석

가. 거시환경분석

① 인구통계적 환경요인   ② 기술적 환경요인
③ 사회적 환경요인   ④ 문화적 환경요인
⑤ 법률 · 제도적 환경요인   ⑥ 자연적 환경요인
⑦ 경제변수적 환경요인 (경기변동, 인플레이션, 소득, 경상수지)

나. 산업분석

① 진입장벽   ② 고객의 구매력
③ 공급자의 유치 능력   ④ 대체상품
⑤ 산업내 경쟁관계

다. 내부환경 분석

① 조직문화   ② 조직내부 협력

(3) 시장분석

가. 시장 크기 분석

- 시장 규모 예측 기법 종류

  ① 시장 잠재성장력 분석 : 판단적인 예측기법 (최고경영자의 판단, 마케
     팅 담당자의 판단, 전문가 의견에 의한 델파이법, 사례 유추에 근거
     한 판단)
  ② 시계열 분석 및 예측기법 : 계절적 변동 분석 및 예측, 추세 분석, 지수평
     활법
  ③ 인과관계에 근거한 예측기법 : 회귀분석, 소비자의 구매의도 조사법

나. 잠재 성장력 분석

① 순차적 비율방법 : 제품을 궁극적으로 구매할 가능성이 있는 고객의 유
   형과 각 유형별 규모 추정, 각 고객유형 중 제품을 구매할 고객의 비율
   추정, 단위기간 동안의 고객별 평균 제품 구매량
② 지역시장 지수방법 : 상대적 인구, 상대적 소매시장 규모, 상대적 가처분
   소득에 가중치 부여해서 산출

다. 경쟁자 분석

① 경쟁자 목표   ② 경쟁자 현재 전략
③ 경쟁자 역량   ④ 경쟁자 강점과 약점
⑤ 경쟁자 전략 예측

(4) 고객분석

가. 고객행동 영향요인 분석

- 의료관광객 의료관광정보 습득 경로

  의료관광객은 어떤 경로로 한국의 의료관광에 대한 정보를 얻을까?
  ① 인터넷 검색 (뉴스 기사 등)
  ② 의료기관의 홈페이지
  ③ 외국인환자 유치업체의 홈페이지
  ④ 신문, 잡지, 라디오, TV 등 광고 매체
  ⑤ 신문, 잡지, 라디오, TV 등 매체에 홍보 (Publicity 또는 PR)

⑥ 의료관광 상품 브로셔 (DM 등)

⑦ 구전 (Word of Mouth)

문화적 요인, 사회적 요인(사회계층, 준거집단, 가족관계, 생활양식), 인구통계학적 요인 (연령대별, 성별, 소득수준별, 교육수준별, 계층인식, 직업별), 심리적 요인(동기, 태도, 학습, 개성)

나. 고객 정보처리과정 분석

정보노출 → 주의 → 지각 → 반응 → 저장 및 기억

다. 구매의사 결정과정 분석

문제인식 → 정보탐색 → 선택대안의 평가 → 구매결정 → 구매 후 행동

● 구매결정의 유형

① 일상적인 결정 : 문제(필요)를 인식하고 습관적으로 구매

관여 수준이 낮음

② 제한된 결정 : 제한적 정보 탐색으로 구매 결정

③ 광범위한 결정 : 고관여 상품을 구매할 때 광범위한 정보 탐색

(의료관광, 새 차 구입, 주택 구입 등)

라. 통계적 분석 방법

분석 기법	사 례
빈도분석	인구통계적 분포
기술분석	만족도 평균
교차분석	인구통계적 분포별 만족도 비교
상관분석	의료비와 만족도 상관관계
t-검정	국적별 만족도 비교 (모집단 2개)
분산분석	소득별 만족도 비교 (모집단 3개 이상)
회귀분석	광고 · 홍보비에 따른 의료관광 매출액의 산정
판별분석	의료관광 선택과 중도포기 분류
요인분석	의료관광 선택 요인 분석
군집분석	의료관광 구매 특성별 의료관광객 분류
다차원척도	경쟁력 비교
컨조인트분석	의료관광상품 구성

(5) STP 및 마케팅 믹스

가. 시장 세분화

STP는 고객의 특성을 따라 시장을 분류하고, 세분화된 시장의 잠재력을 평가하고 표적 시장을 선정한 후 선택된 표적시장의 잠재고객을 대상으로 목표시장의 특성에 맞는 상품을 개발하고 고객에게 상품을 각인시키는 과정이다.

– STP: Segmentation(시장 세분화), Targeting(목표시장 설정), Positioning(고객 인지도)

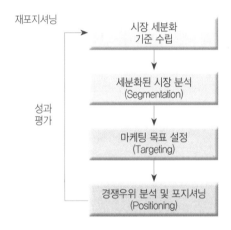

– 시장 세분화의 주요 요소 : 인구통계학적 변수, 심리적 변수, 행동분석 변수, 지리적 변수
– 세분화된 시장의 잠재력 분석 : 시장의 규모, 측정 가능성, 접근 가능성, 성장 가능성, 적정한 이윤 보장성

구 분	내 용
시장	시장 규모 및 적정성
경쟁사	경쟁력, 마케팅 우위 전략, 경쟁 정도, 진입 가능성
자원	인력, 인프라, 기술력
목표	목표 일치성 (병원과 유치업체의 목표와 일치 여부)
마케팅 믹스	효과적인 마케팅 믹스 및 전략실행 계획

나. 세분시장별 프로파일 생성

● 세분시장의 조건

① 측정 가능성　　　　② 접근 가능성
③ 규모의 적정성　　　④ 차별화 가능성
⑤ 활동 가능성

다. 각 세분시장 매력도 분석

의료관광 선택 동기별, 국가별 매력도를 조사한다.

● 의료관광 동기별 시장 분석

구분	의료관광 송출국	매력도
의료비	미국, 캐나다	높음
대기시간	영국, 캐나다	중간
의료기술	극동아시아, 중동, 중앙아시아	높음
관심 (한류)	중국, 동남아시아, 일본	높음

● 진료분야별 시장 분석

구분	의료관광 송출국	매력도
한의학	일본, 중동	높음
건강검진	극동러시아, 중앙아시아, 동남아시아, 재외동포	높음
미용	일본, 극동러시아, 중동, 중앙아시아	높음
성형	중국, 몽골, 동남아시아	높음
시술 및 수술	극동러시아, 중앙아시아, 중동	중간

라. 표적시장 선정

표적시장이란 시장을 세분화하여 경쟁우위와 경쟁상황을 고려하여 가장 좋은 기회를 제공해 줄 수 있는 특화된 시장을 의미한다.

－ 표적시장의 평가방법 : 시장 규모, 시장 성장률, 상품 수명주기, 수익성
－ 표적시장 공략 전략 : 단일 표적시장 집중화 전략, 선택적 전문화 전략, 전체시장 커버리지 전략, 다양한 상품으로 모든 시장에서 선점하는 전략, 상품 전문화 전략, 표적시장의 전문화 전략

마. 마케팅 믹스

상품(Product), 가격(Price), 유통(Place), 판매촉진(Promotion)

🍲 상품 수명 주기별 마케팅 믹스 전략

구분		내용
도입기	상품 전략	상품 특성 강조
	가격 전략	고가 또는 저가
	유통 전략	유통경로 제한 극복
	광고.판매촉진 전략	초기 수용층 확보, 유통경로 인접 수요층 자극 시용 확대를 위한 판매촉진 전개
성장기	상품 전략	상품 개념 확대, 차별화 전략, 품질 관리 강화, 보증 제도 실시
	가격 전략	시장 침투 가격, 가격 차별화
	유통 전략	유통경로 확대
	광고.판매촉진 전략	상표별 차이점 강조 설득형 광고
성숙기	상품 전략	상품 다양화, 상품 차별화, 보조 서비스 추가
	가격 전략	경쟁대응 가격
	유통 전략	개발된 유통경로 최대화
	광고.판매촉진 전략	판매촉진 활동 확대
쇠퇴기	상품 전략	취약 상품 철수
	가격 전략	가격 인하
	유통 전략	수익성 낮은 경로 폐쇄하여 유통경로 선별화
	광고.판매촉진 전략	광고 최소화 유지 판매촉진 최저 수준 유지

2) 상품 개발하기

(1) 신상품 아이디어 창출

가. 신상품 아이디어 창출

● 신상품 개발과정

아이디어 창출 → 아이디어 선별 → 제품 컨셉 개발 및 테스트 → 마케팅 전략의 개발 → 사업성 분석 → 시제품 개발 → 시험 마케팅 → 상업화

● 의료관광 신상품 개발 시 고려사항

① 고객이 원하는 가치 수렴

② 차별화된 의료서비스, 질 높은 의료서비스 반영

③ 잠재 구매력

④ 신상품 판매 전략 수립

● 신상품 실패 원인의 유형

① 아이디어가 좋더라도 시장 규모를 과대평가 또는 과소평가

② 상품 구성 및 디자인의 수준 미달

③ 상품을 시장에서 제대로 위치화하는데 실패

④ 부적절한 출시 시기 결정

⑤ 높은 가격 결정

⑥ 마케팅 활동 미숙

⑦ 신상품 개발 비용의 과도한 경우

⑧ 경쟁사의 강한 대응

⑨ 의사결정권자의 잘못된 판단

나. 기존상품 개선방안

– 기존 상품 개선방안 : 상품 품목의 수익성 분석, 상품 품목 경쟁력을 경쟁사와 비교

다. 신상품 아이디어 수집

● 신상품 아이디어 수집

① 기업 내부 : 기업내 R&D부서, 영업사원을 포함한 종업원

② 기업 외부 : 소비자 욕구.불만 사항 분석, 중간상이 제공하는 정보, 경쟁제품 분석

(2) 상품 콘셉트 개발 및 평가

가. 신상품 콘셉트 개발

융합 상품 개발 : 한의학, 성형, 피부, 안과, 한의학 등 의료서비스와 온천, 피부관리, 축제.이벤트, 공연관람, 생태관광 등과 융합한 상품 개발

나. 신상품 콘셉트 평가

① 시장성 평가　　　　　　② 사업성 평가

③ 지속성 평가

다. 신상품 테스트 및 사후평가

● 테스트 방법

① 표준시험시장법 : 표적시장 중 대표성 갖는 소수 도시 선택

② 통제시험시장법 : 선택된 의료기관에서 시험 상품 테스트

③ 모의시험시장법 : 모의 환경에서 테스트

④ 전자시험시장법 : 패널에게 개인 ID카드 주고 의료기관에게 상품 구매시 제시

⑤ 가상시험시장법 : 컴퓨터 화면에서 모의시험

◦ 주의할 점 : 조사 대상자는 무작위로 선별, 설문지는 간결하고 Open 형보다는 리커트 스케일로 측정

예 5점 척도 : 1(매우 불만족), 2(불만족), 3(보통), 4(만족), 5(매우 만족)

● 사후 평가

① 고객 만족도 조사

② 고객 불만사항 조사

(3) 수요예측

가. 판매예측

판매 예측방법 : 델파이분석, 회귀분석, 시계열분석

나. 재무 매력도 평가

– 현금관련 재무지표

– 유동성 관련 재무지표 : 유동비율, 현금대 유동부채 비율, 당좌 비율, 총자본 회전율, 매출채권 회전율, 재고자산 회전율, 순영업자본대 매출비율, 단기상환의무

– 수익성 관련 재무지표

① 총자본 이익률 = (당기 순이익 / 평균 총자본) × 100

② 총자본 경상이익율 = (당기 경상이익 / 평균 총자본) × 100

③ 자기자본 이익률 = (순이익 / 평균 자기자본) × 100

④ 매출액 순이익률 = (순이익 / 매출액) × 100

⑤ 매출액 경상 이익률 = (경상이익 / 매출액) × 100

⑥ 매출액 영업 이익률 = (영업이익 / 매출액) × 100

⑦ 금융비용 부담률 = (금융비용 / 매출액) × 100

⑧ 이자보상배율 = (세차감 전 순이익 + 금융비용)/금융비용

⑨ 자본 이익률 = ((세전 이익 + 이자 비용) / (차입금 + 자본금 + 자본잉여금)) × 100

- 레버리지 관련 재무지표 : 자기자본 비율, 부채 비율, 유동부채 비율, 고정 장기적합률, 당좌비율, 차입금 의존도, 차입금 비율, 순차입금 비율

다. 기존상품 잠식 가능성 분석

기존상품의 잠식 가능성 분석 : 고객의 기대와 만족도를 비교, 고객 유지 전략

3) 가격 및 유통관리

(1) 가격(수가) 결정

가. 신제품 가격전략

신상품 가격 전략 : 초기고가전략, 시장침투가격전략

나. 유사상품의 가격 분석

의료관광 목적지를 선택하는 데 있어서 저렴한 의료비가 주요 요인 중 하나이므로 경쟁 의료관광상품 가격(의료수가)을 비교 · 분석한다.

다. 가격 조정전략

종 류	내 용
소비자 심리에 기반한 가격조정	단수가격 관습가격
거리의 차이에 따른 가격조정	균일 수송가격 지역별 가격 수송비 소비자 부담가격 (Free On Board)

판매촉진수단으로서의 가격조정	소비자에 대한 가격 할인 : 유인가격, 세일행사, 계절할인, 보상판매
	중간상에 대한 가격 할인 : 현금할인, 거래할인, 촉진공제

라. 공공정책과 유통경로 결정

- 의료관광 진흥 정책 강화
- 의료관광 유통경로 건전화

  예 외국인환자 유치 의료기관의 비보험 항목에 대한 수가 정보가 외국인들에게 사전에 파악되지 않는 점을 악용하여 일부 의료기관 및 에이전시의 과다 요금을 막기 위해서 한국관광공사에서 2013년 부산지역을 중심으로 "의료관광 패키지 가이드북"을 발간했다.

- 의료기관은 의료수가를 공개할 의무가 있다.

  의료법 제45조(비급여 진료비용 등의 고지) ① 의료기관 개설자는 「국민건강보험법」 제41조 제3항에 따라 요양급여의 대상에서 제외되는 사항 또는 「의료급여법」 제7조 제3항에 따라 의료급여의 대상에서 제외되는 사항의 비용(이하 "비급여 진료비용"이라 한다)을 환자 또는 환자의 보호자가 쉽게 알 수 있도록 보건복지부령으로 정하는 바에 따라 고지하여야 한다.

  ② 의료기관 개설자는 보건복지부령으로 정하는 바에 따라 의료기관이 환자로부터 징수하는 제증명수수료의 비용을 게시하여야 한다. 의료기관 개설자는 제1항 및 제2항에서 고지·게시한 금액을 초과하여 징수할 수 없다.

(2) 마케팅 경로와 공급망 관리

가. 마케팅 경로 설계

① 유통경로의 단순화

② 신뢰할 수 있는 에이전시 선택

③ 협력 체계 지속 강화

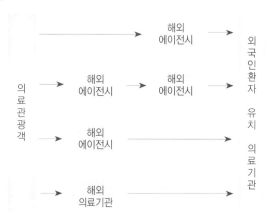

나. 마케팅 경로 관리

● 경로 선택의 기준

① 시장 장악 능력 　　② 예상 매출 규모

③ 비용 　　④ 인적 및 물적 자원

⑤ 수익성 　　⑥ 관리 능력 및 관리 시스템

⑦ 동기부여 　　⑧ 명성

⑨ 경쟁력

다. 공공정책과 유통경로 결정

● 공정한 유통경로 정책

① 국가간 협력 및 공조 체계 　　② 의료수가 공개

③ 공정한 경쟁관계 확립

4) 통합적 커뮤니케이션

(1) 통합적 커뮤니케이션 이해하기

가. 커뮤니케이션 과정

통합적 커뮤니케이션이란 다양한 커뮤니케이션 수단, 즉 광고. 판매촉진, PR의 전략적 역할을 비교.검토하여 현 고객 및 잠재 고객의 행동에 직.간접적으로 영향을 미칠 수 있도록 통합적인 계획을 수립하는 것이다. 즉, 광고, 판매촉진, PR 뿐만 아니라 제품 디자인, 포장, 가격, 매장의 이미지 등 기업의 모든 마케팅 활동을 일관성있게 통합적으로 커뮤니케이션하는 마케팅 전략을 의미한다.

통합적 커뮤니케이션 등장 배경 : TV.신문.잡지 등 대중매체의 광고 단가 인상 및 신뢰도 약화, 기업간 경쟁 심화로 광고 이외의 마케팅 커뮤니케이션 활동 증가, 소비자의 세분화, 전자신문, 인터넷 등 뉴미디어의 등장, 마케팅에서 소비자의 비중 확대

내부 인적 자원간의 커뮤니케이션과 외부 조직과의 커뮤니케이션을 통합적으로 향상시켜야 한다.

나. 효과적인 커뮤니케이션 개발

● 고객의 구매 모델

AIDA : Attention → Interest → Desire → Action

● 커뮤니케이션 개발

① 고객의 NEEDS 정확히 파악

② 고객과 소통할 수 있는 채널 확보

다. 커뮤니케이션 예산

① 시장 규모 파악

② 마케팅 목표를 달성하기 위한 커뮤니케이션 활동 중 가장 효율적인 대안 선택

③ 예산 수립

라. 커뮤니케이션 믹스 결정

통합적 커뮤니케이션 믹스 수단 종류 : 광고, 판매촉진(Sales Promotion), PR과 홍보, 퍼블리시티(Publicity: 뉴스.보도자료), 직접 및 상호작용 마케팅(Direct and Interactive Marketing), 입소문 마케팅, 인적 판매(Personal Selling)

(2) 광고와 홍보

가. 의료광고의 규제와 허용

● 해외 의료광고관련 법률

국적	의료광고
미국	1970년 중반 이후 합법화 TV 광고 허용
일본	일본 의료법 제68항 의료 등에 관한 광고 규제에 근거하여 의사 약력, 연령, 성별, 의료기관의 의료기술 정도, 수술건 수, 감염관리 실태, 의료사고 예방을 위한 관리체계 등에 대한 내용 광고 가능 연도, 내원 환자용 팜플렛 등 의료기관의 개요에 관한 객관적인 정보제공은 광고에 해당되지 않고 홍보로 간주함.
중국	중국 의료광고법 제8조에 근거하여 광고주가 위생행정부에서 발행한 의료광고 증명서를 발급받아야 함.

● 국내 의료광고관련 법률

의료법 제56조(의료광고의 금지 등) ① 의료법인 · 의료기관 또는 의료인이 아닌 자는 의료에 관한 광고를 하지 못한다.

② 의료법인·의료기관 또는 의료인은 다음 각 호의 어느 하나에 해당하는 의료광고를 하지 못한다.

1. 의료법 제53조에 따른 평가를 받지 아니한 신의료기술에 관한 광고
2. 치료효과를 보장하는 등 소비자를 현혹할 우려가 있는 내용의 광고
3. 다른 의료기관·의료인의 기능 또는 진료 방법과 비교하는 내용의 광고
4. 다른 의료법인·의료기관 또는 의료인을 비방하는 내용의 광고
5. 수술 장면 등 직접적인 시술행위를 노출하는 내용의 광고
6. 의료인의 기능, 진료 방법과 관련하여 심각한 부작용 등 중요한 정보를 누락하는 광고
7. 객관적으로 인정되지 아니하거나 근거가 없는 내용을 포함하는 광고
8. 신문, 방송, 잡지 등을 이용하여 기사(記事) 또는 전문가의 의견 형태로 표현되는 광고
9. 의료법 제57조에 따른 심의를 받지 아니하거나 심의받은 내용과 다른 내용의 광고
10. 의료법 제27조 제3항에 따라 외국인환자를 유치하기 위한 국내광고
11. 그 밖에 의료광고의 내용이 국민건강에 중대한 위해를 발생하게 하거나 발생하게 할 우려가 있는 것으로서 대통령령으로 정하는 내용의 광고

③ 의료법인·의료기관 또는 의료인은 거짓이나 과장된 내용의 의료광고를 하지 못한다.

④ 의료광고는 다음 각 호의 방법으로는 하지 못한다.

1. 「방송법」 제2조 제1호의 방송(텔레비전 방송, 라디오 방송, 데이터 방송, 이동멀티미디어 방송)
2. 그 밖에 국민의 보건과 건전한 의료경쟁의 질서를 유지하기 위하여 제한할 필요가 있는 경우로서 대통령령으로 정하는 방법

⑤ 제1항이나 제2항에 따라 금지되는 의료광고의 구체적인 기준 등 의료광고에 관하여 필요한 사항은 대통령령으로 정한다.

나. 광고 메시지 개발

● 메시지 선택

① 이성적 접근법　　　② 보증적 접근법　　　③ 감성적 접근법

다. 광고 및 홍보 미디어 선정

① 매체의 발행부수(한국 및 각 국가의 ABC협회)

② 미디어 별 고객 특성

구 분	내 용
인쇄 매체	신문, 잡지
방송 매체	TV, 라디오
온라인 매체	웹 광고
교통 매체	도로변 광고판, 교통기관 내부 광고

③ 미디어 종류별 특성

구 분	내 용
젊은 층	온라인, 스마트 폰
노년 층	신문, 잡지

(3) 인적판매와 판매촉진

가. 인적판매 및 촉진전략

① 인적 판매

– 인적판매의 장점 : 고객 개개인의 Needs를 파악하여 고객 맞춤형 서비스 제공 가능, 신속하고 효과적인 피드 백 가능, 주요 고객을 대상으로 효율적으로 선택과 집중이 가능

– 인적판매의 단점 : 고객 범위가 제한적, 고비용 부담, 판매자의 개인적 업무 능력과 성향에 의존도 높음.

② 판매 촉진

– 판매촉진의 장점 : 대량 공급과 대량 수요의 조절이 가능, 단기간에 대량 구매 유도 가능

– 판매촉진의 단점 : 과열된 판촉경쟁으로 인한 수익구조 악화 가능성, 모방이 용이하므로 장기적인 전략으로 부적합, 타 브랜드 충성도가 높은 고객일수록 판촉활동의 효과가 낮음.

나. 인적판매자원 관리

● 인적 판매자원 조직 유형

① 지역형 판매조직   ② 상품형 판매조직

③ 혼합형 판매조직

다. 인적판매과정

판매 목표 설정 → 조직 구성 → 잠재 고객 수 및 고객정보 수집 → 접근 방법 결정 → 설득과 의견 조정 → 판매 거래 및 관리

라. 판매촉진 도구 선정

판매촉진 도구 유형 : 판매촉진 상품 종류, 판매촉진 기간, 판매촉진 제공
대상, 판매촉진 예산 범위

마. 판매촉진 프로그램 개발

가격할인, 회원제 등

(4) 마케팅 기법

가. 마케팅 모델과 유형 (다이렉트, 온라인 등)

- 마케팅 유형

① 구전 마케팅　　　　　② 직접 마케팅

③ 귀족 마케팅　　　　　④ 공익 마케팅

⑤ 감성 마케팅　　　　　⑥ 컨버전스 마케팅

⑦ 브랜드 마케팅　　　　⑧ 로열티 마케팅

⑨ 체험 마케팅　　　　　⑩ 스타 마케팅

⑪ 디지털 마케팅

나. 웹사이트 구축

- 온라인마케팅의 장점

① 다양한 연령대, 언어별 접근성 향상

② 새로운 정보 업데이트 용이

③ 고객과의 쌍방 커뮤니케이션 가능

④ 방대한 자료 저장 가능

- 온라인마케팅의 단점

① 노년층 목표 광고 노출에 취약　　② 경쟁 심화

5) 고객만족도 관리

(1) 고객만족도 조사

가. 조사계획 수립

고객 만족도 조사의 목적은 의료관광객의 한국 의료관광 인식 정도, 기대도와

만족도를 비교하여 의료관광 선택요인과 경쟁국가 및 경쟁 외국인환자 유치기관과의 경쟁력 비교를 통해서 문제점의 개선뿐만 아니라 새로운 의료관광상품 개발, 의료관광 유치 전략를 수립하는 데 있다.

● 고객 만족도 관리 과정은 어떤 순서일까?

조사 목표 설정 → 조사 대상 설정 → 조사 기간 설정 → 조사 장소 선정 → 설문문항 개발 → 표본 수 결정 → 표집 방법 결정 → 유효 표본 선별 → 분석 방법 선택 → 분석 → 분석 결과 보고서 작성

나. 자료수집

– 표집 방법 : 직접 면담 조사, 전화조사, 우편조사, Email 등

● 고객 만족도 설문지를 구성할 수 있는가?

– 의료서비스별

1 : 성형외과   2 : 피부과   3 : 건강검진

– 국적별

1 : 미국인 의료관광객   2 : 중국인 의료관광객   3 : 일본인 의료관광객

– 성별

1 : 남자   2 : 여자

– 의료서비스

1 : 매우 불만족   2 : 불만족   3 : 보통   4 : 만족   5 : 매우 만족

– 의료진 친절도

1 : 매우 불만족   2 : 불만족   3 : 보통   4 : 만족   5 : 매우 만족

– 의료관광코디네이터 통역 서비스

1 : 매우 불만족   2 : 불만족   3 : 보통   4 : 만족   5 : 매우 만족

– 관광일정

1 : 매우 불만족   2 : 불만족   3 : 보통   4 : 만족   5 : 매우 만족

다. 자료 분석

● 고객 만족도 결과를 해석할 수 있을까?

통계 자료 입력 → 통계 분석 → 결과 해석

예 독립적인 두 집단의 t검정

● 남녀별 관광일정 만족도 비교

	남성 의료관광객	여성 의료관광객
평균	3.5	4.1
분산	0.72	0.62
관측수	30	30
t 통계량	16.18	
양측 검정	0.12	

양측 검정의 유의확률이 0.12로 유의수준 0.05 보다 크기 때문에 남성 의료관광객과 여성의료관광객의 관광일정 만족도 차이는 통계적으로 유의미하지 않다. 즉, 관광일정의 만족도 차이는 없다.

예 독립적인 두 집단의 t검정

● 남녀별 의료진 친절도 만족도 비교

	남성 의료관광객	여성 의료관광객
평균	3.68	4.24
분산	2.72	1.58
관측수	30	30
t 통계량	26.18	
양측 검정	0.018	

양측 검정의 유의확률이 0.018로 유의수준 0.05 보다 작기 때문에 남성 의료관광객과 여성의료관광객의 의료진 친절에 대한 만족도 차이는 통계적으로 유의미하다. 즉, 여성 의료관광객의 의료진 친절도(4.24)가 남성 의료관광객 친절도(3.68)에 비해서 높다.

예 분산분석 : 일원배치법

● 의료서비스 만족도

인자의 수준	관측수	평균	분산
미국인 의료관광객	20	3.75	0.785
중국인 의료관광객	20	4.2	2.895
일본인 의료관광객	20	4.56	0.654

● 분산분석

변동의 요인	제곱합	F비	P-값	F기각치
처리	20	10.62	0.15	2.82
잔차	20			
계	80.17			

P-값의 유의확률이 0.015로 유의수준 0.05 보다 크기 때문에 국적별 의료서비스 만족도의 차이는 통계적으로 유의미하지 않다. 즉, 국적별로 의료서비스 만족도의 차이가 없다.

예 분산분석 : 일원배치법

● 의료관광통역서비스 만족도

인자의 수준	관측수	평균	분산
미국인 의료관광객	20	3.52	2.785
중국인 의료관광객	20	4.15	1.235
일본인 의료관광객	20	4.43	1.254

● 분산분석

변동의 요인	제곱합	F비	P-값	F기각치
처리	20	10.62	0.015	1.23
잔차	20			
계	80.17			

P-값의 유의확률이 0.015로 유의수준 0.05 보다 작기 때문에 국적별 의료관광통역서비스 만족도 차이는 통계적으로 유의미하다. 미국인 의료관광객(3.52), 중국인 의료관광객 (4.15), 일본인 의료관광객(4.43)의 순서로 만족도가 높다.

라. 결과 해석 및 보고서 작성

통계분석 결과 해석에 대해서 좀 더 공부하고자 할 경우, 백산출판사의 엑셀 활용 보건·의료관광, 관광경영 사례중심 마케팅통계조사분석 또는 무역경영사의 Excel을 활용한 의료병원통계분석(의료관광·병원경영)을 참고한다.

(2) 고객관계 구축

가. 고객 데이터베이스 구축

① 고객 정보의 분류, 수집, 저장, 분석한다.

② 고객의 성별, 연령별, 국가별, 진료과목별, 질병별, 체류기간별, 입원기간별, 외래진료별 정보를 수집, 분류, 분석해서 마케팅 전략 수립에 활용한다.

나. 고객분석

① 고객 특성 : 국적, 연령, 소득 수준 등

② 고객 선호 상품

③ 고객 규모

다. 구매연관성 분석

매출실적에 따른 분석, 고객정보 분류 및 분석, FRM분석(Frequency, Recently, Monetary)

라. 유형별 고객관계 구축전략

● 의료관광 프로세스별 고객관리 유형

① 의료관광객 유치전 고객관리

② 체류 기간 중 고객관리

③ 귀국 후 고객관리

2. 보건의료관광마케팅 예상문제

01 나눔의료에 대해서 잘못 이해하고 있는 것은?

① 해외 저소득층 또는 해외에서 치료가 힘든 아이를 국내 의료기관에서 초청하여 무료시술을 행함으로써 한국의료의 국제적 이미지를 제고한다.
② 나눔의료는 모두 국고를 지원받아서 시행하고 있다.
③ 나눔의료는 의료관광 마케팅에 긍정적인 영향을 준다.
④ 나눔의료는 민간외교의 역할도 수행한다.

정답 ②
나눔의료는 시술 및 환자 초청 비용은 의료기관이 부담하고 항공비 및 체재비는 국고로 지원하고 있다.

02 의료관광 상품개발 과정에서 빈 칸에 들어갈 적절한 용어는?

의료관광 상품에 대한 아이디어 창출 → (   ) → 사업 타당성 분석 → 상품화 계획 → 상품의 홍보 및 판매촉진 → 실행 → 사후 평가

① 상담
② 해외 의료기관, 보험회사와 MOU체결
③ 시장조사
④ 서비스 만족도 조사

정답 ③

03 WTO(세계관광기구)에서 정의한 관광마케팅의 정의 중에서 빈 칸에 들어갈 적절한 용어는?

관광마케팅은 최대한 (   )을 확보하려는 관광기업의 목적에 부합되도록 관광시장의 조사와 예측 그리고 선택을 통하여 자사의 관광상품을 관광시장에서 가장 좋은 위치에 자리하도록 노력하는 경영철학이다.

① 의료관광객   ② 이익
③ 광고·홍보   ④ 관광자원

정답 ②

04 서비스 마케팅과 재화 마케팅의 차이를 잘못 연결한 것은?

	서비스 마케팅	재화 마케팅
1	무형성	유형성
2	이질성	통일성
3	생산과 소비의 동시성	생산과 소비의 분리성
4	소멸성	비소멸성

① 1   ② 2   ③ 3   ④ 4

정답

서비스 마케팅	재화 마케팅
이질성	표준화

05 서비스 마케팅의 특징을 잘못 설명한 것은?

① 무형성 - 서비스는 기술특허가 불가능

② 이질성 - 서비스 제공과 고객만족은 종업원 행위에 의해 좌우된다.

③ 생산과 소비의 동시성 - 대량생산이 가능하다.

④ 소멸성 - 서비스의 반품이 불가하다.

정답 ③

종류	서비스 마케팅 관리
무형성	서비스는 저장이 불가능 서비스는 기술특허가 불가능 서비스는 전시 및 전달이 불가능 표준가격 책정이 곤란하다.
이질성	서비스 제공과 고객만족은 종업원 행위에 의해 좌우된다. 서비스 품질은 많은 통제불가능한 요인에 의해 좌우된다. 제공 서비스가 계획 및 촉진 서비스와 일치할 것인지에 대한 확신이 곤란하다.
생산과 소비의 동시성	고객 직접 거래 참여 및 영향을 준다. 고객 상호간에 영향을 준다. 종업원이 서비스 결과에 영향을 준다. 분권화가 필수적이다. 대량생산이 곤란하다.
소멸성	수요와 공급의 균형이 곤란하다. 서비스의 반품이 불가하다.

06 의료관광 웹사이트 구축에서 주의할 점

① 여러 언어로 설명한다.　　　　② 홈페이지의 언어는 완벽해야 한다.

③ 의료진의 소개는 생략해도 된다.　④ 환자의 체험수기를 게재한다.

정답 ③

여러 언어로 설명한다.
홈페이지의 언어는 완벽해야 한다.
의료상담과 바로 연결될 수 있는 Quick Menu가 잘 보이도록 한다.
의료진에 대한 상세한 프로필을 게재한다.
환자의 체험수기를 게재한다.
새로운 소식을 자주 업데이트한다.
모든 콘텐츠는 일반 홍보물(브로셔)와 동일하여야 한다.
병원의 사회활동도 소개한다.
병원관련 기사와 보도자료를 게재한다.

07 의료관광 이용절차에서 빈 칸에 들어갈 적절한 것은?

상담 → (　　) → 현지 건강 체크 →　국내 병원으로 고객 자료 송부 →
출국 준비 →　출국 →　국내 입국 →　호텔 식사 →　관광 쇼핑 →　의료 서
비스 →　호텔 요양 →　귀국 →　사후관리

① 예약　　　　　　　　　　　　② VISA 발급
③ 항공권 구매　　　　　　　　　④ 지상교통 수배

정답 ①

절차	내 용	
상담	전화 상담 방문 상담	온라인 상담
예약	계약금 납부	
건강체크	자국내 병원 의료진 진단서	
고객자료 송부	건강검진 자료 의료시술 가능여부 회신	사진 자료 등을 국내 병원에 송부
출국준비	여권 준비 소지품 준비	항공권 구매 비자 발급
출국	항공편, 배편 이용	
국내 도착	공항 픽업	잔금 납부
호텔 식사	호텔 식사	
관광 쇼핑	이동 차량 준비	관광, 마사지, 스파, 쇼, 쇼핑 등
의료 시술	의료통역사 배치 병원 1인실 제공	의료진 면담 및 의료 서비스 제공
호텔 요양	호텔 내 식음료 제공 휴식, 마사지	호텔 내 간호사 케어 서비스 의료진 면담
귀국 후 사후 관리	의료 보장	

08 의료관광 송출 시장과 목적지 시장 구성요소에서 빈 칸에 들어갈 용어로 적합하지 않은 것은?

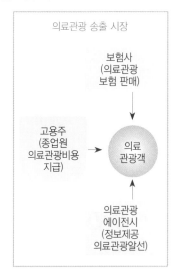

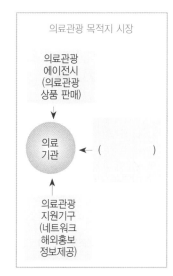

① 고용주   ② 호 텔   ③ 여행사   ④ 국 가

정답 ①

09 한국 의료관광의 SWOT분석을 잘못 이해한 것은?

① Strength : 우수한 의료 수준

② Weakness : 국내 의료서비스에 대한 낮은 대외 인지도

③ Opportunity : 한류 영향으로 국가 인지도 상승

④ Threat : 주변 경쟁국의 해외환자 유치에 대한 투자 감소

정답 ④

Strength	Weakness
우수한 의료 수준 의료 수준 대비 저려함 의료비 경쟁력 우위 세계 수준의 IT산업 정부의 의료관광 육성 정책 극동 러시아, 중국, 일본으로부터 지리적 접근성 용이	국내 의료서비스에 대한 낮은 대외 인지도 해외환자 유치관련 인프라 부족 의료관광 상품화, 마케팅, 홍보 부족 언어소통 문제 의료관광 전문인력 부족
Opportunity	Threat
국내 의료서비스에 대한 외국인의 관심 증대 한류 영향으로 국가 인지도 상승 관광지로서 한국에 대해 긍정적 인식 증가 외국인 관광객 증가 추세 의료관광 성장 잠재력이 높음	의료관광관련 법접 규제 완화 및 제도 미비 의료시장 개방에 대한 압력 증대 한방과 양방 간의 갈등 주변 경쟁국의 해외환자 유치 투자 확대

10 의료관광에 대해서 한국보건산업진흥원의 역할이 아닌 것은?

① 외국인 환자 유치 업체 등록 허가
② 외국인환자 통계.조사분석
③ 외국인환자 유치채널 확대
④ 한국의료기술 해외홍보

정답 ①
외국인환자 유치 등록제도 운영, 외국인환자 통계.조사분석, 외국인환자 유치채널 확대, 한국 의료기술 해외홍보, 국가간 보건의료 협력

11 원격의료에 대해서 잘못 이해하고 있는 것은?

① 원격의료를 하는 원격지 의사는 환자를 직접 대면하여 진료하는 경우와 같은 책임을 진다.
② 의료인은 컴퓨터, 화상통신 등 정보통신기술을 활용하여 먼 곳에 있는 의료인에게 의료지식이나 기술을 지원하는 원격의료를 할 수 있다.
③ 우리나라는 아직 원격의료가 불법이다.
④ 유비쿼터스와 IT 기술의 발달 덕분에 원격의료가 가능하다.

정답 ③

12 의료광고에서 금지하는 규정이 아닌 것은?

① 치료효과를 보장하는 등 소비자를 현혹할 의료가 있는 내용의 광고
② 다른 의료기관.의료인의 기능 또는 진료방법과 비교하는 내용의 광고
③ 신문, 방송, 잡지 등을 이용하여 기사 또는 전문가의 의견 형태로 표현되는 광고
④ 의사를 대상으로 한 강좌관련 광고

정답 ④

13 의료광고의 심의 대상에 포함된 인터넷 매체가 아닌 것은?

① 인터넷 뉴스 서비스
② 방송 사업자가 운영하는 인터넷 홈페이지
③ 인터넷 TV 또는 인터넷 라디오
④ 3개월간 일일 평균 이용자 수가 100만명 이상인 자가 운영하는 인터넷 매체

정답 ④

3개월간 일일 평균 이용자 수가 10만명 이상인 자가 운영하는 인터넷 매체

14 의료관광 유치대상인 국내 거주 외국인은?

① 외국인 등록을 한 사람
② 거소신고를 한 외국 국적 동포
③ 국민건강보험에 가입한 외국인
④ 주한 미군

정답 ④

외국인 등록을 한 국내거주 외국인이더라도 G-1 체류 자격을 가진 사람은 의료관광 유치대상이 된다.

15 관광의 특성과 그 특성을 극복하려는 대안을 잘못 연결한 것은?

① 무형성 - 브랜드 파워 확립
② 재고 불가능성 - 구전의 중요성 강조 필요
③ 시한성 - 목표 시장의 결정
④ 이질성 - 서비스 표준화 노력

정답 ②

특 성	내 용	특성 극복을 위한 대안
무형성	샘플의 제시가 어려움 서비스 품질 사전 평가 불가능	유형적 단서 강조 구전 촉진과 평판의 개발 선의적인 이미지 구축과 의사소통 수단의 효율적활용 서비스의 명칭 및 상징화 상표명 사용 확대
재고 불가능성	재고 불가능	예약 시스템 선진화 서비스 차별화 패키지 상품 개발 다양한 유통경로 구축 및 판매촉진 활동 강화
시한성	수요와 공급의 불일치	신크로 마케팅의 전개 시장 세분화 목표 고객의 설정 변동적 수요에 대처하기 위한 전략 수립
이질성	서비스의 일관성이 어려움	서비스 표준화

16 관광에 있어서 신크로 마케팅의 사례로 적합한 것은?

① 시내 호텔에서 여름과 겨울에 특별 할인 패키지 상품을 판매한다.
② 관광객 수 증가에 따라서 숙박시설도 증가시킨다.

③ 관광객수와 안내원 수의 적정 비율을 결정한다.

④ 관광 상품 가격을 6개월 이전에 협상한다.

정답 ①

신크로마케팅 : 수요의 평준화
식당에서 오후 매출을 높이기 위해서 초저녁의 고객에게 특별 메뉴를 제공한다.
스키장에서 비수기인 여름철에 특별 행사를 개최한다.

17 관광마케팅의 전개과정에서 빈 칸에 들어갈 적합한 용어는?

마케팅 목표의 확인 → (   ) → 포지셔닝 전략 → 마케팅 믹스의 선정
→ 마케팅 활동의 조정과 통제

① 목표 시장의 선정   ② 마케팅 예산 수립

③ 마케팅 담당 채용   ④ 광고매체 결정

정답 ①

18 의료관광 표적 시장의 선정에 있어서 괄호 안에 들어가기에 적합하지 않은 것은?

의료관광 시장 세분화의 목적은 올바른 표적 고객을 선정하는 데 있다. 표적 시장의 선정은 각각의 세분시장의 매력 정도를 분석하여 기업의 한정된 자원을 가장 효율적으로 활용할 수 있는 세분시장을 선택하는 것이다. 표적 시장 대상은 (   ) 유사성을 가진 집단들이다.

① 직업 종류에 있어서   ② 취향면에서

③ 라이프 스타일면에서   ④ 인구통계학적

정답 ①

19 의료관광 마케팅 믹스 4P에 해당되지 않는 것은?

① Patient   ② Product

③ Price   ④ Promotion

정답 ①

4P : Product, Price, Place, Promotion

20 의료관광 마케팅 믹스 4P에서 의료서비스 종류는 어느 것에 해당되는가?

① Product   ② Price

③ Place   ④ Promotion

정답 ①

21 해외 에이전시의 바가지 요금을 근절하기 위한 조치로 적절한 것은?

① 의료수가의 공개 ② 비자발급 요건 강화

③ 국내 에이전시 등록 요건 강화 ④ 의사 · 병원 배상보험 금액 증대

정답 ①

22 의료관광 마케팅 믹스 4P에서 광고 · 홍보 노력은 어느 것에 해당되는가?

① Product ② Price

③ Place ④ Promotion

정답 ④

23 의료관광 마케팅 믹스 4P에서 외국인환자 유치 의료기관과 해외 보험회사, 해외 에이전시와의 MOU체결은 어느 것에 해당되는가?

① Product ② Price

③ Place ④ Promotion

정답 ③

24 의료기관이 실시하는 마케팅 활동의 단점이 아닌 것은?

① 표적시장을 놓칠 수 있다.

② 의료기관 간의 경쟁이 심화될 수 있다.

③ 의료서비스의 질을 저하시킬 수 있다.

④ 비용 낭비를 초래할 수 있다.

정답 ①

25 태국 의료관광의 SWOT분석으로 적절하지 않은 것은?

① S : 풍부한 관광자원 인프라

② W : 불안한 정치적 상황과 치안 상태

③ O : 의료관광 수요 증가

④ T : 저렴한 의료비

정답 ④

Strength
풍부한 관광자원 인프라
저렴한 의료비
짧은 대기시간
친절한 문화
관광자원과 의료기술을 결합한 의료관광 상품
개발 및 마케팅
보완대체의학 (태국 마사지, 허브)
외국어 의사소통 가능

Weakness
불안한 정치적 상황과 치안 상태
저부가가치 의료관광 부분의 비중이 높음

Opportunity
의료관광 수요 증가
정부의 체계적인 의료관광 지원정책

Threat
국제 의료관광 시장의 경쟁 심화
세계적인 경제 불황
유가상승
자연재해 (폭우, 쓰나미 등)

26 싱가폴 의료관광의 SWOT분석에서 적절하지 않은 것은?

① S : 세계 의료관광 수요 증가
② W : 상대적으로 높은 의료비
③ O : 정부의 체계적인 의료관광 지원 정책
④ T : 인접국가(인도네이사, 말레이시아)의 의료관광 경쟁력 강화

정답 ①

Strength
높은 수준의 의료기술
규제 완화
외국병원과의 네트워크
깨끗한 도시
교통의 요지
다문화의 수용성

Weakness
상대적으로 높은 의료비

Opportunity
세계 의료관광 수요 증가
정부의 체계적인 의료관광 지원 정책

Threat
인접국가(인도네이사, 말레이시아)의 의료관광 경쟁력 강화
주요 의료관광 송출국(인도네이사)의 의료관광객 수 규모 감소
세계적인 경제불황
유가 상승

27 인도 의료관광 SWOT분석에서 적절하지 않은 것은?

① S : 호텔 숙박시설의 부족

② W : 낮은 병원 위생상태

③ O : 정부의 체계적인 의료관광 지원정책

④ T : 국제 의료관광시장의 경쟁 심화

정답 ①

Strength	Weakness
저렴한 의료비 우수한 의료인력 보완대체의학 (아유로베다, 요가 등) IT 인프라 외국어 의사소통 가능	낮은 수준의 병원 위생상태 간호인력 부족 호텔 숙박시설의 부족 여름철 몬순기후로 수인성 질환 발병 가능성 높음
Opportunity 의료관광 수요 증가 정부의 체계적인 의료관광 지원정책	Threat 국제 의료관광시장의 경쟁 심화 세계적인 경제불황 유가 상승

28 한국의료관광의 SWOT분석에서 적절하지 않은 것은?

① S : 짧은 대기시간

② W : 한의학과 서양의학의 협진

③ O : 한류 열풍

④ T : 의료관광 선도국가의 지속적인 혁신 노력

정답 ②

Strength	Weakness
높은 수준의 의료기술 낮은 의료비 짧은 대기시간 보완대체의학 (한의학) 한의학과 서양의학의 협진 높은 수준의 IT 기술	의료관광 목적지로서 해외의 낮은 인지도 언어 장벽 높은 여행비용 (숙박, 교통, 식음료 등) 외국 의료기관, 보험사와의 네트워크 부족
Opportunity 정부의 적극적인 지원 국제 의료관광객 증가 한류 열풍 주변 의료관광 강대국가의 정치적 불안과 치안 불안 그리고 자연재해 발생	Threat 의료관광 선도국가의 지속적인 혁신 노력 잠재적 의료관광 경쟁국가의 등장 (일본) 세계 경제 불황 유가 상승 환율 하락

29 의료관광 에이전시의 역할로 적합하지 않는 것은?

① 의료 서비스 제공자 역할

② 의료관광 상품 주최자 역할

③ 의료관광객과 의료기관 사이의 가교 역할

④ 안내자 역할

> **정답** ①
> 안내자 역할 : 병원에 대한 정보 제공 (교육자 역할)
> 주최자 역할 : 의료관광을 기획하고 진행하는 역할
> 가교 역할 : 의료관광객과 의료기관을 연결하는 역할
> 대변자 역할 : 의료관광객이 익숙하지 못한 환경에 잘 적응하도록 지원해주는 역할

30 의료관광 에이전시에 요구되는 역량이 아닌 것은?

① 의료관광과 국제의료시장에 대한 이해 능력

② 의료관광 마케팅 능력

③ 보험에 대한 지식

④ 법률 제안 능력

> **정답** ④
> 의료관광과 국제의료시장에 대한 이해 능력
> 의료관광 상품 기획 능력
> 의료관광 마케팅 능력
> 의학용어에 대한 지식
> 관광산업에 대한 전반적인 지식
> 보험에 대한 지식
> 경쟁력 분석 능력
> 의료서비스 공급자(병원)의 각종 서류 및 유인물 이해 능력
> 위기관리 능력

31 의료관광에 대해서 한국관광공사의 역할이 아닌 것은?

① 의료관광 상품 개발

② 목표시장에 대한 맞춤형 의료관광 홍보

③ 의료관광 진료 의사 인증

③ 의료관광안내센터 운영

> **정답** ③
> 의료관광 상품 개발, 목표시장에 대한 맞춤형 의료관광 홍보, 의료관광안내센터 운영

32 의료관광 에이전시가 필요한 이유를 잘못 이해한 것은?

① 편리성   ② 풍부한 경험

③ 비용 절감   ④ 의료 서비스 시간 단축

> 정답 ④
> 협조성 : 낯선 땅에서 의료서비스를 받는 의료관광객에 닥치는 복잡한 상황을 해결해 주는 역할을 한다.

33 의료관광 에이전시 역할이 아닌 것은?

① 정보 제공   ② 현지 교통편 수배

③ 의료 행위   ④ 의사소통 도움

> 정답 ③
> 출국 전 서비스 : 정보제공, 상담, 의사 선택, 진료 예약, 여행 일정 조정, 비자 발급, 숙박 예약, 의료기록 전달
> 현지 서비스 : 현지 교통, 의사소통, 상담, 동행, 입원·퇴원 지원, 관광
> 귀국 후 서비스 : 회복 지원, 사후관리 지원

34 각국의 보건관광(Health Tourism) 사례를 잘못 연결한 것은?

① 인도 - 요가   ② 일본 - 온천

③ 중국 - 중의학   ④ 한국 - 해수요법

> 정답 ④
> 각국의 보건관광사업 사례
>
> | 국가명 | 사례 |
> | --- | --- |
> | 한국 | 성형, 피부미용, 한의학, 마사지, 전통음식 |
> | 일본 | 온천요법, 건강 마사지, 전통음식 |
> | 인도 | 요가 |
> | 태국 | 마사지 |
> | 프랑스 | 해수요법 |
> | 이스라엘 | 해수요법, 머드욕 |
> | 중국 | 중의학 |

35 의료관광 수요와 공급을 잘못 연결한 것은?

① 건강증진(수요) - 전문 의료진(공급)

② 예방적 건강관리(수요) - 전문 의료진(공급)

③ 여가(수요) - 안락한 숙박시설과 자유로운 시간 활용(공급)

④ 적극적인 휴양활동(수요) - 전문적인 의료 서비스 (공급)

> 정답 ④

	수요	공급
의학치료	수술/시술 대체의학 건강증진 회복	최신 의료장비 완비 전문의료진 안락한 숙박시설 자연 건강요소 요양과 식사 휴식, 평화로운 환경
예방적 건강관리	건강검진 직업병 예방 회복	전문적인 서비스 전문의사와 전문요원 안락한 숙박시설 건강과 식이요법 음식 자유로운 시간 활용 야간 오락
여가	오염되지 않은 환경에서의 휴식 스포츠 활동 자연경관 관광 도보여행	온천 수영장 안락한 숙박시설 건강식과 숙박시설 자유로운 시간활동 야간 오락
저극적인 휴양활동	오염되지 않은 환경에서의 휴식 다양한 스포츠 활동 오락 활동	안락한 숙박시설 건강식과 특별요리 다양한 스포츠 활동 여행 야간 오락

36 의료관광산업의 촉진 요인이 아닌 것은?

① 의료사고의 가능성　　　② 미용성형수술에 대한 관심 고조
③ 의료관광 정보 접근의 용이성　　④ 의료기술의 진보

 ①

　　노령인구의 증가
　　항공사간 과열경쟁으로 저가 항공이용 가능
　　해외의 현저하게 낮은 의료비
　　의료제도의 발달

37 태국 의료관광의 성공요인을 잘못 이해하고 있는 것은?

① 선진국 고령자 등 차별화된 틈새시장 공량을 통한 고부가가치 창출
② 공신력 있는 국제의료서비스 평가기구(JCI) 인증 확보
③ 영리법인을 허용하지 않고 있다.
④ 대체 의학(스파, 전통 마사지, 허브상품)등과 연계

정답 ③

선진국 고령자 등 차별화된 틈새시장 공량을 통한 고부가가치 창출
공신력 있는 국제의료서비스 평가기구(JCI) 인증 확보
대체 의학(스파, 전통 마사지, 허브상품)등과 연계
민간 영리병원의 양질의 의료서비스 제공
민간병원에 대한 대한 정부의 규제가 거의 없다.
저렴한 의료비
짧은 대기시간

38 싱가폴 의료관광의 성공요인을 잘못 설명한 것은?

① 경쟁 평가 및 평가결과에 따른 차등지원 시스템을 통한 공공의료기관의 경쟁력 강화

② 국제 네트워트 구축을 통한 의료 서비스 고급화

③ 해외환자를 위한 전용 서비스 센터 운영

④ 성형외과와 피부과 등 경증치료 의료관광객의 비중 확대

정답 ④
싱가폴 정부의 적극적인 지원
안정된 치안 상태
사회기반 시설은 동남아시아 최고 수준
인도네이아, 말레이시아, 태국, 베트남 등 아세안 국가들이 반경 500 km 이내에 있어서 접근 용이성
다양한 항공망 연계
각종 국제회의 싱가폴 개최
신뢰도 높은 병원의 이미지
의료진의 원활한 의사소통
중국, 말레이시아, 인도네시아, 인도 등 다인종 및 다민족 거주로 인해서 이질감 없는 문화
의료시설이 쇼핑몰과 관광지와 인접
다국적 기업 및 교육기관이 싱가폴 내 입지
중증치료 의료관광객 유치 확대

39 인도 의료관광 성공요인을 잘못 이해한 것은?

① 아유르베다, 요가 등 대체의학   ② 저렴한 의료비

③ 짧은 대기시간   ④ 위생적인 병원 환경

정답 ④
인도 의료관광의 성공요인 : 공신력 있는 국제의료서비스 평가기구(JCI) 인증 확보, 선진 의료기술 확보를 통한 국제적 신뢰 획득, IT와 네트워크를 활용한 의료 마케팅, 의료관광에 대한 정부의 적극적인 지원 정책
인도의 병원은 위생적인 면에서 뒤쳐져 있다.
병원 내 세균 : 황색 포도구균

40 다음은 의료 서비스의 어떤 특성에 대한 해결방안인가?

> 의료 수가에 대해서 명확하게 설명한다.

① 무형성   ② 생산과 소비의 비분리성
③ 이질성   ④ 소멸성

[정답] ①
의료 서비스는 가격 설정 기준이 불명확하다.

41 다음은 의료 서비스의 어떤 특징에 대해서 말하는 것인가?

> 의료인의 숙련도에 따라서 또는 의료 서비스에 요구되는 상황에 따라 의료 서비스가 일정하지 않다. 같은 질병에 대한 치료도 의사와 환자의 여건에 따라서 다른 결과가 나타난다.

① 무형성   ② 생산과 소비의 비분리성
③ 이질성   ④ 소멸성

[정답] ③

42 다음은 의료 서비스의 어떤 특징에 대해서 말하는 것인가?

> 시간대별 요일별로 수요 변동이 심하면 유휴인력, 유휴병상, 의료장비의 미가동이라는 문제가 있다.

① 무형성   ② 생산과 소비의 비분리성
③ 이질성   ④ 소멸성

[정답] ④
생산과 소비의 비분리성 : 환자의 적극적인 협조 필요

43 유통경로의 유형에 포함되지 않는 것은?

① 개방형   ② 선택형
③ 연속형   ④ 독점적 경로 유형

[정답] ③

44 체험 마케팅의 5가지 핵심요소에 포함되지 않는 것은?

① 감각   ② 감성   ③ 가격   ④ 관계

[정답] ③
체험 마케팅 5가지 핵심요소 : 감각, 감성, 인지, 행동, 관계

45 병원 웹사이트 구성에서 유의할 사항이 아닌 것은?

① 저장 능력 ② 접근성
③ 고객과의 상호 작용 ④ 다양한 색상

[정답] ④
다양한 언어별 구성

46 의료서비스에 있어서 서비스에 대한 고객의 인식이 매우 짧은 순간에 이루어지는 것을 무엇이라고 하는가?

① MOT ② QC ③ CS ④ QI

[정답] ①
MOT : Moment of Truth QC : Quality Control
CS : Customer Satisfaction QI : Quality Improvement

47 수요예측 방법으로 잘못 연결한 것은?

① 의료관광 수요가 추세를 그리며 꾸준히 증가하는 경우 : 회귀분석
② 의료관광 수요가 들쑥날쑥 반복하는 경우 : 시계열분석
③ 의료관광 수요의 연평균 증가율을 알고자 할 경우 : 로그 선형모형
④ 의료관광 소비액의 변화를 알고자 할 경우 : 고객만족도 조사

[정답] ④
수요 및 소비액 변화 : 시계열 분석

48 의료관광객 대상 고객만족도 조사의 샘플 수집 방법이 아닌 것은?

① 미스터리 쇼핑 ② 시계열 조사
③ 면접조사 ④ 비디오 녹화방식

[정답] ②
심층적인 전화조사, 우편조사
미스터리 쇼핑 : 고객만족도를 조사하기 위해서 직원이 마치 고객인 것처럼 가장해서 서비스를 점검하는 방법

49 의료관광객 대상 고객만족도 조사에서 인구통계학적 통계에 해당되지 않는 것은?

① 국적 ② 연령
③ 의료서비스 종류 ④ 성별

[정답] ③

50 의료관광객 대상 고객만족도 조사의 목적이 아닌 것은?

① 국제의료관광코디네이터에 대한 서비스 만족도 평가 결과가 낮은 경우 처벌 강화
② 고객의 욕구변화에 대한 추이분석
③ 의료관광 구매력 제고
④ 의료관광객 이해도 증가

정답 ①

04 관광서비스 지원관리

1. 관광서비스 지원관리 핵심 요점

1) 관광과 산업의 이해

(1) 관광의 이해

가. 관광의 정의와 관련 용어

역경에서 觀光之光 利用賓于王(관광지광 이용빈우왕) : 왕의 귀빈으로 초청받아 방문하였을 때 왕의 초청에 대한 손님다움을 표하기 위해서는 그 나라의 빛을 보는 것이 이롭다.

지역	시대구분	내용
중국	고대	역경에서 觀光之光 利用賓于王(관광지광 이용빈우왕) : 왕의 귀빈으로 초청받아 방문하였을 때 왕의 초청에 대한 손님다움을 표하기 위해서는 그 나라의 빛을 보는 것이 이롭다.
서양	그리스	올림피아에서 열린 운동경기에 참가
	로마	종교, 요양, 식도락, 예술
	중세	귀족, 승려, 기사 등의 종교적 목적 성지 순례
	1891년	메리칸 익스프레스에서 여행자 수표 발행
	1911년	영국의 Sports Magazine이라는 잡지에서 Tourism이란 용어 최초로 사용
	2차 세계대전 이후	민간항공 여행 등장

● 관광의 발전 단계 : Tour → Tourism → Mass Tourism → Social Tourism

● 관광의 정의

구분	정의
쉴레른	일정 지역 또는 타국에 여행하여 체류하고 되돌아가는 외래객의 유입과 체류 및 유출의 형태를 취하는 모든 현상과 직접 관계되는 모든 내용을 나타내는 개념이다.

보르만	견문 · 유람 · 휴양 · 상용 등의 목적 또는 그 밖의 특수한 사정에 의하여 거주지를 일시적으로 떠나는 여행의 모든 것이다.
오길비	관광이란 1년을 초과하지 않은 기간 동안 거주지를 떠나고, 그 기간 중에 관광지에서 금전을 소비해야 한다.
그뤽스만	거주지를 떠나서 일시적으로 체재하는 관광지와 그 지역주민들과의 사이에서 파생되는 모든 관계의 총체이다.
훈지커와 크라프	외국인이 여행지에 머무는 동안 일시적이든 혹은 계속적이든 영리활동 추구를 목적으로 정주하지 않는 경우로서 외국인의 체류로부터 야기되는 모든 관계나 현상에 대한 총체적 개념이다.
베르네커	상업활동 혹은 직업상의 이유와 관계없이 일시적이면서도 자유의사에 따른 지리적 이동이라는 사실과 결부된 모든 관계 및 결과이다.
메드상	사람이 기분전환을 하고 휴식을 취하는 것이며 새로운 분야나 미지의 자연풍광을 접함으로써 그 경험과 교양을 넓히기 위하여 여행을 하거나 거주지를 떠나 제해하면서 즐기려는 여가활동의 일종이다.

● 관광의 특징 : 일탈성, 목적성, 체재성, 소비성, 한시성

나. 관광 동기와 욕구

– 마슬로우의 욕구 5단계 : 생리적 욕구, 안전욕구, 사회적 욕구(소속의 욕구), 존경받고자 하는 욕구, 자아실현의 욕구
– 맥클랜드의 욕구성취이론 : 성취욕구, 친화욕구, 권력욕구
– 머래이의 인간욕구

욕구 유형	욕구의 종류
물질 욕구	취득, 보전, 정돈, 보유, 건설
야망.성취.신분 욕구	우월감, 성취, 인정, 과시, 비범성, 과오회피, 방어, 저항
권력 욕구	지배, 존경, 동일시, 자율, 위반
억제관련 욕구	비난회피
감정관련 욕구	친교, 거부, 양육, 동정심, 유희
사회적 상호작용관련 욕구	인식, 노출
가학적 욕구	공격, 비하

– 크램프톤의 관광동기 유형 : 권력 및 신비를 경험하려는 동기, 자아.지식의 향상과 쾌락주의적 동기, 휴식과 휴양과 자극의 동기, 운동을 즐기는 생활을 하고 싶은 동기, 물건을 사고 싶은 동기, 관광을 통하여 쾌락

을 갖고 싶은 동기, 관광 이후의 쾌감을 갖고 싶은 동기, 도박을 하기 위한 동기, 관광을 통하여 도전하고 싶은 동기, 관광을 통해 인정받고 싶은 동기, 도시화 현상에 따른 휴가여행 동기, 문화적 규범으로서의 동기

- 매킨토쉬의 관광동기 유형 : 신체적 동기, 문화적 동기, 대인적 동기, 지위·특권적 동기
- 클라우드 카스파의 관광동기 유형 : 신체적 동기, 심리적 동기, 대인적 동기, 문화적 동기, 지위 및 위신에 관한 동기

(2) 관광객의 이해

가. 관광객의 정의

- 오길비 : 관광객은 1년을 초과하지 않는 범위 내에서 다시 돌아올 의사를 가진 채 자신의 거주지를 떠나서 돈을 소비하되, 그 돈은 여행 중에 벌어들인 것이 아니라 거주지에서 취득한 것이어야 한다.
- 국제노동기구 : 24시간 또는 그 이상의 기간 동안 거주지가 아닌 다른 나라를 방문하는 사람

나. 관광객의 유형

구 분	분 류
코헨	단체 대중관광객 : 단체 패키지 여행상품을 선택 개별 대중관광객 : 단체로 여행하면서도 약간의 자유시간을 선호 탐험 관광객 : 스스로 예약하면서 여행준비 현재해결형 관광객 : 결정된 여정 없이 현지에 도착해서 관광목적지 및 숙박시설을 결정
세계관광기구 (WTO)	관광통계에 포함하는 관광객 유형 : 방문국에서 1박 이상 체류하는 관광객으로서 비거주자, 해외교포, 승무원, 숙박시설 이용자 및 당일 방문객으로서 비숙박자, 선박 및 기차 숙박자 관광통계에 포함하지 않는 유형 : 국경통근자, 유목민, 통과승객(공항.항구), 군인, 외교관, 일시적 거주자, 영구적 이주자
경제협력개발 기구	방문객, 관광객, 당일 여행객으로 구분

- 체류기간에 따른 분류 : 장기숙박 관광객, 단기숙박 관광객
- 출입국 수속에 따른 분류 : 일반 관광객, 기항지 상륙 관광객, 통과상륙 관광객

- 여행 기획자에 따른 분류 : 주최여행자, 주문여행자, 공최여행자
- 여행규모에 따른 분류 : 개인 관광객, 단체 관광객
- 안내조건에 따른 분류 : 인솔자 없는 여행(Inclusive Independent Tour), 인솔자 동행 여행(Inclusive Conducted Tour)

● **국제협력기구(OECD)의 유형**
  ① 국제관광객 : 인종이나 성별 · 언어 · 종교에 관계없이 자국을 떠나 외국의 영토 내에서 24시간 이상 6개월 이내의 기간 동안 체재하는 자
  ② 일시방문객 : 24시간 이상 3개월 이내 체재하는 자

● **세계관광기구(WTO)의 유형**
  ① 관광객 : 타국에서 국경을 넘어 유입되고 방문국에서 24시간 이상 체재하는 방문객으로서 위락 · 휴가 · 사업 · 친척 및 친지방문 · 공적인 업무 · 회의참가 · 연수 · 종교 · 스포츠행사 참가 등의 목적으로 여행하는 자
  ② 방문객 : 자기의 통상 거주지가 아닌 국가를 방문하는 국내에 거주하지 않는 외국인, 해외에 거주하는 국민, 승무원 등
  ③ 당일 관광객 : 방문객 중 방문국에서 24시간 미만 체재하는 자

(3) 관광 서비스 이해

가. 관광 서비스의 정의

- 관광 구성요소 : 관광자원, 관광산업, 관광행동, 관광정보, 관광정책

🏛 **관광사업의 정의**

구 분	정 의
그뤽스만	일시적 체류지에 있어서 외래객과 그 지역사람들과의 관계의 총체
관광진흥법	관광객을 위하여 운송 · 숙박 · 음식 · 운동 · 오락 · 휴양 또는 용역을 제공하거나 그 밖에 관광에 딸린 시설을 갖추어 이를 이용하게 하는 업

● 관광사업의 종류

관광진흥법 제3조(관광사업의 종류) ① 관광사업의 종류는 다음 각 호와 같다.

1. 여행업 : 여행자 또는 운송시설 · 숙박시설, 그 밖에 여행에 딸리는 시설의

경영자 등을 위하여 그 시설 이용 알선이나 계약 체결의 대리, 여행에 관한 안내, 그 밖의 여행 편의를 제공하는 업

2. 관광숙박업 : 다음 각 목에서 규정하는 업

    가. 호텔업 : 관광객의 숙박에 적합한 시설을 갖추어 이를 관광객에게 제공하거나 숙박에 딸리는 음식 · 운동 · 오락 · 휴양 · 공연 또는 연수에 적합한 시설 등을 함께 갖추어 이를 이용하게 하는 업

    나. 휴양 콘도미니엄업 : 관광객의 숙박과 취사에 적합한 시설을 갖추어 이를 그 시설의 회원이나 공유자, 그 밖의 관광객에게 제공하거나 숙박에 딸리는 음식 · 운동 · 오락 · 휴양 · 공연 또는 연수에 적합한 시설 등을 함께 갖추어 이를 이용하게 하는 업

3. 관광객 이용시설업 : 다음 각 목에서 규정하는 업

    가. 관광객을 위하여 음식 · 운동 · 오락 · 휴양 · 문화 · 예술 또는 레저 등에 적합한 시설을 갖추어 이를 관광객에게 이용하게 하는 업

    나. 대통령령으로 정하는 2종 이상의 시설과 관광숙박업의 시설(이하 "관광숙박시설"이라 한다) 등을 함께 갖추어 이를 회원이나 그 밖의 관광객에게 이용하게 하는 업

4. 국제회의업 : 대규모 관광 수요를 유발하는 국제회의(세미나 · 토론회 · 전시회 등을 포함한다. 이하 같다)를 개최할 수 있는 시설을 설치 · 운영하거나 국제회의의 계획 · 준비 · 진행 등의 업무를 위탁받아 대행하는 업

5. 카지노업 : 전문 영업장을 갖추고 주사위 · 트럼프 · 슬롯머신 등 특정한 기구 등을 이용하여 우연의 결과에 따라 특정인에게 재산상의 이익을 주고 다른 참가자에게 손실을 주는 행위 등을 하는 업

6. 유원시설업(遊園施設業) : 유기시설(遊技施設)이나 유기기구(遊技機具)를 갖추어 이를 관광객에게 이용하게 하는 업(다른 영업을 경영하면서 관광객의 유치 또는 광고 등을 목적으로 유기시설이나 유기기구를 설치하여 이를 이용하게 하는 경우를 포함한다)

7. 관광 편의시설업 : 제1호부터 제6호까지의 규정에 따른 관광사업 외에 관광 진흥에 이바지할 수 있다고 인정되는 사업이나 시설 등을 운영하는 업

관광사업의 종류

구 분	내 용
여행업	일반여행업, 국외여행업, 국내여행업
관광숙박업	관광호텔업, 수상관광호텔업, 한국전통호텔업, 가족호텔업, 호스텔업
관광객 이용시설업	전문휴양업 : 민속촌, 해수욕장, 수렵장, 동물원, 식물원, 수족관, 온천장, 동굴자원, 수영장, 농어촌휴양시설, 활공장, 등록 및 신고 체육시설, 산림휴양시설, 박물관, 미술관 종합휴양업 : 제1종 종합휴양업, 제2종 종합휴양업 자동차야영장업 관광유람선업 : 일반관광유람선업, 크루즈업 관광공연장업 외국인전용 관광기념품판매업
국제회의업	국제회의시설업, 국제회의기획업
카지노업	
유원시설업	종합유원시설업, 일반유원시설업, 기타 유원시설업
관광편의 시설업	관광유흥음식점업, 관광극장유흥업, 외국인전용 유흥음식점업, 관광식당업, 시내순환관광업, 관광사진업, 여객자동차터미널시설업, 관광펜션업, 관광궤도업, 한옥체험업, 외국인관광도시민박업

나. 관광 서비스의 특성

① 무형성

② 생산과 소비의 동시성 (비분리성)

③ 재고 불가능 (소멸성)

④ 이질성 (동일한 서비스에 대해서 사람들 마다 평가가 다를 수 있다.)

다. 관광 서비스 활동의 유형과 역할

① 기간별 : 반나절, 하루 일정, 1박 2일 이상

② 거리별 : 단거리, 장거리

③ 교통편별 : 지상교통, 항공편, 선박편

④ 가이드 포함 여부

(4) 관광활동의 이해

가. 관광활동의 정의

관광활동은 위락적인 요소와 함께 일련의 소비활동을 포함한 복합적인 현상이다. 관광활동 자체가 소비활동으로 관광활동으로 인한 경제적 행위로 인해서 관광목적지에서의 경제적 효과를 불러일으킨다.

- 관광활동 : 여행, 숙박, 식음료
- 여행업 서비스 : 상담, 예약, 소배, 관광안내, 판매, 여권 및 비자 수속대행, 발권, 여정관리, 공항탑승 수속, 정산
- 숙박업 서비스 : 숙박, 음식제공, 집회, 문화, 레크레이션, 상업, 건강관리 등 경제.사회.문화.예술 및 커뮤니케이션의 활용공간으로 서비스 범위가 확대되고 있다.
  - 관광행동 과정 : 관광욕구 인식 → 관광정보의 수집과 탐색 → 관광 대안 평가 → 관광상품 구매 → 관광준비 → 관광참여 및 관광활동 → 관광 경험 후 평가 → 관광욕구 인식에 영향

나. 관광활동의 특성

- 관광활동에 영향을 미치는 요소 : 목적지의 접근성, 정보성, 목적지의 효용성, 경영성, 시설 및 설비성
- 의료관광에 영향을 미치는 요소 : 신뢰성, 의료 서비스 수준, 의료장비 수준, 위생상태, 대기기간, 가격, 이동 시간(접근성), 숙박시설, 관광지, 외국인환자를 위한 원스톱 시스템

● 관여도와 관광활동

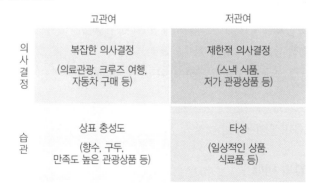

- AIDA모형 : 주의(Attention) → 관심(Interest) → 욕구(Desire) → 구매행동(Action)
- 효과단계 모형 : 인식(Awareness) → 지식(Knowledge) → 호감(Liking) → 선호 (Preference) → 확신(Conviction) → 구매(Purchase)

(5) 관광산업의 이해

가. 관광산업의 정의

관광진흥법 제2조(정의)에서 관광사업이란 관광객을 위하여 운송·숙박·음식·운동·오락·휴양 또는 용역을 제공하거나 그 밖에 관광에 딸린 시설을 갖추어 이를 이용하게 하는 업(業)을 말한다.

나. 관광산업의 유형

① 관광기업   ② 관광관련 기업
③ 관광행정기관   ④ 관광공익단체

다. 관광산업의 시스템

① 관광주체 : 관광객
② 관광객체 : 관광자원
③ 관광매체 : 알선 및 대행을 해주는 여행업, 편의시설, 교통시설, 숙박시설, 식음료시설, 유흥 및 오락시설

라. 관광산업의 효과

① 경제적 효과 : 국민소득 증가, 고용창출, 재정수입 증대, 지역경제 개발, 국내산업 진흥, 국제무역 촉진, 경제구조의 다변화
② 사회적 효과 : 국민후생복지 효과
③ 문화적 효과 : 문화 홍보, 국제친선, 문화 교류
④ 교육적 효과 : 견문의 확대, 새로운 지식
⑤ 환경적 효과 : 관광자원의 가치 발견, 관광편의 시설 개선

2) 항공 서비스의 이해

(1) 항공산업의 이해

가. 항공운송업의 정의

항공법 제2조(정의)에서 항공운송사업이란 타인의 수요에 맞추어 항공기를 사용하여 유상(有償)으로 여객이나 화물을 운송하는 사업을 말한다.

항공운송사업은 어느 한 지점에서 다른 한 지점으로 여객이나 화물을 수송해

주고 그 대가로 요금을 징수하여 수익을 추구하는 영업행위로 그 주체가 항공사이다. 항공운송사업은 이용자들에게 시간의 절약, 편리함, 안락함, 안전함 등 여러 장점을 제공함으로써 지구촌을 일일생활권으로 묶어 놓았다.

- 항공운송업의 특징 : 고속성, 안전성, 정시성, 경제성, 쾌적성, 국제성, 독과점성, 공공성

● 항공예약시스템(CRS)의 기능

① 수입의 극대화기능: 과거의 판매실적자료를 검토하고 미래의 예약추세를 예측하여 초과예약을 효율적으로 관리할 수 있으며, 할인요금과 정상요금을 최적으로 조합하여 수입극대화를 도모할 수 있도록 해준다.

② 마케팅 지원기능: 고객관리·손익계산 및 청구서 발행 등 여행대리점의 각종 업무를 예약관리요 단말기를 통해 처리할 수 있도록 지원하는 기능을 한다.

나. 항공운송업의 현황과 유형

● 항공운송사업의 종류

구 분	종 류
운송 대상	여객, 화물
규모	대형항공, 중소형항공
운항 범위	국제항공, 지역항공, 국내항공
운항 형태	정기항공, 전세기항공
운항 국가	국적항공, 외국항공
소유 형태	국여항공, 민영항공
서비스	풀서비스항공, 저가항공

- 국내항공운송사업

① 국내 정기편 운항 : 국내공항과 국내공항 사이에 일정한 노선을 정하고 정기적인 운항계획에 따라 운항하는 항공기 운항

② 국내 부정기편 운항 : 국내에서 이루어지는 가목 외의 항공기 운항

- 국제항공운송사업

① 국제 정기편 운항 : 국내공항과 외국공항 사이 또는 외국공항과 외국공항 사이에 일정한 노선을 정하고 정기적인 운항계획에 따라 운항하는 항공기 운항

② 국제 부정기편 운항: 국내공항과 외국공항 사이 또는 외국공항과 외국
　　공항 사이에 이루어지는 가목 외의 항공기 운항

(2) 항공수배업무의 이해

가. 항공수배업무의 정의

항공수배업무란 항공편 예약 및 항공권 발행 등 항공이동과 관련된 각종
서비스

– 항공예약 시스템의 종류 : Topas, Abacus, Amadeus, Saber, Worldspan, Galileo
– 글로벌 얼라이언스 : 두 항공사 간의 좌석 공유, 상용고객 우대제도 교환뿐만
　아니라 공동 마케팅, 공동기술개발 등 항공사 간의 협력
　　예 스타 얼라이언스(아시아나항공), 스카이팀(대한항공), 원 월드, 윙즈

　　E-Ticket(전자항공권)은 1990년 미국의 Value Jet을 시작으로 전세계 항공사에
서 도입하고 있다. E-Ticket은 편의성, 발권비용의 절감, 인건비 절감, 유통구조
의 변화, 고객 서비스 향상 등의 효과를 가져왔다.
　　BSP(Bank and Settlement Plan)는 항공사와 대리점 간의 여객 판매, 판매 보고,
판매 관리 등을 간소화, 표준화한 시스템으로 BSP에 가입한 대리점은 BSP에서
수령한 항공권으로 대리점에서 직접 발권할 수 있다.
　　ATR(Air Ticket Request)는 여객 대리점 중 담보능력의 부족으로 항공권을 자
체적으로 보유하지 못하고 승객으로부터 요청받은 항공권을 해당 항공사에서
직접 구매하는 대리점을 말한다.
　　IATA(국제항공운송협회)의 역할 : 국제항공요금의 결정, 항공기 양식 통일, 연
대 운임청산 등 항공사와 대리점에 대해서 구속력을 가지고 있다.

● 항공용어 기본

– 경유지 : 항공기가 운송상 정기적으로 착륙하도록 지정된 중간 지점
– 공항코드 : 국가를 분류하는 2자리 코드
– 국제표준시 : 영국 그리니치 천문대를 통하는 자오선에서의 평시를 세계
　공통의 표준시간으로 한 것
– 기내반입 수하물(휴대 수하물) : 가로, 세로, 높이 합이 115cm 이내인 것
– 스탠바이 : 항공예약 없이 공항에서 탑승대기자

- 오픈티켓 : 귀국하는 날짜를 구체적으로 정하지 않고 예약한 항공권
- 예약초과 : 일정한 비율의 좌석을 판매가능 좌석 수 보다 초과해서 예약받는 것
- 좌석공유 : 항공사 간의 특정 구간의 좌석을 일정 부분 공동으로 사용하는 방법으로 각 항공사가 자사 항공기를 직접 투입하지 않고도 운항하는 것
- 환승 : 도착지 이전에 중간 기착지에서 다른 항공기로 갈아타는 것

나. 항공수배업무의 특성

● 국제선 주요 도시 코드

TYO : 도쿄	OSA : 오오사카
SIN : 싱가포르	LAX : 로스앤젤레스
NYC : 뉴욕	HKG : 홍콩
NGO : 나고야	BJS : 베이징
SHA : 상하이	TPE : 타이페이
SEL : 서울	PUS : 부산

● 국제선 주요 항공사 코드

AA : 어메리칸 항공	AC : 에어 캐나다
AF : 에어 프랑스	BA : 영국항공
CX : 케세이퍼시픽항공	DL : 델타항공
JD : 일본 에어 시스템	JL : 일본항공
KE : 대한항공	OZ : 아시아나항공
LH : 루프트한자항공	NW : 노스웨스트항공
SQ : 싱가포르항공	TG : 타이항공

● 항공용어 약어

약어	영문 표기	설명
AD	Agent Discount	대리점 할인
ADC	Additional Charge	추가 요금
ADRS	Address	예약번호
ADT	Adult	성인
AGT	Agent	여행사
ATTN	Attention	주의
BBML	Baby Meal	유아식
BLND	Blind Passenger	맹인 승객
Block Seat		예비 좌석
Boarding Pass		탑승권
Booking		예약
CLN CHRG	Cancellation Charge	취소 수수료
CC	Credit Card	신용카드
CFM	Confirm	확인
CHD	Child	소아
Check in		탑승 수속
CHTR	Charter Flight	전세기
CHNT	Change Name to	명단 변경
COMM	Commission	수수료
CRS	Computer Reservation System	예약 시스템
CTC	Contact	연락처
DEAF	Deaf Passenger	청각 장애 승객
DEP	Departure	출발
Direct Fare		직항운임
EXBAG	Extra Baggage	추가 수하물
EXTRA FLT	Extra Flight	특별기편
FIX		확정
FULL BKG	Full Booking	만석
GRPS	Group	단체
GV10	Group Fare	단체요금
INF	Infant	유아
MCT	Minimum Connecting Time	최소 연결 시간
MIN STAY	Minimum Stay	최소 체류 시간
NMC	Name Change	이름 변경
NBR	Number	번호
NS	No Show	예약 후 탑승하지 않은 승객
VOID		무효
EFF	Effective	유효

– 항공예약에서 가능한 서비스 : 항공여정 작성, 호텔 예약, 관광, 렌트카, Speical Meal 예약, 제한여객운송(환자, 비동반 소아, 임산부, 80세 이상의 노인 등), 도착 통지, 항공화물 수송 서비스 등

– 항공예약에 필요한 사항 : 승객 성명(영문 철자), 여권 번호, 비행 일정, 항공좌석 등급, 연락 가능한 승객 연락처

특별 기내식 종류

- NSML : No Salt, No sugar
- Low Fat : Fat Free Meal
- Low Caloric Meal
- Gluten Free Meal
- Fruit Only

- DBTC ML : Diabetic Meal
- Low Cholesterol Meal
- Soft Bland Diet Meal
- No Dairy Product Meal
- Fish Only

---

3) 지상업무 수배 서비스의 이해

(1) 숙박시설의 이해

가. 숙박업의 정의

숙박에 필요한 시설 및 설비를 갖추고 고객과의 계약에 의하여 숙박시키는 업체

나. 숙박업의 종류와 특성

관광진흥법 시행령 제2조(관광사업의 종류) ① 관광진흥법 제3조 제2항에 따라 관광사업의 종류를 다음과 같이 세분한다.

- 관광호텔업 : 관광객의 숙박에 적합한 시설을 갖추어 관광객에게 이용하게 하고 숙박에 딸린 음식 · 운동 · 오락 · 휴양 · 공연 또는 연수에 적합한 시설 등(이하 "부대시설"이라 한다)을 함께 갖추어 관광객에게 이용하게 하는 업(業)

  관광진흥법 시행령 제22조(호텔업의 등급 결정) ① 관광진흥법 제19조에 따른 관광숙박업 중 호텔업의 등급은 특1등급 · 특2등급 · 1등급 · 2등급 및 3등급으로 구분한다.

  ② 문화체육관광부장관은 제1항에 따른 등급 결정을 위하여 필요한 경우에는 관계 전문가에게 호텔업의 시설 및 운영 실태를 조사하도록 의뢰할 수 있다.

  ③ 제1항에 따른 등급 결정 기준 및 절차 등에 관하여 필요한 사항은 문

화체육관광부령으로 정한다.

- 수상관광호텔업 : 수상에 구조물 또는 선박을 고정하거나 매어 놓고 관광객의 숙박에 적합한 시설을 갖추거나 부대시설을 함께 갖추어 관광객에게 이용하게 하는 업

- 한국전통호텔업 : 한국전통의 건축물에 관광객의 숙박에 적합한 시설을 갖추거나 부대시설을 함께 갖추어 관광객에게 이용하게 하는 업

- 가족호텔업 : 가족단위 관광객의 숙박에 적합한 시설 및 취사도구를 갖추어 관광객에게 이용하게 하거나 숙박에 딸린 음식·운동·휴양 또는 연수에 적합한 시설을 함께 갖추어 관광객에게 이용하게 하는 업

- 호스텔업: 배낭여행객 등 개별 관광객의 숙박에 적합한 시설로서 샤워장, 취사장 등의 편의시설과 외국인 및 내국인 관광객을 위한 문화·정보 교류시설 등을 함께 갖추어 이용하게 하는 업

  - 관광숙박업의 특성 : 무형의 서비스 제공, 생산과 소비의 동시성, 소멸성, 과다한 고정비(인건비, 시설관리 유지비, 냉난방비 등) 지출, 비저장성, 비수기와 성수기 존재, 연중무휴(365일) 영업

  - 관광숙박 시설의 특성 : 조기노후화, 비생산적 공간의 확보, 초기 투자 비용 과다

다. 숙박업의 조직구성과 기능

- 객실부문 : 현관 서비스, 하우스키핑
- 식음료부문 : 식당, 연회장, 커피숍 등
- 관리부문 : 인사, 마케팅, 경리, 시설관리, 경비 등

라. 숙박업의 예약시스템 이해

숙박시설은 저장했다가 다시 판매할 수 없으므로 예약 및 숙박약관을 통해서 예약 취소, No Show의 관리가 가능하다.

🖊 객실 종류

① 싱글베드 룸　　　　　② 더블베드 룸
③ 트윈베드 룸　　　　　④ 트리플 룸
⑤ 더블 더블 베드 룸　　⑥ 온돌 룸　　　　　⑦ Extra Bed

이용목적에 의한 분류

① 보통 객실

② 가족용 트윈 베드 룸

③ 이그제큐티브 룸 : 비즈니스 여행객을 위해서 책상 비치

④ 스위트 룸 : 침실과 거실

⑤ 레지덴셜 룸 : 장기체류 고객을 위해 응접실, 주방, 세탁실, 욕실 비치

객실 위치

① Outside Room : 바깥 경치

② Inside Room

③ Connecting Room : 객실 사이 연결

④ Adjoining Room : 옆으로 나란히 위치한 객실

객실 요금

① 공표요금

② 할인요금

구분	할인요금
싱글 할인요금	호텔측 사정으로 인해서 예약한 싱글룸을 제공할 수 없을 때 상위 객실을 제공하면서 할인
비수기 요금	
기업체 할인요금	기업 할인 우대 요금
단체할인 요금	

● 숙박업 기본 용어

- Out of Order : 시설 고장 등으로 판매가 불가능한 객실

- Overbooking : 객실 보유 수 이상 예약 접수

- Over Charge : 체크 아웃 시간을 초과한 경우 추가된 요금

- Over Stay : 체류 기간을 연장하는 고객

- Paging : 메시지를 전달하기 위해서 고객을 찾음

- Turn Away Service : 예약한 손님에게 객실을 제공하지 못하여 다른 호텔로 안내하는 서비스

- Sleeper : 손님이 이미 체크 아웃했지만 등록카드를 제대로 정리하지 못하였거나 제대로 파악하지 못해서 객실 판매를 하지 못한 경우

- Skipper : 정당한 체크아웃 절차를 거치지 않고 퇴실하는 고객

- Walk in Guest : 예약하지 않고 투숙하는 고객
- Amenity : 격조 있는 서비스를 위해서 객실에 무료로 준비해 놓은 각종 소 모품 및 서비스 용품
- Blocked Room : 단체 및 국제회의 참석자 등을 위해서 사전에 객실을 지 정해 놓음
- Complimentary Room : 무료로 제공되는 객실
- Connecting Room : 두 개의 객실이 열쇠 없이 드나들 수 있도록 연결된 객실
- Valet Parking Service : 주차 서비스
- Deposit : 보증금
- No Show : 예약한 고객이 아무런 연락없이 나타나지 않는 경우

● 의료관광객 호텔 예약시 고려해야 할 사항
  ① 의료기관과의 이동 거리　　　　② 위생 수준
  ③ 환불 규정

● 호텔에서의 주의사항
  ① 객실은 개인공간이므로 객실 안까지 따라 들어가는 것보다는 객실 밖에 서 또는 로비에서 대화를 마치고 헤어지는 것이 바람직하다.
  ② 객실 안에서 술을 함께 마시는 것은 피한다.
  ③ 여성이 혼자 있는 객실에는 절대로 들어가지 않는다.
  ④ 호텔은 City, 복도는 Road, 객실은 House의 개념으로 보아야 한다.
  ⑤ 큰 소리로 말하지 않는다.
  ⑥ 호텔에서는 아무리 급하더라도 절대로 뛰지 않는다.

(2) 관광교통의 이해

가. 관광교통 정의

관광교통 종류 : 자동차, 열차, 선박, 항공기, 렌터카, 관광버스 등

구 분	특 징
항공	신속성, 안정성, 쾌적성, 대량 수송 가능
선박	대량 수송 가능
열차	대량 수송 가능, 저렴한 가격, 안정성, 기차 내 자유로운 이동 가능
관광버스	편리성, 저렴한 가격
렌터카	시간 통제 가능, 자유로운 이동

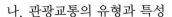

나. 관광교통의 유형과 특성

- 관광교통의 종류   ① 철도   ② 전세버스 운송사업
                    ③ 자동차 대여사업   ④ 항공교통
                    ⑤ 해상교통

다. 관광교통 예약시스템

항공예약시스템(CRS : Computer Reservation System) 종류

종 류	내 용
TOPAS	대한항공
ABACUS	아시아나항공
GALILEO	스위스항공, 이탈리아항공, 영국항공, 네덜란드항공
AMADEUS	에어프랑스
WORLD SPAN	노스웨스트항공

(3) 외식업의 이해

가. 외식업의 정의

- **외식업** : 가정이 아닌 밖에서 음식을 제공하고 금전적 대가를 받는 경제활동을 하는 서비스업이며, 고객의 요구에 부응하는 다양한 식음료 서비스가 등장하고 있다.
- **외식업 특징** : 입지 의존성, 인적 서비스 의존성, 식음료 생산과 소비의 동시성, 수요 예측의 불확실성, 식자재의 부패 용이성, 현금 창출의 용이성, 타 산업에 비해서 높은 이직률

나. 외식업의 유형과 특성

- **한국표준산업분류에 의한 음식점업 종류**

구 분	종 류
일반 음식점업	한식점업, 중국음식점업, 일본음식점업, 서양음식점업, 기관 구내식당업, 기타 일반 음식점업
기타 음식점업	피자, 햄버거 및 치킨 전문점, 분식 및 김밥 전문점, 이동 음식점업, 그 외 기타 음식점업
주점업	일반 유흥주점업, 무도유흥주점업, 간이주점업
다과점업	제과점업, 찻집

- **식품위생법상 분류** : 휴게음식점업, 일반음식점, 단란주점업, 유흥주점업
- **관광진흥법상 분류**

구 분		종 류
관광객이용시설업	전문휴양업	휴게음식점영업 일반음식점영업 제과점영업
관광객편의시설업		관광유흥음식점업 관광극장유흥업 외국인전용 유흥음식점업 관광식당업

- **음식의 종류** : 한식, 중식, 일식
- **음식 제공방법** :
- **프랜치 서비스** : 고객의 테이블 앞에서 간단한 조리기구와 재료가 준비된 조리용 카트(Wagon)을 이용하여 직접 요리를 만들어 제공하거나, Gueridon을 이용하여 Silver platter에 담겨 나온 음식을 알코올 램프 또는 가스 램프를 사용하여 음식이 식지 않게 하여 덜어주기도 하며 먹기 편하도록 생선가시를 제거해 주고 요리를 잘라 주기도 한다.
- **러시안 서비스** : French service와 비슷한 점이 많으며, 종사원이 무거운 platter를 사용하며 테이블 셋팅은 French service와 동일하다.
- **영국식 서비스** : Family style service라고도 한다. 음식이 Plate 또는 Tray에 담겨져 테이블로 운반되면 테이블에서 주빈 또는 종사원이 각 접시에 담아서 모든 사람에게 돌려주거나, 큰 접시를 돌려 가면서 각자가 덜어먹는 형식이다. 이 서브 형식은 가족적인 소연회나 칠면조가 제공되는 미국식 추수감사절 만찬에 적합하다.
- **아메리칸 서비스** : French service 보다 화려하지 않으나 레스토랑에서 일반적으로 이루어지는 서비스 형식이다. 즉, 주방에서 미리 접시에 보기 좋게 담겨진 음식을 직접 운반하여 고객에게 서브하는 방법으로 신속하고 능률적이기 때문에 레스토랑에서 가장 일반적으로 사용되며 고객회전이 빠른 레스토랑에 적합하다.
- **Tray Service** : 비행기 음식, 병원 음식 등 같은 시간대에 한꺼번에 음식을 내놓음. 음식이 한정되어 있음
- **카운터 서비스** : 백화점, 공항(스낵바) 등에서 시간을 단축시키는 이점이 있음

다. 국가별 외식문화의 특성

● 아랍문화권

① Halal Food : 고기를 피 채 먹어서는 안된다는 무슬림 율법에 따라 피
   를 다 빼낸 후에 도축을 한 고기를 의미한다.

② 생선을 하랄을 하지 않는다.

③ 돼지고기를 먹지 않는다.(Haram Food : 금지된 음식)

● 서양 테이블 매너

① 주문 후에는 자리를 변경하지 않는다.

② 큰 짐과 가방은 입구에 맡긴다.

③ 빵은 손으로 뜯어 먹는다.

④ 포크와 나이트를 사용한다. 식사 중일 때는 포크와 나이프를 8자 모
   양으로 놓으며 식사가 다 끝난 경우에는 3시 방향으로 나란히 놓는다.

● 중식 테이블 매너

① 출입구에서 가장 먼 자리가 상석이다.

② 회전 요리가 나올 때는 주빈이 먼저 먹는다.

● 일식 테이블 매너

① 상대방 요리의 뚜껑을 열지 않는다.

② 젓가락은 세로가 아닌 가로로 놓는다.

③ 간장을 찍는 부위는 생선 부위이다. 간장을 밥알에 적시면 밥알이
   떨어질 수 있다.

(4) 관광쇼핑과 공영안내의 이해

가. 관광쇼핑 서비스의 이해

– 관광기념품 구매 요인 : 가격, 독특성, 디자인, 운반의 용이성, 역사성,
   문화성, 상징성, 독특성, 희귀성

나. 공연안내 서비스 이해

– 공연의 종류 : 연극, 오페라, 뮤지컬, 무용

(5) 관광안내와 정보 이해

가. 관광정보의 정의

관광정보란 관광객들이 관광행동을 선택.결정하는데 필료로 하는 정보를 제공할 목적으로 관광자원 정보를 수집하여 관광객에게 제공하여 관광객의 만족수준을 높이는 것을 물론 관광자원의 관리도 용이하게 하는 것을 말한다.

- 의료관광정보의 중요성
  ① 의사결정에 있어서 위험요인을 줄여준다.
  ② 의료관광 경험의 질을 높일 수 있다.
  ③ 의료관광을 준비하는 데 필요한 정보를 획득할 수 있다.
  ④ 간접적인 체험을 통해서 접근성을 높일 수 있다.
  ⑤ 시간과 공간을 초월해서 획득할 수 있다.
  ⑥ 새로운 의료관광 수요를 창출할 수 있다.

- 의료관광정보의 특징
  ① 무형성 : 형태가 없다.
  ② 가치특정성 : 의료관광 정보는 관심있는 사람들에게만 가치가 있다.
  ③ 비체계성
  ④ 매체 의존성
  ⑤ 변화성

나. 관광정보의 매체유형

- 관광정보 매체 유형
  ① 방송매체   ② 인쇄매체
  ③ 온라인 매체   ④ 교통광고 : 전광판, 교통시설

다. 관광지 안내와 예약시스템

예약은 자원의 재고불가능, 생산과 소비의 동시성이라는 특징을 효율적 관리하는 데 매우 유용하다.

4) 관광자원 및 이벤트의 이해

(1) 관광종사원에 대한 이해

가. 관광종사원의 정의

● 관광종사원 자격증

① 관광통역안내사 : 국내를 여행하는 외국인에게 외국어를 사용하여 관광지 및 관광대상물을 설명하거나 여행을 안내하는 등 여행의 편의를 제공하는 업무를 수행한다.

② 국내여행안내사 : 국내를 여행하는 관광객을 대상으로 여행 일정 계획, 여행비용 산출, 숙박시설예약, 명승지나 고적지 안내 등 여행에 필요한 각종 서비스 제공하는 업무를 수행한다.

③ 호텔경영사 : 호텔에서 객실예약업무, 객실판매 및 정비업무, 접객업무, 회계업무, 식당업무 등 제반 호텔관리업무에 대한 계획을 수립, 조정하며 종사원의 근무상태를 지휘 감독하는 직무를 수행한다.

④ 호텔관리사 : 특2등급 이상의 관광호텔업의 객실관리 업무와 1등급 이하의 관광호텔업과 한국전통호텔업, 수상호텔업, 휴양콘도미니엄업 및 가족호텔업의 경영업무를 담당한다.

⑤ 호텔서비스사 : 호텔에서 고객에게 각종 서비스를 제공하기 위하여 영접, 객실안내, 짐운반, 객실예약, 우편물의 접수와 배달, 객실열쇠 관리, 객실정리, 세탁보급, 음식제공 등 각종서비스를 제공하는 업무를 담당한다.

국제의료관광코디네이터는 의료관광산업에서 의료관광의 욕구와 특성에 맞는 의료관광 상품을 기획하고 의료진과 환자 사이에서 커뮤니케이션 가교 역할을 한다.

나. 관광종사원의 역할

관광종사원의 필수요소 : 전문성, 신뢰성, 반응성, 책임감, 리더쉽, 서비스 마인드

(2) 관광자원의 이해

가. 관광자원의 정의와 개념

관광자원은 관광객의 관광 욕구와 동기의 대상이자 관광행동의 목적물이며 유형과 유형의 모든 관광대상을 말한다.

나. 관광자원의 유형과 특성

– 관광자원의 유형 : 자연적 관광자원, 인문적 관광자원, 문화적 관광자원, 사회적 관광자원, 산업적 관광자원, 위락적 관광자원

📋 한국관광공사 관광자원의 분류

구 분	내 용
유형 관광자원	자연적 관광자원 : 천연자원, 천문자원, 동식물 문화적 관광자원 : 고고학적 유적, 사적, 사찰, 공원 사회적 관광자원 : 풍속, 행사, 생활, 예술, 교육, 스포츠 산업적 관광자원 : 공업단지, 유통단지, 농장, 백화점 관광 · 레크레이션 자원 : 캠프장, 수영장, 놀이시설, 공원
무형관광자원	인적 관광자원 : 주민성, 풍속, 관습, 예절 비인적 관광자원 : 고유 종교, 사상, 철학, 역사, 음악 등

– 관광자원의 특성 : 이동 불가능, 보전과 보호 필요한 자원, 관광객의 욕구를 충족시켜주는 유형 및 무형의 소재, 관광활동을 원활히 하기 위한 제반 요소, 관광자원의 가치는 관광객의 욕구 변화와 시대에 따라서 변화, 개발을 통하여 가치 향상이 가능
– 관광목적지의 매력도 : 관광시설, 접근성, 이미지, 가격

(3) 관광이벤트의 이해

가. 관광이벤트의 정의와 개념

이벤트는 비일상적으로 행해지는 경제적 활동이며 커뮤니케이션 도구로 활용되는 사회 · 문화적 활동이다.

관광이벤트는 관광과 관련된 욕구를 충족시키고 사회적 가치의 초진과 공공관계를 통한 지역 이미지 제고와 지역 경제 활성화에 기여한다.

나. 관광이벤트의 유형과 특성

● 관광이벤트의 종류

– 목적에 의한 분류

① 사회 이벤트   ② 판매촉진 이벤트

③ PR 이벤트

– 주최에 의한 분류

① 개인 주최 이벤트

② 정치, 종교, 문화, 예술단체 주최 사회단체 이벤트

③ 공익기관 주최 공공 이벤트

④ 기업 판매촉진 및 PR목적 기업 이벤트

⑤ 국제기구 주최 국제 이벤트

2. 관광서비스 지원관리 예상문제

01 관광진흥법에서 정의한 관광사업의 종류가 아닌 것은?

① 여행업   ② 숙박업

③ 관광객 이용시설업   ④ 카지노업

정답 ②
> 여행업, 관광숙박업, 관광객이용시설업, 국제회의업, 카지노업, 유원시설업, 관광편의시설업

02 관여도와 관광행동의 특성을 잘못 이해하고 있는 것은?

① 의료관광은 저관여 상품이다.

② 구두는 저관여 상품이다.

③ 자동차는 고관여 상품이다.

④ 크루즈관광은 고관여 상품이다.

정답 ①
> 의료관광은 선택에서 고민을 많이 하므로 고관여 상품이다.

03 은퇴 관광(Retirement Tourism)을 잘못 이해하고 있는 것은?

① 미국 은퇴자들이 캘리포니아주 또는 플로리다 주로 이사를 가거나 제 2의 집을 장만하고 오가는 것

② 은퇴관광의 거주지 선정에서 중요한 고려사항은 문화적 환경이다.

③ 일본 은퇴자들은 생활비가 저렴한 동남아시아 국가로 이주하여 국제 적인 은퇴이주와 해외 장기거주관광을 하기도 한다.

④ 해외에 거주하는 은퇴관광객이 본국으로 일시 귀국하여 치료를 받지 않고 해외에서 치료를 받으면 의료관광객이 된다.

정답 ②
> 은퇴관광의 거주지 선정에서 중요한 고려사항은 기후조건이다.

04 관광이 자연자원에 미치는 부정적인 효과를 잘못 이해한 것은?

① 소음   ② 공해

③ 수질오염   ④ 보존

정답 ④

관광이 자연자원에 미치는 부정적인 효과 : 소음, 치안, 공해, 수질오염, 동물의 생태계 파괴, 산림벌채, 자연의 파괴, 농경지 및 식수공급원의 감소

05 아랍인의 할랄음식(Halal Food)에 대해서 잘못 이해하고 있는 것은?

① 돼지고기와 알코올이 포함되지 않아야 한다.

② 이슬람법에 따라 도축된 고기가 하랄음식이다.

③ 생선을 할랄을 거치지 않고 섭취할 수 있다.

④ 동물의 피로 만든 음식을 섭취한다.

정답 ④

06 공항 픽업 서비스를 제대로 실행하기 위한 조치를 잘못 설명한 것은?

① 환자에게 상호간 연락처를 통보했는지 확인한다.

② 한국관광공사 의료관광안내센터를 미팅 포인트로 통보했는지 확인한다.

③ 보험에 가입하지 않은 차량을 섭외한다.

④ 충분한 여유시간을 갖고 공항에 도착한다.

정답 ③

07 의료관광객의 이동시 안전에 대비한 조치를 잘못 설명한 것은?

① 운송업체가 탑승자에 대한 대인 상해보험에 가입했는지 여부를 확인한다.

② 운송업체가 가입한 대인 상해보험이 외국인에도 동일하게 적용되는지 보험사에 재확인한다.

③ 운송업체의 직원에게 안전사고 예방을 위한 주의사항 및 교육이 이루어졌는지 확인한다.

④ 신속하게 이동한다.

정답 ④

08 공항 픽업 서비스에서 주의할 사항이 아닌 것은?

① 환자의 항공 스케줄, 성명, 연락처, 사용언어를 제대로 파악한다.

② 운송업체 담당자 연락처는 몰라도 된다.

③ 교통편 서비스 제공에 대한 환자의 만족도를 항상 체크한다.

④ 환자가 교통편 제공 대상자인지 확인한다.

[정답] ②

운송업체 담당자의 연락처를 파악한다.

09 관광의 3요소가 아닌 것은?

① 관광 주체
② 관광 객체
③ 관광 매체
④ 관광 체계

[정답] ④

10 호텔과 항공사에서 예약을 받는 이유를 가장 바르게 설명한 것은?

① 무형성이기 때문
② 저장이 불가능하기 때문
③ 계절적 요인에 따른 변동성이 심하기 때문
④ 서비스에 대한 이질성 때문

[정답] ②

관광주체 : 관광객　　　관광객체 : 관광지　　　관광매체 : 여행사

11 역경에서 觀光之光 利用賓于王(관광지광 이용빈우왕) 연급한 光과 거리가 가장 먼 것은?

① 문화
② 관습
③ 자연경관
④ 햇빛

[정답] ④

해설 : 왕의 귀빈으로 초청받아 방문하였을 때 왕의 초청에 대한 손님다움을 표하기 위해서는 그 나라의 빛을 보는 것이 이롭다.

12 중세 관광 이동의 목적을 가장 바르게 설명한 것은?

① 성지순례
② 여가
③ 건강관리
④ 휴양

[정답] ①

13 Tourism이란 용어를 최초로 사용한 국가와 잡지명을 바르게 연결한 것은?

① 영국 - Sports Magazine

② 미국 : Tourism Magazine

③ 캐나다 - World Tourism Magazine

④ 호주 : World Travel Magazine

정답 ①

14 다음 보기의 용어로 관광의 발전 단계를 가장 바르게 나열한 것은?

Mass Tourism   Social Tourism   Tour Tourism

① Tour → Tourism → Mass Tourism → Social Tourism

② Tour → Tourism → Social Tourism → Mass Tourism

③ Mass Tourism → Social Tourism → Tour → Tourism

④ Social Tourism → Mass Tourism → Tour → Tourism

정답 ①

15 보기의 관광 정의를 주장한 이는 누구인가?

관광이란 1년을 초과하지 않은 기간 동안 거주지를 떠나고, 그 기간 중에 관광지에서 금전을 소비해야 한다.

① 보오만   ② 그뤽스만

③ 오길비   ④ 메드상

정답 ③
보오만 : 견문.유람.휴양.상용 등의 목적 또는 그 밖의 특수한 사정에 의하여 거주지를 일시적으로 떠나는 여행의 모든 것
그뤽스만 : 거주지를 떠나서 일시적으로 체재하는 관광지와 그 지역주민들과의 사이에서 파생되는 모든 관계의 총체
메드상 : 사람이 기분전환을 하고 휴식을 취하는 것이며 새로운 분야나 미지의 자연풍광을 접함으로써 그 경험과 교양을 넓히기 위하여 여행을 하거나 거주지를 떠나 제해하면서 즐기려는 여가활동의 일종이다.

16 관광의 특징이 아닌 것은?

① 소비성   ② 한시성

③ 일탈성   ④ 수익성

정답 ④
관광의 특징 : 일탈성, 목적성, 체재성, 소비성, 한시성

17 매킨토쉬가 분류한 관광동기의 유형이 아닌 것은?

① 신체적 동기 ② 문화적 동기
③ 대인적 동기 ④ 경제적 동기

정답 ④

18 마슬로우의 욕구 5단계에 포함되지 않는 것은?

① 생리적 욕구 ② 안전 욕구
③ 사회적 욕구 ④ 문화적 욕구

정답 ④
마슬로우의 욕구 5단계 : 생리적 욕구, 안전욕구, 사회적 욕구(소속의 욕구), 존경받고자 하는 욕구, 자아실현의 욕구

19 여행 기획자에 따른 여행 분류가 아닌 것은?

① 주최여행 ② 주문여행
③ 공최여행 ④ 개인여행

정답 ④
여행규모에 따른 분류 : 개인 관광객, 단체 관광객
여행 기획자에 따른 분류 : 주최여행자, 주문여행자, 공최여행자

20 인솔자가 동행하는 여행상품은?

① Inclusive Independent Tour ② Inclusive Conducted Tour
③ Foreign Independent Tour ④ Tour Guide

정답 ②

21 WTO(세계관광기구)의 관광객 정의 중 빈 칸에 들어갈 적합한 용어는?

타국에서 국경을 넘어 유입되고 방문국에서 (　　　) 이상 체재하는 방문객으로서 위락, 휴가, 사업, 친척 및 친지방문.공적인 업무, 회의참가, 연수, 종교, 스포츠행사 참가 등의 목적으로 여행하는 자

① 12시간 ② 24시간
③ 48시간 ④ 60시간

정답 ②

22 관광의 구성요소가 아닌 것은?

① 관광자원   ② 관광산업

③ 관광행동   ④ 관광관련 법률

정답 ④

관광 구성요소 : 관광자원, 관광산업, 관광행동, 관광정보, 관광정책

23 관광진흥법에서 규정한 여행업의 정의 중 빈 칸에 들어갈 적합한 용어는?

> 여행자 또는 운송시설·숙박시설, 그 밖에 여행에 딸리는 시설의 경영자 등을 위하여 그 시설 이용 (   )이나 계약 체결의 (   ), 여행에 관한 안내, 그 밖의 여행 편의를 제공하는 업

① 알선, 대리   ② 예약, 준비

③ 예약, 확인   ④ 알선, 보증

정답 ①

24 여행업의 종류를 잘못 설명한 것은?

① 일반여행업 : 국내외를 여행하는 내국인 및 외국인을 대상으로 하는 여행업[사증(査證)을 받는 절차를 대행하는 행위를 포함한다]
② 국외여행업 : 국외를 여행하는 내국인을 대상으로 하는 여행업(사증을 받는 절차를 대행하는 행위를 포함한다)
③ 국내여행업 : 국내를 여행하는 내국인을 대상으로 하는 여행업
④ 국제여행업 : 내국인 및 외국인을 대상으로 하는 여행업

정답 ④

25 호텔업의 종류가 아닌 것은?

① 관광호텔업   ② 수상관광호텔업

③ 가족호텔업   ④ 모델업

정답 ④

호텔업의 종류
가. 관광호텔업 : 관광객의 숙박에 적합한 시설을 갖추어 관광객에게 이용하게 하고 숙박에 딸린 음식·운동·오락·휴양·공연 또는 연수에 적합한 시설 등(이하 "부대시설"이라 한다)을 함께 갖추어 관광객에게 이용하게 하는 업
나. 수상관광호텔업 : 수상에 구조물 또는 선박을 고정하거나 매어 놓고 관광객의 숙박에 적

합한 시설을 갖추거나 부대시설을 함께 갖추어 관광객에게 이용하게 하는 업
다. 한국전통호텔업 : 한국전통의 건축물에 관광객의 숙박에 적합한 시설을 갖추거나 부대
시설을 함께 갖추어 관광객에게 이용하게 하는 업
라. 가족호텔업 : 가족단위 관광객의 숙박에 적합한 시설 및 취사도구를 갖추어 관광객에게
이용하게 하거나 숙박에 딸린 음식·운동·휴양 또는 연수에 적합한 시설을 함께 갖추어
관광객에게 이용하게 하는 업
마. 호스텔업: 배낭여행객 등 개별 관광객의 숙박에 적합한 시설로서 샤워장, 취사장 등의
편의시설과 외국인 및 내국인 관광객을 위한 문화·정보 교류시설 등을 함께 갖추어 이
용하게 하는 업

26 관광 편의시설업의 종류가 아닌 것은?

① 관광유흥음식점업 ② 관광극장유흥업
③ 외국인전용 유흥음식점업 ④ 외국인전용 관광기념품판매업

정답 ④

외국인전용 관광기념품판매업 : 관광객 이용시설업
관광 편의시설업의 종류
가. 관광유흥음식점업: 식품위생 법령에 따른 유흥주점 영업의 허가를 받은 자가 관광객이
이용하기 적합한 한국 전통 분위기의 시설을 갖추어 그 시설을 이용하는 자에게 음식을
제공하고 노래와 춤을 감상하게 하거나 춤을 추게 하는 업
나. 관광극장유흥업: 식품위생 법령에 따른 유흥주점 영업의 허가를 받은 자가 관광객이 이
용하기 적합한 무도(舞蹈)시설을 갖추어 그 시설을 이용하는 자에게 음식을 제공하고 노
래와 춤을 감상하게 하거나 춤을 추게 하는 업
다. 외국인전용 유흥음식점업 : 식품위생 법령에 따른 유흥주점영업의 허가를 받은 자가 외
국인이 이용하기 적합한 시설을 갖추어 그 시설을 이용하는 자에게 주류나 그 밖의 음식
을 제공하고 노래와 춤을 감상하게 하거나 춤을 추게 하는 업
라. 관광식당업 : 식품위생 법령에 따른 일반음식점영업의 허가를 받은 자가 관광객이 이용하기
적합한 음식 제공시설을 갖추고 관광객에게 특정 국가의 음식을 전문적으로 제공하는 업
마. 시내순환관광업 :「여객자동차 운수사업법」에 따른 여객자동차운송사업의 면허를 받거
나 등록을 한 자가 버스를 이용하여 관광객에게 시내와 그 주변 관광지를 정기적으로 순
회하면서 관광할 수 있도록 하는 업
바. 관광사진업 : 외국인 관광객과 동행하며 기념사진을 촬영하여 판매하는 업
사. 여객자동차터미널시설업 :「여객자동차 운수사업법」에 따른 여객자동차터미널사업의 면
허를 받은 자가 관광객이 이용하기 적합한 여객자동차터미널시설을 갖추고 이들에게 휴
게시설·안내시설 등 편익시설을 제공하는 업
아. 관광펜션업 : 숙박시설을 운영하고 있는 자가 자연·문화 체험관광에 적합한 시설을 갖
추어 관광객에게 이용하게 하는 업
자. 관광궤도업:「궤도운송법」에 따른 궤도사업의 허가를 받은 자가 주변 관람과 운송에 적
합한 시설을 갖추어 관광객에게 이용하게 하는 업
차. 한옥체험업: 한옥(주요 구조부가 목조구조로서 한식기와 등을 사용한 건축물 중 고유의
전통미를 간직하고 있는 건축물과 그 부속시설을 말한다)에 숙박 체험에 적합한 시설을
갖추어 관광객에게 이용하게 하는 업
카. 외국인관광 도시민박업:「국토의 계획 및 이용에 관한 법률」제6조제1호에 따른 도시지
역(「농어촌정비법」에 따른 농어촌지역 및 준농어촌지역은 제외한다)의 주민이 거주하고
있는 다음의 어느 하나에 해당하는 주택을 이용하여 외국인 관광객에게 한국의 가정문화
를 체험할 수 있도록 숙식 등을 제공하는 업

27 관광 서비스의 특성이 아닌 것은?

① 무형성　　　　　　　　　② 표준성
③ 소멸성　　　　　　　　　④ 비분리성

정답 ②
　　이질성 : 동일한 서비스에 대해서 사람들 마다 평가가 다를 수 있다.

28 관광행동 과정에서 빈 칸에 들어갈 적합한 용어는?

> 관광욕구 인식 → 관광정보의 수집과 탐색 → (　　　　　　　　) → 관광
> 상품 구매 → 관광참여 및 관광활동 → 평가

① 관광 대안 평가　　　　　② 관광 준비
③ 관광 경험　　　　　　　　④ 관광지로 이동

정답 ①

29 관광진흥법에서 분류한 관광산업의 유형이 아닌 것은?

① 관광숙박업　　　　　　　② 관광객 이용시설업
③ 국제회의업　　　　　　　④ 항공업

정답 ④
관광산업의 유형

구 분	내 용
여행업	일반여행업, 국외여행업, 국내여행업
관광숙박업	관광호텔업, 수상관광호텔업, 한국전통호텔업, 가족호텔업, 호스텔업
관광객 이용시설업	전문휴양업 : 민속촌, 해수욕장, 수렵장, 동물원, 식물원, 수족관, 온천장, 동굴자원, 수영장, 농어촌휴양시설, 활공장, 등록 및 신고 체육시설, 산림휴양시설, 박물관, 미술관 종합휴양업 : 제1종 종합휴양업, 제2종 종합휴양업 자동차야영장업 관광유람선업 : 일반관광유람선업, 크루즈업 관광공연장업 외국인전용 관광기념품판매업
국제회의업	국제회의시설업 국제회의기획업
카지노업	
유원시설업	종합유원시설업, 일반유원시설업, 기타 유원시설업
관광편의 시설업	관광유흥음식점업, 관광극장유흥업, 외국인전용 유흥음식점업, 관광식당업, 시내순환관광업, 관광사진업, 여객자동차터미널시설업, 관광펜션업, 관광궤도업, 한옥체험업

30 관광산업의 시스템에서 관광매체에 포함되지 않는 것은?

① 식음료시설   ② 의료시설

③ 교통시설   ④ 숙박시설

정답 ②
관광주체 : 관광객
관광객체 : 관광자원
관광매체 : 알선 및 대행을 해주는 여행업, 편의시설, 교통시설, 숙박시설, 식음료시설, 유흥 및 오락시설

31 관광산업의 경제적 효과를 잘못 이해한 것은?

① 경제구조의 다변화   ② 국제무역 촉진

③ 관광자원의 가치 재발견   ④ 지역경제 발전

정답 ③

32 기내 반입 수하물의 크기를 바르게 설명한 것은?

① 가로, 세로, 높의 합이 115cm 이내인 것

② 가로, 세로, 높의 합이 125cm 이내인 것

③ 가로, 세로, 높의 합이 135cm 이내인 것

④ 가로, 세로, 높의 합이 145cm 이내인 것

정답 ①

33 항공예약 시스템의 종류가 아닌 것은?

① Topas   ② Abacus

③ Amadeus   ④ Ubiquitous

정답 ④
Saber, Worldspan, Galileo

34 E-Ticket(전자항공권)에 대해서 잘못 이해하고 있는 것은?

① 1990년 미국의 Value Jet을 시작으로 전세계 항공사에서 도입하고 있다.

② E-Ticket은 유통구조의 변화를 가져왔다.

③ 재발급에 따른 추가비용이 가중되었다.

④ 고객 서비스 향상에 기여했다.

정답 ③

35 국제선의 도시별 코드를 잘못 연결한 것은?

① TYO : 도쿄
② SIN : 싱가포르
③ LOS : 로스앤젤레스
④ SHA : 상하이

정답 ③
　　　LAX : 로스앤젤레스

36 항공 약어 중 AD를 바르게 설명한 것은?

① Agent Discount (대리점 할인)
② Address (예약번호)
③ Adult (성인)
④ Agent (여행사 이름)

정답 ①

37 관광숙박 시설의 특성을 잘못 이해한 것은?

① 조기 노후화
② 비생산적 공간의 확보
③ 초기 투자 비용 과다
④ 대도시 집중화

정답 ④

38 숙박업의 관리부문 구성에 포함되지 않은 것은?

① 하우스키핑
② 인사
③ 마케팅
④ 경비

정답 ①
　　　객실부문 : 현관 서비스, 하우스키핑
　　　관리부문 : 인사, 마케팅, 경리, 시설관리, 경비 등

39 호텔 용어 중 예약을 하고 숙박하지 않는 경우에 무엇이라고 하는가?

① No Show
② Vacancy
③ Hold Room
④ Walk in guest

정답 ①

40 숙박업에서 예약 시스템을 도입한 이유를 잘못 설명한 것은?

① 숙박시설은 저장했다가 다시 판매할 수 없기 때문이다.
② 룸 서비스를 보다 효율적으로 관리할 수 있다.
③ 체크 인 대기시간을 줄일 수 있다.
④ 예약취소 등의 관리가 가능하다.

정답 ②

41 외식업의 특성이 아닌 것은?

① 입지 의존성　　　　　　　② 자동화 용이성
③ 식음료 생산과 소비의 동시성　④ 수요 예측의 불확실성

정답 ②
인적 서비스 의존성, 식자재의 부패 용이성, 현금 창출의 용이성, 타 산업에 비해서 높은 이직률

42 음식 제공방법을 잘못 연결한 것은?

① 프랜치 서비스 : 고객의 테이블 앞에서 간단한 조리기구와 재료가 준비된 조리용 카트(Wagon)을 이용하여 직접 요리를 만들어 제공한다.
② 러시안 서비스 : American service와 비슷하며, 주방에서 미리 접시에 보기 좋게 담겨진 음식을 직접 운반하여 고객에게 서브하는 방법이다.
③ 영국식 서비스 : Family style service라고도 한다. 음식이 Plate 또는 Tray에 담겨져 테이블로 운반되면 테이블에서 주빈 또는 종사원이 각 접시에 담아서 모든 사람에게 돌려주거나, 큰 접시를 돌려 가면서 각자가 덜어먹는 형식이다.
④ 아메리칸 서비스 : 고객회전이 빠른 레스토랑에 적합하다.

정답 ②
러시안 서비스 : French service와 비슷한 점이 많으며, 종사원이 무거운 platter를 사용하며 테이블 셋팅은 french service와 동일하다.

43 관광기념품 구매 요인을 잘못 설명한 것은?

① 가격　　　　　　　② 안전성
③ 운반의 용이성　　　④ 독특성과 희귀성

정답 ②

44 관광정보의 중요성을 잘못 이해한 것은?

① 의사결정에 있어서 위험요인을 줄여준다.

② 관광을 준비하는 데 필요한 정보를 획득할 수 있다.

③ 간접적인 체험을 통해서 접근성을 높일 수 있다.

④ 재구매에 가장 큰 영향을 미친다.

정답 ④

45 관광자원의 종류가 아닌 것은?

① 자연적 관광자원　　　　　　② 인문적 관광자원

③ 문화적 관광자원　　　　　　④ 경제적 관광자원

정답 ④

　　자연적 관광자원 : 천연자원, 천문자원, 동식물
　　문화적 관광자원 : 고고학적 유적, 사적, 사찰, 공원
　　사회적 관광자원 : 풍속, 행사, 생활, 예술, 교육, 스포츠
　　산업적 관광자원 : 공업단지, 유통단지, 농장, 백화점
　　관광.레크레이션 자원 : 캠프장, 수영장, 놀이시설, 공원

46 관광사업 등록 기준을 잘못 이해한 것은?

① 일반여행업의 자본금은 2억원

② 국외여행업의 자본금은 6천만원

③ 국내여행업의 자본금은 3천만원

④ 관광호텔업 : 욕실이나 샤워시설을 갖춘 객실을 50실 이상 갖추고 있을 것

정답

　　관광호텔업 : 욕실이나 샤워시설을 갖춘 객실을 30실 이상 갖추고 있을 것

47 관광사업의 명칭을 허락없이 사용한 경우의 과태료는 얼마인가?

① 30만원　　　　② 60만원　　　　③ 90만원　　　　④ 100만원

정답 ①

위반행위	근거 법조문	과태료 금액
가. 관광진흥법 제10조 제2항을 위반하여 관광표지를 사업장에 붙이거나 관광사업의 명칭을 포함하는 상호를 사용한 경우	관광진흥법 제86조 제1항제2호	30만원
나. 관광진흥법 제28조 제2항 전단을 위반하여 영업준칙을 지키지 않은 경우	관광진흥법 제86조 제1항제4호	100만원

다. 관광진흥법 제48조의 6 제4항을 위반하여 인증을 받지 않은 교육프로그램 또는 교육과정에 인증표시를 하거나 이와 유사한 표시를 한 경우	관광진흥법 제86조 제1항제5호	30만원

48 문화체육부장관이 의료관광에 대해서 지원할 수 있는 영역이 아닌 것은?

① 외국인 의료관광 전문인력을 양성하는 전문교육기관 중에서 우수 전문교육기관이나 우수 교육과정을 선정하여 지원할 수 있다.

② 외국인환자 유치업체를 설치.운영할 수 있다.

③ 외국인 의료관광 안내에 대한 편의를 제공하기 위하여 국내외에 외국인 의료관광 유치 안내센터를 설치 · 운영할 수 있다.

④ 의료관광의 활성화를 위하여 지방자치단체의 장이나 의료기관 또는 유치업자와 공동으로 해외마케팅사업을 추진할 수 있다.

정답 ②

관광진흥법 시행령 제8조의 3(외국인 의료관광 지원) ① 문화체육관광부장관은 법 제12조의 2 제2항에 따라 외국인 의료관광을 지원하기 위하여 외국인 의료관광 전문인력을 양성하는 전문교육기관 중에서 우수 전문교육기관이나 우수 교육과정을 선정하여 지원할 수 있다.
② 문화체육관광부장관은 외국인 의료관광 안내에 대한 편의를 제공하기 위하여 국내외에 외국인 의료관광 유치 안내센터를 설치 · 운영할 수 있다.
③ 문화체육관광부장관은 의료관광의 활성화를 위하여 지방자치단체의 장이나 의료기관 또는 유치업자와 공동으로 해외마케팅사업을 추진할 수 있다.

49 문화관광축제의 지정 기준이 아닌 것은?

① 축제의 특성 및 콘텐츠　　　② 축제 예산 규모

③ 축제의 운영능력　　　④ 관광객 유치 효과 및 경제적 파급효과

정답 ②

관광진흥법 시행령 제41조의 3(문화관광축제의 지정 기준) 법 제48조의 2 제3항에 따른 문화관광축제의 지정 기준은 문화체육관광부장관이 다음 각 호의 사항을 고려하여 정한다.
1. 축제의 특성 및 콘텐츠
2. 축제의 운영능력
3. 관광객 유치 효과 및 경제적 파급효과
4. 그 밖에 문화체육관광부장관이 정하는 사항

50 국제의료관광코디네이터에게 요구되는 능력이 아닌 것은?

① 어학능력　　　② 진료능력

③ 상담능력　　　④ 마케팅능력

정답 ②

05 의학용어 및 질환의 이해

국제의료관광코디네이터의 의학용어와 질환의 이해 깊이는 어느 정도 요구될까? 의료인에 포함되는 간호사 수준은 아니며 간호조무사 정도의 지식 수준이 필요하다.

1. 의학용어 및 질환의 이해 핵심 요점

1) 기본구조 및 신체구조

(1) 의학용어 어근 · 접두사 · 접미사

가. 접두사

- a, an : ~이없는
- ab : 떨어져, 멀리
- anti : ~에 반대하여
- dys : 통증있는, 어려운
- hemi : 반
- hyper : 과잉
- hypo : 결핍이하
- macro : 큰
- mal : 나쁜, 악성

나. 의학용어 접미사

- ectomy : 절제술
- stomy : 입구 만들어줌
- tomy : 절개술
- plasty : 성형술
- scopy : 현미경 검사
- scope : 보면서 조사하는 기구
- osis : ~증 (병적상태)
- itis : 염증

- pathy : 질병상태
- rrhaphy : 봉합술
- rrhea : 분비
- gram : 기록
- graph : 기록하는 기구
- graphy : 기록하는 법, 방법
- dynia : 통증
- algua : 통증
- oma : 종양
- lysis : 분석

다. 신체의 구분 및 방향

- superior(cranial) : 상부, 위쪽
- inferior(audal) : 하부, 아래쪽
- anterior(ventral) : 앞쪽(배쪽)
- posterior(dorsal) : 뒤쪽(등쪽)
- medial : 내측(안쪽)
- lateral : 외측(바깥쪽)
- intermediate : 중간
- proximal : 근위(가까운 쪽)
- distal : 원위(먼 쪽)
- superficial : 표면의
- deep : 깊은
- supine : 바로 눕기(앙와위)
- prone : 엎드린
- frontal plane : 전두면
- sagittal plane : 시상면
- transverse plane : 횡단면

(2) 해부 생리학적 용어 핵심 요점

● 호흡기계
- nasal cavity : 비강

- soft pharynx : 연구개
- base of tongue : 혀의 기저부
- hyoid : 설골
- epiglottis : 후두개
- glottis : 성문
- trachea : 기관
- esophagus : 식도

● 눈 EYE
- pupil : 동공
- iris : 홍채
- cornea : 각막
- lens : 수정체
- conjunctive : 결막

● 중추 신경계
- cerebrum : 대뇌
- cerebellum : 소뇌
- medulla : 연수
- spinal cold : 척수
두부 및 경부 head and neck
- skull : 두개골,
- frontal : 전두부
- parietal : 두정부
- temporal : 측두부
- occipital : 후두부

● 흉부 및 배부 CHEST AND BACK
- lung : 폐
- heart : 심장
- pleura : 늑막
- rib : 늑골

- pericardium : 심막

- trachea : 기관

- bronchus : 기관지

● 복부 및 배부 ABDOMINAL AND BACK

- esophagus : 식도

- stomach : 위

- small intestine : 소장

- ileum : 소장

- duodenum : 십이지장

- jejunum : 공장

- large intestine : 대장

- cecum : 맹장

- appendix : 충수돌기

- colon : 대장

- rectum : 직장

- liver : 간

- spleen : 비장

- pancreas : 췌장

- gall bladder : 담낭

- kidney : 신장

● 척추 SPINE

- cervical spine : 경추

- thoracic spine : 흉추

- lumbar spine : 요추

- sacrum : 천골

● 골 BONE

- clavicle : 쇄골,

- humerus : 상완골, 상박골

- radius : 요골

– ulnar : 척골

– femur : 대퇴골

– tibia : 경골

– fibular : 비골

(3) 의료용어 약어 핵심 요점

- a.c : Before meals (식전)

- p.c : After meals (식후)

- Tx : Treatment (치료)

- Sx : Symptom (증상)

- MD : Mid day (정오)

- MN : Mid night (자정)

- bid : Twice a day (하루에 두 번)

- tid : Three times a day (하루에 세 번)

- qid : Four times a day (하루에 네 번)

- q.d : Every day (매일)

- q.h : Every hour (매 시간)

- Bin : Twice a night (하루 밤에 두 번)

- Prn : 필요할 때마다 (Whenever Necessary)

- SOW : 물을 조금씩 마심 (Sips of Water)

- P/E : 신체검진 (Physical Examination)

- Stat : Immediately (즉시)

- h.s : at bed time (취침 시간시)

- p.o : By mouth (경구로)

- c : with (함께)

- Med : Medication (투약)

- Inj : Injection (주사)

- Cx : Complication (합병증)

- Cc : Chief Complaint (주호소)

- Admi : Admission (입원)

- D/C : Discharge (퇴원)

- I&O : Intake and Output (섭취량과 배설량)

- Lab : Laboratory (실험실)
- OP : Operation (수술)
- Fx : Fracture (골절)
- Relaxation : 이완
- Tepid Message : 온수 마사지
- N/V : Nausea/Vomiting (오심, 구토)
- ABR : Absolute Bed Rest (절대 안정)
- NPO : Nothing by Mouth, Nothing Pre Oral, Nulla Per Os, Nil Per Os (금식)
- D.O.A : Dead on Arrival (도착시 사망)
- LUQ : Left Upper Quadrant (좌측상부 1/4)
- LLQ : Left Lower Quadrant (좌측하부 1/4)
- RUQ : Left Upper Quadrant (우측상부 1/4)
- RLQ : Left Lower Quadrant (좌측하부 1/4)
- s.s enema : Soap Solution Enema (비눗물 관장)
- BE enema : Barium Enema (바륨관장)
- CPR : Cardio Pulmonary Resuscitation (심폐소생술)
- ROM : Range of Motion (운동범위)
- Foley Catheterization : 인공배뇨
- Grav : Gravida (임신)
- Pora : Parere (출산)
- Metastasis : 전이
- Needle : 바늘
- Syringe : 주사기
- Ointment : 연고
- Pt : Patient (환자)
- I&D : Incision and Drainage (절개와 배액)
- Dx : Diagnosis (진단)
- Transfer : 전실, 전원
- Stool : 변
- Urine : 소변
- Castor Oil : 윤활제
- Irrigation : 세척

- Soft Diet : 죽
- Regular Diet : 일반식이
- Specimen : 검사물
- Sputum : 객담
- Steam Inhalation : 증기흡입
- Deep Breathing : 심호흡
- Secretion : 분비물
- Defecation : 배변
- Dehydration : 탈수
- Decubitus : 욕창
- Asepsis : 무균
- bleeding : 출혈
- Edema : 부종
- Tourniquet : 지혈대
- Vein : 정맥
- Faint : 기절
- Vision Disturbance : 시각장애
- Abortion : 유산
- Nausea : 오심(메쓰거움)
- Infection : 감염
- Suction : 흡인
- Aspiration : 흡입
- Contamination : 오염
- Injury : 손상
- Isolation : 격리
- Pillow : 베개
- Enema : 관장
- Immunity : 면역
- Conscious : 의식
- Remove : 제거하다
- Connect : 연결하다
- Dressing : 소독

- O.P.O : 외래 진료(Outpatient Observation)
- BR : 안정 (Bed Rest)
- ABR : 절대안정 (Absolute Bed Rest)
- Suture : 봉합
- Sprint : 부목
- Dextrose in Water : 포도당
- Hepatitis B Virus : B형 바이러스
- Hypertension : 고혈압
- Hypotension : 저혈압
- RBC : 적혈구 (Red Blood Cell)

중국에서는 의료용어를 영어로 사용하지 않는다. 그렇지만 한국의 의료기관에서는 의료용어를 영어로 많이 사용하므로 중국어 의료관광코디네이터도 기본적인 의료용어는 영어로 익혀둔다.

2) 심혈관 및 조혈 계통

가. 증상 및 진단용어

- 혈전성 정맥염 (Thrombophlebitis) : 정맥의 한 곳 이상에서 혈전이 생겨 혈관을 막고 염증을 일으키는 질환
- 혈전증 (TRrombosis) : 심장이나 혈관에서 피가 엉겨 붙은 혈전이 생성되는 것을 혈전증이라 하고, 이러한 혈전이나 동맥경화반이 혈류를 따라 흐르다가 동맥이나 소동맥에 걸려 혈류를 막는 것이 동맥 색전증이다. 동맥의 한 부위에 색전이 걸리면 동맥 혈류를 완전히 혹은 부분적으로 막아서 혈액, 산소, 영양분이 조직이나 기관으로 공급되지 못하게 된다.
- 심잡음 (Murmur) : 비정상적인 심장음
- 세동 (Fibrillation) : 심방이나 심실에서 자발적으로 떨리는 불필요한 심장근육의 수축
- 협착증 : 심장 또는 혈관의 판막이나 관 따위가 좁아지는 증상
- 고혈압 : 혈압은 혈액이 혈관 벽에 가하는 힘이다. 혈압을 읽을 때에는 수축기 혈압과 확장기 혈압으로 나누어서 읽는다. (예) 고혈압은 140(수축기)/90(확장기)mmHg 이상

수축기 혈압은 심장이 수축하면서 혈액을 내보낼 때 혈관이 받는 압력이며, 확장기 혈압은 심장이 확장하면서 피를 받아들일 때 혈관이 받는 압력이다. 여러 번 측정한 혈압의 평균치가 수축기 혈압 140mmHg 이상이거나 확장기 혈압 90mmHg 이상인 경우가 고혈압이다.

- 기립성 저혈압 : 먼저 누운 자세에서 혈압을 측정하고 기립 한 후 적어도 2분 경과한 후의 혈압을 측정하여 지속적으로 수축기 혈압(위 혈압)이 20mmHg, 이완기(아래 혈압) 혈압이 10mmHg 보다 더 떨어질 때 기립성 저혈압이라고 한다.

- 죽상 경화 : 죽상 경화증은 국소적으로 주로 혈관의 가장 안쪽 막인 내막에 콜레스테롤이 침착하고 세포 증식이 일어나서 "죽종"이라는 것이 형성되는 혈관 병이다. 혈관 내면이 껄끄러워지고 혈관 벽이 두꺼워져서 내경이 좁아짐으로써 그 말초로 혈액순환의 장애가 초래되는 것이다.

  죽종 내부는 마치 죽처럼 물러지고 그 주위는 단단한 섬유성 막인 "경화반" 으로 둘러싸이게 된다. 이 경화반이 불안정하게 되면 파열되어 혈관 안에 혈전(피떡)이 생긴다. 또한 죽종 안으로 출혈이 일어나 혈관 내경이 급격하게 좁아지거나 막히게 된다. 이는 주로 심장에 피를 공급하는 관상동맥(심장 혈관), 뇌에 피를 공급하는 뇌동맥과 경동맥(목의 혈관), 콩팥의 신동맥 및 말초혈관을 침범하여 협심증, 심근경색(일명 심장마비) 등의 허혈성 심장질환, 뇌경색과 출혈(일명 중풍) 등의 뇌졸중, 신부전, 허혈성 사지질환으로 나타나게 된다.

- 부정맥 (Arrhythmia) : 심장의 조율 기능 이상으로 인해 나타난다.

- 빈맥 (Tachycardia) : 심장 급속증 (맥박의 횟수가 정상 보다 많다. 성인의 경우 분당 70회~80회가 정상 범위)

- 서맥 (Bradycardia) : 맥박의 횟수가 정상 보다 적다. 분당 맥박수가 60회 이하인 경우

- 심장정지 (Cardia Arrest) : 심장박동이 정지

- 심장비대 (Cardiomegaly) : 심장에 지나치게 부담이 가서 심근이 두꺼워지고 심장이 커진 상태

- 청색증 (Cyanosis) : 혈액 속의 산소가 줄고 이산화탄소가 증가해 피부나 점막이 파랗게 보이고 호흡이 곤란한 증상이다. 주로 선천성 심장 질환으로 인해 일어나며, 오염된 지하수 안에 포함된 질산염이 혈액 안의 헤모글로빈과 결합해 체내에 산소 공급을 중단시켜도 나타난다.

- 저산소증 (Hypoxia) : 동맥혈 산소 함량이 감소하여 조직속의 산소가 정상치 이하로 감소한 상태
- 용혈 (Hemolysis) : 적혈구가 파괴되고 분해되어 헤모글로빈이 혈구 밖으로 유출하는 현상. 이는 오래된 적혈구가 파괴되는 정상적인 작용과는 다른 비정상적인 작용으로서, 적혈구의 유전적인 결함이나 화학 물질과 독성 물질 등에 의해 일어나거나 열이나 냉각, 수분의 유입 등 여러 가지 물리적 요인에 의해 일어날 수 있다.
- 부종 (Edema) : 피하 조직의 틈에 조직액 또는 림프액이 고여 몸의 전체 또는 일부가 부어오르는 증상
- 폐충혈 (Lung Congestion) : 폐에 염증으로 생기는 충혈
- 심실사이막결손증 (Ventricular Septal Defect) : 심장의 아래쪽 방인 두 개의 심실(心室) 사이 칸막이에 결손공(缺損孔)이 존재하는 선천성 심장 질환. 결손에 의하여 발생하는 특징적인 심음(心音)으로 진단하는데, 신체 발육 장애는 비교적 적으나 심내막염(心內膜炎)에 걸리기 쉽다.
- 대동맥판협착증(Aortic Stenosis) : 대동맥판이 아주 두껍거나 서로 유착되어 있어서 혈액을 좌심실에서 대농맥으로 잘 내보내지 못하여 좌심실의 혈압이 정상보다 두 배 정도 높은 심장병
- 림프종(Lymphoma) : 림프 조직에 계통적으로 침투하는 종양. 림프 조직이 비정상적으로 커지고 빈혈이 나타나기도 한다.
- 기관지 확장증 : 기관지확장증은 폐나 기관지의 염증에 의해 기관지의 근육층과 탄력층이 파괴되어 기관지가 비정상적으로 늘어나는 질환이다. 기관지의 정상 구조가 파괴되어 버리면 정상적인 기관지의 기능을 다할 수 없게 되며 이에 따라 여러 가지 증상들이 나타나게 된다. 정상적인 기관지에서는 일정양의 분비물이 분비되어 기관지의 습도를 유지하고 먼지 등의 이물질을 밖으로 배출하게 된다.이러한 분비물은 이물질과 함께 기관지 점막에 있는 섬모운동에 의해 소량씩 배출되므로 평소에 거의 가래가 생기지 않는다. 기관지확장증이 생기면 비정상적으로 확장된 기관지에서 기관지 분비물의 배출이 정상적으로 이루어지지 못하기 때문에 분비물이 고여있게 된다.
- 급성 심근경색 : 급성 심근경색증은 협심증과 달리 심장근육을 먹여 살리는 관상동맥이 갑작스럽게 완전히 막혀서 심장근육이 죽어 가는 질환이다. 발생 직후 병원에 도착하기 이전에 환자의 1/3은 사망하게 되며, 병원에 도착하여 적절한 치료를 받더라도 사망률이 5~10%에 이르는 질환이다. 심장에

혈액을 공급하는 관상동맥을 혈전이라는 피떡이 갑자기 막으면 심장근육으로 혈액이 공급되지 않아 발생한다.

나. 수술처치 용어

- 심장도관삽입 : 팔, 다리, 목의 정맥을 통하여 심장에 작은 도관을 삽입하는 방법으로 혈액표본 채취, 심장내압측정, 심장이상 검출을 한다.
- 심장이식 : 환자에게 다른 사람의 심장을 이식하는 외과수술
- 지름술(션트수술) : 해부학적으로 정상적인 길을 벗어나서 연결되는 모든 지름길을 만들어 연결하는 수술
- 판막절개술 : 심장판막을 절개하는 수술
- 동맥절개술 : 동맥자루를 외과적으로 절개하는 수술
- 색전제거술 : 혈관 속에 걸려 있는 물질(색전)을 외과적으로 제거하는 수술

3) 호흡계통

가. 증상 및 진단용어

- 호흡장애 (Dyspnea) : 호흡장애란 호흡곤란이라고도 말하며, 힘을 쓰지 않으면 숨쉬기가 어렵거나 숨쉬는데 고통을 느끼는 상태를 말한다. 비정상적으로 불쾌한 호흡운동을 느끼는 것으로, 환자가 주관적으로 "숨쉬기가 어렵다", "숨쉬기가 불편하다", "숨이 가쁘다", "조금만 움직여도 숨이 차다" 등으로 표현하는 것을 '호흡곤란' 증상으로 표현하며, 객관적인 소견인 빈호흡(Tachypnea)과 과호흡(Hyperpnea)과는 다르게 구분된다.
- 기관지 천식(Asthma) : 기관지 천식이란 폐 속에 있는 기관지가 때때로 협착을 일으킴에 따라 호흡곤란, 기침, 천명(거친 숨소리)의 증상이 반복적으로, 발작적으로 나타나는 질환이다.
천식환자는 일반적으로 감기에 걸린 후에 호흡곤란이 악화하거나, 달리기 같은 운동 후에 천명의 증상들이 나타나는 경우가 많다.
- 폐확장부전(Pulmonary Atelectasis) : 폐포내의 공기의 함량이 감소하고 있는 상태를 말한다. 선천성인 것과 후천성이 있으며 선천성인 것으로서 특발성 호흡곤란 증후군이나 선천성 폐렴 등이 있으며, 후천성으로서는 흉막염이나 비대, 종양 등에 의한 압박성 폐확산부전과 기관지암이나 기도이물, 폐렴 시에 폐색성 폐확장부전이 있다.

● 결핵(Pulmonary Tuberculosis) : 기침이나 재채기 등으로 공기 중에 퍼진 병원균이 호흡 기관지나 폐포(肺胞)로 들어가 감염을 일으킨다. 결핵균이 폐에 감염된 정도에 따라 경증·중등도·진행성 등으로 나누고, 발병 횟수에 따라 나누기도 한다. 폐에 들어간 결핵균이 바로 질병을 일으키는 경우를 1차성 결핵, 결핵균이 오랫동안 잠복해 있다가 저항력이 약해졌을 때 발병하는 것을 2차성 결핵이라고 한다. 아이들에게는 1차성 결핵이 많고 어른들에게는 2차성 결핵이 흔하다.

나. 수술 처치용어

● 진해제 : 기침을 완화하기 위해 처방되는 약물
● 거담제 : 기침과 객담의 배출을 완화하기 위해서 처방되는 약물
● 삽관법 : 공기를 소통시키기 위해서 후두에 관을 삽입하는 것으로 질식을 막고 액을 빨아내고 인공호흡을 돕기 위하여 사용
● 허파절제술(폐절제술) : 폐결핵, 허파암, 폐농양 등의 국소적인 병변에 대하여 허파의 이부를 적출하는 수술
● 가슴절개술(개흉술) : 외상을 치료하거나 질병을 치료하기 위해 가슴 안을 절개하기 위해 시행하는 수술
● 기관절개술 : 기도 확보나 기도 분비물 제거를 위해 목 부위에서 기관을 외과적으로 절개하여 창을 내는 수술

4) 소화계통

가. 증상 및 진단용어

● 과민성 장증후군 : 대장의 질환이나 대장암, 염증성장질환 등 장의 해부학적 이상 없이 대장근육의 과민해진 수축운동으로 인해 발생하는 증상들을 통틀어 말하는 질환이다.
  장이 빨리 움직이거나, 늦게 움직임으로서 복통과 함께 변비, 설사가 또는 설사, 변비가 번갈아 가면서 나타난다. 식사나 가벼운 스트레스 후 복통, 복부팽만감, 설사 혹은 변비 등의 배변습관의 변화, 배변 후에도 잔변감으로 인해 불편을 느낀다면 의심해 볼 수 있다.
● 기능성 위장장애 : 흔한 소화기계 검사로는 기질적인 질병이 증명되지 않으나 환자가 위장관기능장애의 증상을 지속적으로 호소하는 경우

- 담낭용종 : 일반적으로 담낭 용종은 담낭내강으로 돌출된 병변이다. 조직검사로 확인 후 치료하는 것이 이상적이나 담낭은 직접 관찰하기 곤란한 장기이기 때문에 영상진단에 의해서만 판단하게 된다. 담낭용종은 진정한 의미의 종양성 병변이 아닌 경우가 많고 지방침착이나 염증성 병변이 대부분이다.

- 역류성 식도염 : 식도염을 일으키는 주된 원인으로 산의 식도로의 역류, 암, 이완불능, 열공 헤르니아, 오래 지속된 위삽관, 자극물의 섭취, 요독증, 균혈증, 오랜 기간 동안의 광범위한 항생제의 복용 또는 진균감염 등이 있다. 특히 위산을 포함한 위 속의 내용물이 식도 쪽으로 거꾸로 올라와서 식도점막을 자극함으로써 생기는 질환을 통틀어 위식도 역류질환이라고 말한다. 식도점막은 위점막과 달리 산성에 매우 약하다. 반복해서 식도 점막이 위산에 노출이 되면 역류성 식도염, 혹은 식도 궤양, 식도 협착 등을 일으킬 수 있다.

나. 수술 처치용어

- 연결(문합) : 창자를 연결해 내용물이 이동할 수 있도록 하는 수술
- 식도절제 : 식도의 일부를 절제하는 수술
- 식도절개 : 식도를 잘라서 여는 수술
- 위세척 : 식염수와 증류수를 이용해서 위를 세척하는 것
- 식도위연결 : 식도와 위 사이를 외과적으로 연결하는 수술
- 치핵절제 : 치질을 외과적으로 절제하는 수술

5) 비뇨계통

가. 증상 및 진단용어

- 단백뇨 : 소변에 단백질이 나오는 것을 단백뇨라고 한다. 정상적으로 150mg미만의 단백뇨는 신장에서 배설될 수 있다. 하지만 성인에서 하루에 소변으로 배설되는 총 단백질의 양이 150mg 이상일 경우 비정상적인 상태이며 임상적으로 단백뇨라고 정의한다. 특히 하루에 배설되는 단백량이 $3.5g/m^2$이상으로 심할 경우도 있는데 이를 신증후군이라고 한다.

- 요로감염 : 요로는 신장에서부터 소변이 나오는 길에 감염이 있는 것으로 감염 부위에 따라 하부 요로 감염인 방광염, 요도염과 상부 요로 감염인 신우신염 등이 있다

- 요로결석 : 소변이 만들어져 몸 밖으로 나오기까지의 소변이 나오는 길(신장, 요관, 방광, 요도)에 결석(들)이 생기는 것을 말한다.
- 요로 결석의 원인
  - 가족력, 식생활의 영향
  - 부갑상선 기능 항진증, 통풍
  - 비타민 D 과다섭취
  - 병상에 오랫동안 누워있는 경우

나. 수술 처치용어

- 투석 : 혈액 내에 존재하는 노폐물을 콩팥 외의 다른 방법으로 제거하는 것으로 혈액투석과 복막투석의 두 가지 방법이 있다.
- 체외충격파쇄석술 : 요관 내의 콩팥돌을 강력한 음파로 통증 없이 작은 조각으로 부시는 방법
- 콩팥박리술 : 콩팥에서 염증성 유착물을 떼어내는 수술
- 도뇨 : 치료 또는 진단의 목적으로 요도 도관을 방광에 삽입하여 오줌을 뽑아내는 방법

6) 여성생식계통

가. 증상 및 진단용어

- 유방암 : 유방암이 증가하는 이유는 초경 연령이 빨라지고, 폐경 연령이 늦어지는 등 유방암 발생에 중요한 역할을 하는 여성 호르몬이 신체영향을 주는 기간이 길어지는 것이 중요한 원인으로 대두 되고 있다. 이외에도 가족 중에 유방암이 있거나 출산을 하지 않을 경우 등에서 유방암의 발생율이 다소 높다고 하나 대부분은 원인없이 생긴다.
- 자궁경부암 : 자궁의 아래쪽 1/3을 차지하는 자궁 경부에서 발생하는 암이다.
- 자궁경부암을 일으키는 위험 요인
  - 성생활을 너무 일찍 시작하는 것
  - 여러 명의 성교 상대자와 성행위를 하는 것
  - 남성 요인 : 다수의 성교 상대자를 갖는 남성의 배우자
  - 인유두종 바이러스 감염
  - 에이즈 바이러스 감염

- 자궁근종 : 자궁 체부나 자궁 경부의 평활근 세포에서 유래하여 자라는 자궁에서 가장 흔히 발생하는 양성 종양이다.
- 자궁내막증 : 자궁 안에 있어야 할 자궁내막 조직이 자궁 이외의 부위(난소, 나팔관, 자궁천골인대, 복막, 장관, 방광 등)에 있는 것을 말한다.

나. 수술 처치용어

- 지짐술(소작술) : 염증조직을 열이나 전기 또는 화학물질로 파괴시켜서 육아조직이 자라나게 하는 처치술로 자궁목염증이나 치질 등의 치료 목적으로 사용
- 원뿔절제술(원추절제) : 자궁경부 조직을 원뿔 모양으로 절제하는 수술
- 자궁관묶음(난관결찰) : 자궁관의 양쪽을 묶고 사이를 절제하여 난자의 통과를 영구적으로 막는 피임하는 방법

7) 남성생식계통

가. 증상 및 진단용어

- 전립성 비대증 : 전립선은 정자를 운반하고 정자에 영양분을 공급하는 물질을 생산하는 곳으로 방광 바로 밑에 위치하고 있다. 내분비기능이 저하된 고령자, 채식보다 육식이나 우유섭취가 많은 남자, 당뇨병, 고혈압, 심장질환 환자에서 빈도가 높다고 알려져 있다.
- 전립선암 : 전립선은 남성에게만 있는 장기로서 정액의 일부를 만들어낸다. 전립선은 방광 아래쪽에 있으면서 방광에서 나오는 요도를 둘러싸듯이 존재한다. 전립선암은 전립선에 생긴 악성종양을 말한다. 전립선암은 나이가 들수록 위험성이 높아지며, 미국이나 유럽에서는 남성 암사망자에서 높은 빈도를 차지하고 있으며 우리나라에서도 서구화된 식생활과 고령화 사회로의 이행에 따라 그 빈도가 증가하는 추세이다.

나. 수술 처치용어

- 전립샘절제술 : 양성전립샘비대증의 치료를 위한 외과적 수술
- 정관절제술 : 정관을 절제한 후 양쪽 끝을 봉합사로 묶는 영구적 남성피임술
- 정관이음술(정관문합) : 남성의 수정 능력을 복원시키기 위해 절단된 정관을 이어주는 수술

8) 신경계통

가. 증상 및 진단용어

● 뇌졸중 : 뇌에 혈액 공급이 차단되면 그 부위가 정상기능을 할 수 없는 상황을 뇌졸중이라고 하는데 최근에는 이 질환이 즉각적인 치료를 요한다는 점에서 뇌발작이라고도 한다. 뇌졸중은 뇌혈관이 막히거나 터져서 발병한다. 후유증은 시력저하 같은 일시적이고 경미한 증상부터 치료 불가능한 후유증까지 다양하다.

나. 수술 처치용어

● 머리절개술(개두술) : 머리배를 절개하여 머리종양이나 출혈 등의 뇌 관련 병변을 드러내어 수술
● 뇌천자 : 뇌에 주사기와 같은 것으로 찔러 채취하거나 다른 수술을 하는 것
● 신경박리술 : 신경이 엉켜붙어 있는 것을 분리하는 것
● 허리천자(요추천자) : 척추 중 허리뼈 부위에 수액을 채취하거나 약제를 투입하는 방법

9) 근골격계통

● 골다공증 : 골량이 현저히 감소하여 뼈가 매우 약하고 푸석푸석해져서 체중이나 기계적인 압력에 견디는 힘이 약해지고 실내에서 가볍게 넘어지는 것과 같은 미약한 충격에도 뼈가 쉽게 부러지는 질환이다. 그러므로 골다공증 환자의 뼈는 치밀하지 못하고 구멍이 많이 나 있는 모양으로 보이게 된다.

● 골다골증 위험인자
　① 노령
　② 성별: 여성은 남성보다 위험성이 더 높다. 이것은 여성 원래의 뼈 중량이 남성보다 더 적고, 남성과 달리 폐경이라는 특수한 상황으로 인하여 뼈 중량의 감소가 가속화 되기 때문
　③ 인종: 백인(특히, 북유럽, 코카시안 여성) 또는 동양인이 흑인보다 걸리기 쉽다.
　④ 운동부족: 활동이 적을수록 잘 걸리며, 앉아서 일하는 직업에 종사하는 사람에서 더 흔하다.

⑤ 저체중: 신장에 비하여 체중이 가볍고 체격이 왜소한 사람에게 더 많다.

⑥ 장기간의 칼슘 섭취부족: 우유 등 칼슘이 풍부한 음식을 기피하거나, 동물성 단백(육류고기)을 과다 섭취하는 사람에게 잘 발생한다.

⑦ 조기폐경상태: 40세 이전에 폐경이 원인 모르게 찾아온 경우, 50세 이전에 난소 2개를 모두 절제한 경우, 처녀 적부터 생리가 없었거나 수개월에 한 번씩 생리를 하는 여성들의 경우에 발병위험이 크다.

⑧ 골다공증의 가족력이 있는 경우

⑨ 흡연

⑩ 알코올, 카페인 함유음료(커피 등)의 과잉섭취

⑪ 부신피질 호르몬, 과량의 갑상선 호르몬 등의 장기 복용

● **근막통증 증후군** : 근막통증 증후근이란 다음의 조건들을 가지는, 주로 뒷목이나 머리, 허리 등과 같은 국소부위의 통증을 호소하는 가장 흔한 근골격계 질환 중 하나이다.

1. 국소부위에서 통증을 느끼고

2. 해당 부위의 근육에는 단단한 띠나 결절처럼 만져지는 통증유발점이 존재하며,

3. 해당 통증 유발점을 손으로 압박하면 국소적인 통증과 함께 연관되는 부위에 쑤시는 듯한 통증이 흔히 발생하며,

4. 바늘과 같은 것으로 통증 유발점 내에 경직된 띠(Taut Band)를 자극하면 종종 근육의 국소 연축을 야기한다.

가장 흔한 원인은 지속적인 나쁜 자세나, 특정 동작의 반복적인 움직임에 의한 해당 근육의 과도한 수축과 이로 인한 국소 혈류순환 장애로 근육이 지나치게 경직되어 생긴다.

책상에서 독서나 오랜 컴퓨터 작업을 하는 직업에서 등의 나쁜 자세에 의한 목 주위 근육의 경직으로 인한 뒷목과 머리의 뻐근하고 댕기는 통증이나, 미용사들이 머리를 빗고 자르기 위해 반복적으로 팔을 들어올리는 동작에 의한 해당 어깨와 날개죽지 주변의 근육 경직에 의한 묵직한 통증 등이 대표적이다. 그 외에도 직간접적인 외상, 반복적인 염좌, 운동 부족 및 과도한 스트레스 등도 원인이 될 수 있다.

10) 외피계통

가. 증상 및 진단용어

- 귀울림(이명) : 귓속에서 웡웡거리며 나는 소리
- 눈떨림(안진, 안구진탄증) : 눈동자의 빠른 움직임
- 소이증 : 선천적으로 바깥귀의 모양이 작게 태어나는 것
- 고막염 : 고막에 발생하는 염증
- 귀경화증 : 속귀의 안뜰창 부근에 해면성 골조직이 형성되어 귀속뼈의 등자뼈에 고정 또는 골성강직을 일으키는 질환으로 소리가 들려도 귀속뼈가 진동할 수 없으므로 전도성 난청을 초래
- 속귀염(미로염) : 속귀에 염증이 생기는 병이며 난청, 귀울림, 어지러움, 구역, 구토 등의 증상이 나타난다.
- 노년난청 : 노화로 인해서 양측 귀에 발생하는 진행성 청력 감퇴

나. 수술 처치용어

- 창냄술(천공술) : 귀경화증 환자의 청력을 회복시키기 위해 수평 반고리관에 외과적으로 창을 만드는 것
- 고막절개술 : 가운데귀의 고름과 분비물을 배출하기 위해 고막을 외과적으로 절개하는 것
- 등자뼈 절제술 : 귀경화증의 치료 목적으로 고정된 등자뼈를 완전히 적출한 뒤 스테린리스 철사로 만든 인공삽입물로 모루뼈와 안뜰창 사이를 연결하는 수술

11) 감각계통

가. 증상 및 진단용어

- 탈모증 : 속눈썹 결모를 동반한 전체탈모러서 머리카락이 빠지는 병증으로 모발이 탈락하거나 소실한 상태이다.
- 여드름 : 사춘기 체내 호르몬 분비의 변화로 피부지방의 분비가 왕성해 지고 피부지방의 배출구인 모낭벽이 각화되어 과잉 분비된 피부지방이 제대로 배출되지 못하고 정체된 상태에서 여드름균이 번식해서 생기는 피부질환
- 멜라닌 피부증(흑피증) : 전신 또는 상단한 범위의 피부가 색소침착에 의하여

갈색.흑갈색을 띠는 증세이다.

- 가려움증(소양증) : 가려움을 주 증세로 하는 피부병으로 습진.두드러기 및 이들과 비슷한 증세

나. 수술 처치용어

- 지짐술(소작술) : 찬 도구, 뜨거운 도구, 전기, 소작물질로 조직을 파괴하는 것
- 피부찰상법(박피술) : 반흔, 색소성 모반, 잔주름, 피부의 이상 형성을 제거하기 위해 동결한 표피와 필요량의 진피를 외과적 방법으로 제거
- 죽은조직제거술(변연절제술) : 이물, 괴사 조직, 오염 조직을 창상 또는 감염 병소나 그 인접 부분을 제거하고 주위의 강한 조직을 노출시키는 것
- 고주파 방전요법 : 고주파 전류에 의해 살아있는 조직을 파괴하는 것
- 레이저 수술 : 조직을 자르거나 태우거나 기화시키기 위해 레이저를 사용하여 병변, 흉터, 문신을 제거하는 것

12) 내분비계통

- 갑상선 결절 : 갑상선의 어느 한 부위가 커져서 혹을 만드는 경우 이를 갑상선 결절(갑상선 종양)이라 한다. 갑상선 결절에는 양성 결절, 악성 결절(암), 낭종(물혹) 등 여러 종류가 있다. 대부분 결절은 하나이지만 여러 개가 생기는 수도 있다. 갑상선 결절은 매우 흔한 질환으로 만져지는 결절은 인구 전체 중 약 5%에서 나타난다.

- 갑상선기능저하증 : 갑상선호르몬의 부족으로 인해 말초조직의 대사가 저하된 상태를 말한다. 갑상선기능 저하증의 95% 이상이 원발성 갑상선기능 저하증이며, 원발성 갑상선기능 저하증의 원인 중 70-85%는 자가면역성 만성 갑상선염(하시모토병)에 의해 발생한다.
  그 외 수술이나 방사성 요드 등의 치료로 갑상선의 일부 혹은 전부를 절제했거나 파괴시킨 경우에도 갑상선기능저하증이 생길 수 있다

- 갑상선기능항진증 : 갑상선에서 갑상선 호르몬이 과다하게 분비되어 갑상선 중독 증상이 나타나는 경우를 갑상선기능항진증 또는 갑상선중독증이라 한다. 갑상선기능항진증을 일으키는 원인은 여러가지가 있지만, "그레이브스병"(혹은 "바세도우병")에 의한 경우가 대부분이다. 그레이브스병은 일종의 체질적인 자가면역질환이다.

● 갑상선염 : 갑상선염이란 갑상선 내에 임파구를 비롯하여 염증세포들이 모여 있다는 의미이지 보통의 염증에서 일컫는 세균에 의한 염증은 아니다.

● 고지혈증 : 죽상경화증은 지용성 물질, 콜레스테롤, 세포의 부산물, 칼슘 및 기타 물질이 혈관내벽에 축적되어 생기는 것으로 이렇게 쌓인 것을 '플라크(반)'라고 한다. 죽상경화는 혈관의 가장 안쪽에 존재하는 내피조직의 손상으로 시작되며 내강이 큰 혈관이나 중간크기의 혈관에 잘 생긴다.

동맥의 내벽에 손상을 주는 3대 주요원인은 혈중 콜레스테롤이나 중성지방의 상승, 고혈압, 흡연으로 알려져 있다. 특히 흡연은 죽상경화를 빨리 진행시키고 심하게 악화시키는 것으로 알려져 있다.

플라크는 불안정하여 잘 터질 수 있고 플라크의 파열은 혈액응고를 유발하여 '혈전(혈소판과 혈중 응고물질들의 결합)'을 형성하게 되고 혈관을 완전히 막을 수 있다. 혈전은 또한 쉽게 떨어져 나가 우리 몸의 혈관을 막을 수 있으며 이를 '색전'이라 부른다.

심장에 혈액을 공급하는 관상동맥이 막히면 심근경색이, 뇌혈관이 막히게 되면 뇌졸중, 팔이나 다리로 가는 혈관이 막히면 괴저(썩는 것)가 생기게 된다.

콜레스테롤이 반드시 나쁜 것만은 아니다. 콜레스테롤은 혈액과 세포에 존재하는데 세포막을 구성하고 스테로이드계 호르몬의 원료가 되므로 건강한 인체에 필요한 물질이며 생명 유지에 필수적인 물질이다.

콜레스테롤은 간에서 합성되거나(대략 하루에 1000mg)과 음식을 통해 흡수됨으로써(약 400-500mg) 우리 몸으로 유입된다. 콜레스테롤은 주로 동물성(달걀 노른자, 고기, 생선, 가금(닭, 칠면조 등), 유제품) 식품에 함유되어 있으며 식물성 식품에는 드물다.

고지혈증은 혈액 속에 지질(기름)이 상승된 것을 의미한다. 혈중지질에는 콜레스테롤, 콜레스테롤 에스터, 인지질, 중성지방, 지방산 등이 있다. 혈액 내로 흡수된 지질은 물에 녹지 않으므로 단백질로 둘러싸인 형태로 이동되는데 이런 지방과 단백질의 결합체를 지단백이라 부른다.

● 당뇨병 : 우리가 먹은 음식물은 소화되어 포도당으로 변하고, 이것이 혈액 속으로 흡수되어 각 세포하나하나에 들어가서 에너지원이 되어 우리 몸을 움직이게 한다. 우리 몸이 포도당을 이용할 때 췌장의 베타세포에서 분비되는 인슐린이라는 호르몬이 필요하다. 당뇨병은 이런 인슐린의 결핍이나 작용에 대한 저항성 때문에 몸에서 포도당의 이용이 잘 안 되는 병으로 혈액

속의 포도당이 신장(콩팥)의 역치(자극에 대한 반응을 일으키는 데 필요한 최소한의 자극량)를 넘을 정도로 높아지게 되면 소변으로 당이 배출된다. 당뇨병은 유전적 체질을 갖고 있는 사람에게 비만, 노화, 임신, 감염, 수술, 스트레스, 약물남용 등의 여러 가지 환경인자가 작용할 때 발생하는 것으로 알려져 있다.

당뇨병의 3대 증상은 다음, 다뇨, 다식이며 이외에 시력장애, 성장장애, 여러 감염증이 생길 수 있다.

13) 면역계통

가. 증상 및 진단용어

- 면역억제 : 자가면역질환이나 장기 이식 때의 거부반응처럼 생체에 불리하게 작용하는 면역 반응을 없애려는 목적으로 약품이나 방사선을 사용하여 면역 반응을 억제하는 것

- 림프구증가증 : 말초혈액에 림프구의 수가 증가한 상태로 어떤 병균이나 바이러스의 침범이 있거나 백혈병 등 병적인 현상

- 림프구감소증 : 말초혈액에서 림프구의 수가 비정상적으로 감소하는 것으로 유전적 요인과 후천적 요인에 의해 발생

- 면역결핍증 : 면역 계통 구성요소의 기능장애에 의하여 발생하는 질환을 총칭한다. 면역계를 구성하는 세포 요소의 일부 또는 몇 개의 결손이나 기능부전에 의해 정상 면역기구에 장애가 생긴 상태를 의미한다. 면역 결핍증은 1차 면역 결핍증(Primary immune deficiency)과 2차 면역 결핍증(Secondary immune deficiency)으로 구분할 수 있다. 1차 면역 결핍증은 선천적으로 발생하며, 결함이 있는 면역계에 따라 4개의 군, 즉 B 세포계, T 세포계, 보체계와 식세포계의 이상증으로 분류할 수 있다. 2차 면역 결핍증은 면역 기능이 정상인 사람이 어떤 질병으로 인하여 면역 기능에 결함이 생긴 경우이다. (예) HIV 감염

나. 수술 처치용어

- 항소양제 : 가려움증(소양증)을 경감시키는 약
- 항부제 : 미생물의 성장을 억제시키는 약

● 항진균약 : 진균(곰팡이)의 성장을 억제시키거나 죽이는 약

● 항히스타민약 : 채내에서 히스타민의 효과를 억제시키는 약

● 항염제 : 염증을 감소시키는 약

14) 정신의학

● 공황장애 : 특별한 이유 없이 예상치 못하게 나타나는 극단적인 불안 증상, 즉 공황발작(Panic attack)이 주요한 특징이다. 공황발작은 극도의 공포심을 느끼면서 극도의 불안 증상을 말한다.
공황장애 진단 기준으로는 다음과 같은 13가지로 이중 4가지 이상의 증상이 있으면 공황장애로 진단한다.

  – 공황발작의 증상 및 진단
    ① 호흡곤란 : 가슴이 답답하다. 한숨을 자주 쉰다.
    ② 흉부통 : 가슴이 아프다. 가슴이 조인다.
    ③ 질식감 : 숨쉬기 힘들어 질식할 것 같다.
    ④ 현기증 : 어지럽다. 아찔하다.
    ⑤ 가슴이 마구 뛴다. 심장이 터질 것 같다.
    ⑥ 식은 땀이 난다.
    ⑦ 메스껍다. 구역질 난다.
    ⑧ 얼굴이 화끈거리고 손은 차다.
    ⑨ 손발이 저리다. 감각이 없다.
    ⑩ 몸이 떨린다. 몸에 힘이 쭉 빠진다.
    ⑪ 비현실감 : 이상한 느낌이 든다. 붕 뜨는 기분이다.
    ⑫ 죽음공포 : 이러다 죽을 것 같아 무섭다.
    ⑬ 정신을 잃을 것 같다, 쓰러지지나 않을까 겁난다.

15) 방사선학

● 일반촬영 (Plain Radiography) : 엑스선을 조사하여 단면영상

● 컴퓨터단층촬영술 (Computed Tomography) : 엑스선을 조사하여 얻은 데이터를 이용해 3차원적으로 재구성하여 입체적인 단면을 얻는 검사법

- 자기공명영상법 (Magnetic Resonance Imaging) : 자력에 의하여 발생하는 자기장을 이용하여 생체의 임의의 단층상을 얻는 검사법

- 초음파검사 (Ultrasound) : 초음파 검사는 초음파를 생성하는 탐촉자를 검사 부위에 밀착시켜 초음파를 보낸 다음 되돌아오는 초음파를 실시간 영상화하는 방식으로 검사

- 위장관조영술 (Upper Gastrointestine) : 조영제 사용하여 식도하부, 위장 십이지장 등의 병변이나 해부학적 이상을 발견하기 위한 검사

16) 종양학

- 암

암	검진방법
위암	위내시경, 위장조영술
간암	복부초음파, 혈청알파태아단백검사
대장암	분변잠혈검사 후 이상 소견 시 대장내시경, 이중조영바륨검사
유방암	유방촬영술
자궁경부암	자궁세포검사

- 육종

부위	육종
뼈	골육종, 거대세포증, 유잉육종
연골	연골육종
근육	횡문근육종, 평활근육종
섬유조직	섬유종
지방세포	지방육종
혈관	혈관육종, 카포시육종
백혈병과 림프종	백혈구 : 만성골수성 백혈병
	림프구 : 만성 핌프구성 백혈병, 급성 림프구성 백혈병, 호지킨씨병, 비호지킨씨 림프종, 다발성 골수증
	과립구 : 급성 골수성 백혈병, 급성 전골수성 백혈병
	단핵구 : 급성 단핵구성 백혈병
	혈소판 : 급성 거대구성 백혈병

● 신경제 종양

부 위	종 양
뇌	성상세포종, 교아종, 상의세포종, 수아세포종, 수막종, 신경초종
눈	망막아종
말초 신경계	신경세포아종, 신경섬유육종
생식기계	정소 : 정상피종, 융모막암, 배아종, 난황낭암
	난소 : 난소정상피종, 융모막암, 난황낭남, 기형종

17) 약리학

● 국소투여 (Topical Application) : 피부나 점막에 사용한 약물이 흡수되지 않고 그 적용부위에 국한되어 작용 (예) 좌약, 로션, 연고, 피부접착용 패치

● 근육주사 (Intramuscular Injection) : 근육에 약물을 주입

● 피하주사 (Subcutaneous Injection) : 진피와 근육 사이의 피하조직에 약물을 주입한다. 근육주사 보다 흡수가 느리고 조직에 대한 약물의 자극성이 크다.

● 내성(Tolerance) : 약물을 빈번히 사용하면, 약물의 효과가 떨어져 치료효과를 얻기 어렵다.

● 상가효과 (Additive Effect) : 두 종류 또는 그 이상의 약물을 동시에 투여했을 때의 효과

● 길항효과 (Antagonistic Effect) : 투여되는 약의 효과가 반대로 작용하여 바람직하지 못한 인체에 유해한 작용

● 상승효과 (Potentiating Effect) : 두 종류 또는 그 이상의 약물을 동시에 투여했을 때 효과가 증대된 경우로 산술적인 합 이상의 상승효과

● 협동작용 (Synergistic Effect) : 같은 작용을 하는 수 종의 약물을 병용할 때 나타나는 작용이 각 약물을 단독으로 동량 투여했을 때의 작용보다 강한 경우로 상가작용과 상승작용이 있다.

● 아나필라틱반응 (Anaphylactic Reaction) : 초과민 반응 (생명을 위협하는 즉시형 알레르기 반응)

● 의원성 질환 (Iatrogenic Disease) : 약물 치료 중 의도하지 않은 질병의 발생

● 약물 남용 (Drug Abuse) : 약물을 의학 외적인 목적으로 과다하거나 부적절하게, 또는 습관적으로 사용하는 행위

● 피기백 주입 (Piggyback Infusion) : 주사 중에 기존의 수액을 유지하면서 다른 주사를 연결하여 천천히 주입

2. 의학용어 및 질환의 이해 예상문제

01 위의 기능이 아닌 것은?

① 소화작용   ② 위산을 이용한 살균작용

③ 알코올의 전부 흡수   ④ 펩신을 통한 단백질 분해작용

정답 ③
   알코올의 일부 흡수

02 소장의 구조에 포함되지 않는 것은?

① 십이지장   ② 공장

③ 회장   ④ 위

정답 ④

03 피부의 구성이 아닌 것은?

① 표피   ② 진피

③ 모세혈관   ④ 피하지방층

정답 ③

04 갑상선암의 치료방법이 아닌 것은?

① 외과적 수술   ② 방사성 옥소투여

③ 유전자 치료   ④ 외부 방사선 치료

정답 ③
   갑상선 호르몬제 복용

05 척추 협착증

① 척추의 신경이 지나가는 통로인 척주관, 신경근관, 추간공 등이 좁아
   져 신경이 눌리는 질환
② 요통, 신경성 간헐적 파행, 하지 통증의 증상이 있다.
③ 선천성, 퇴행성, 혼합형, 척추분리 또는 전방전위성, 외상성, 숫률후성
   으로 분류된다.

④ 허리뼈 5개 중 요추부 1번과 2번 척추 사이에 호발한다.

> 정답 ④
>
> 허리뼈 5개 중 요추부 4번과 5번 척추 사이에 호발한다.

06 요추 추간반 탈출증에

흔히 디스크라고 부르는 병으로서 척추와 척추 사이에 있는 추간반의 가장자리에 있는 섬유륜에 균열이 발생하고, 이 틈새로 추간반의 ( )이 탈출하여 신경을 압박하여 허리의 통증과 다리의 방사통을 일으키는 질환입니다.

① 수핵   ② 수혈

③ 수두   ④ 수압

> 정답 ①

07 지방간의 설명 중에서 빈 칸에 들어가는 용어로 바른 것은?

지방간은 말 그대로 지방질, 그 중에서도 특히 중성지방(트리글리세라이드)이 간 세포에 축적되어 간 무게의 ( )% 이상을 차지하고 있는 질병이다. 간은 인체의 화학공장으로서 여러 가지 역할을 담당하고 있는데 음식물 등을 통하여 섭취한 지방질을 원활하게 처리하지 못하면 지방간이 발생한다.

① 5%   ② 10%

③ 15%   ④ 20%

> 정답 ①

08 녹내장의 발병 원인이 아닌 것은?

① 연령이 많은 경우

② 난시가 있는 경우

③ 가족 중에 녹내장이 있는 경우

④ 장기간 스테로이드 점안약을 투여한 경우

> 정답 ②
>
> 고도 근시가 있는 경우, 과거에 눈을 다친 경우, 당뇨, 고혈압, 갑상선 질환, 동맥경화증 같은 전신성 질환이 있으면 더 발생률이 높다.

09 위용종에 대해서 잘못 이해하고 있는 것은?

① 위 점막의 표면 위로 솟아 올라온 혹을 위용종이라고 한다.
② 암으로 진행되는 초기단계이다.
③ 위 폴립, 위 물혹, 양성 위종양, 선종성 용종으로도 불리운다.
④ 위용종은 대개 양성 질환이다.

정답 ②
특별한 경우를 제외하면 암으로 진행하지 않습니다

10 당뇨병에 대해서 잘못 이해하고 있는 것은?

① 당뇨병이면서도 소변에서 당이 나타나지 않는 경우가 있다.
② 핏속의 포도당이 상당히 높아진 다음에 비로소 소변에 당이 나오게 된다.
③ 당뇨병은 인슐린 과잉으로 핏속의 포도당이 증가된다.
④ 고혈당상태가 10년이상 장기간 지속되면 만성합병증이 생긴다.

정답 ③
당뇨병은 인슐린이 부족해서 핏속의 포도당이 증가된다.

11 단백뇨에 대해서 잘못 이해하고 있는 것은?

① 소변내 단백질은 하루 150mg 이하로 나오는 것이 정상인데 이러한 단백질이 소변에 비정상적으로 나오는 것을 단백뇨가 있다고 한다
② 단백뇨는 심한 운동, 과격한 스트레스, 발열 등이 있는 경우에도 일과성으로 나타날 수 있다.
③ 단백뇨는 드문 예를 제외하고는 대개 십이지장에서 유래된다.
④ 일반적인 소변검사에서 하루 300 -500mg정도의 단백질이 소변으로 배설되면 단백뇨가 있다고 할 수 있다.

정답 ③
단백뇨는 드문 예를 제외하고는 대개 신장에서 유래된다.

12 대동막 박리의 유발요인이 아닌 것은?

① 당뇨병　　　　　　② 마르팡 증후군
③ 동맥경화　　　　　④ 고혈압

정답 ①

대동맥 박리의 유발요인은 심장질환(대동맥류 확장, 이첨 대동맥 판막, 대동맥 축착 등), 흉부 외상 등이 있다.

대동맥 박리란 국소적인 대동맥 내막의 파열로 인해 대동맥의 중막이 내층과 외층으로 분리되면서 찢어지는 것을 말한다. 즉, 대동맥은 세 겹의 단단한 껍질로 이루어져 있는데, 갑자기 대동맥의 속껍질이 찢어지면서 심장에서 나오는 많은 양의 피가 찢어진 대동맥 껍질 사이로 흘러 들어가는 것이 대동맥 박리증이며 이것은 매우 빠르게 진행하는 심각한 병이다.

13 하지정맥류의 치료방법이 아닌 것은?

① 보존적 치료　　　　　　　　② 경화요법

③ 수술적 치료　　　　　　　　④ 근육 레이저 치료

정답 ④

혈관 레이저 치료

- 보존적 치료 : 하지정맥류가 심하지 않고 특히 증상이 없는 경우에는 오래 서 있는 것을 피하고 다리의 혈액순환이 방해되지 않도록 다리를 꼬거나 책상다리를 하지 않고, 특별히 제작된 의료용 압박스타킹을 신는 보존적 치료를 할 수 있다. 이러한 방법들은 근본적인 치료는 되지 않으나, 다리 정맥의 혈액순환을 도와주어 정맥류에 의한 여러 증상을 완화시켜 준다.
- 경화요법 : 가는 주사기로 혈관을 굳히는 약물을 정맥 안으로 주입하는 경화요법은 약물에 의해서 혈관 조직을 붙이는 방법이다. 혈관이 막히며 조직이 자연스럽게 흡수되면서 서서히 사라지게 된다.
- 수술적 치료 : 피부를 절개해서 정맥류의 원인이 되는 혈관과 정맥류가 발생한 혈관을 절제해 내는 방법이다. 정맥류가 발생한 혈관을 확실히 제거할 수 있고, 재발률이 10% 이하로 수술결과는 매우 성공적이나 다른 방법에 비해서 상대적으로 흉터가 남는다는 단점이 있다. 최근에는 피부 절개를 최소화하고 구부러진 주사침 같은 기구를 이용해서 혈관을 빼내는 방법으로 수술을 하는 미세절제수술(보행적 정맥류 제거술) 을 시행하며, 이 경우 피부에는 작은 상처들만 남는다.
- 혈관 레이저 치료 : 정맥류의 원인이 되는 혈관 부위 피부에 주사바늘은 꽂은 후 레이저 광섬유를 혈관 속으로 넣고 레이저 광선을 쏘아 혈관을 막는 방법이다. 주사관을 이용해서 가는 레이저 줄을 넣으므로, 흉터가 남지 않고 수술 후 회복도 빠르다. 어느 정도 굵고 길이가 긴 혈관에만 사용할 수 있는 방법이다.

14 최근 의료기술의 발달로 요로결석의 치료에서 거의 사용하지 않는 것은?

① 대기요법　　　　　　　　② 체외충격파쇄석술

③ 요관경하 제석술　　　　　④ 개복수술

정답 ④

경피적 신절석술, 개복수술

- 대기요법 : 요로결석의 크기가 5mm 이하로 작고 요관 아래쪽에 있는 경우에는 결석이 저절로 빠지는 것을 기다려본다. 이런 경우를 대기요법이라고 합니다. 이 기간 동안 물을 많이 마시고 줄넘기나 가벼운 달리기 등을 하면 결석이 빠지는데 도움이 된다. 단 물 대신 맥주를 많이 마셔야 한다는 잘못된 상식을 따르는 것은 옳지 않다.
- 체외충격파쇄석술 : 몸 밖에서 충격파를 발생시키고 이 충격파를 요로결석에 집중시켜서 결석을 깨뜨려서 저절로 나오게 해주는 방법이다. 마취나 입원이 필요 없고 간단히 시행할

수 있다는 장점이 있다.

- 요관경하 제석술 : 요도를 통해 요관내시경을 넣어서 직접 결석을 보고 깨뜨린 후 꺼내는 방법이다. 요도를 통해 시술하기 때문에 피부를 쨀 필요 없으며 당연히 흉터도 남지 않는 다. 그리고 직접 보고 꺼내는 방법이기 때문에 성공률이 90%이상이며, 수술 후 금방 회복 되기 때문에 수술후 1-2일이면 정상적인 생활도 할 수 있다. 하지만 이것도 수술이기 때문에 입원하고 마취를 하고 해야 한다.
- 경피적 신절석술 : 신장에 커다란 결석이 있는 경우 옆구리 쪽에서 신장의 결석으로 구멍을 만들고 이 길을 통하여 신장내시경을 넣고 결석을 제거하는 방법이다. 입원을 하여 전신마취 하에 수술을 하지만, 큰 절개를 요하지 않고 회복기간이 빠른 장점이 있다.
- 개복수술 : 피부를 절개하고 직접 결석을 제거하는 방법이다. 가장 확실히 결석을 제거하는 방법입니다만 최근에는 거의 사용되지 않는 방법이다.

15 장염을 일으키는 세균이 아닌 것은?

① 노로바이러스 ② 로타바이러스
③ 항생포도상구균 ④ 미토콘도리아

정답 ④

장염은 노로바이러스, 로타바이러스 등 다양한 바이러스 뿐만아니라, 황생포도상구균, 장티푸스균, 이질균, 대장균, 비브리오균 등 많은 세균과 기생충에 의하여서 발생할 수 있다. 발병기전에 따라 비염증성, 염증성, 관통성으로 구분할 수 있다.

16 폐혈증의 원인이 아닌 것은?

① 원인 병소로는 중이염, 피부 화농증, 욕창, 폐질환, 충치, 담낭염, 신우염, 골수염, 감염된 자궁 등이다.
② 원인 병원균으로는 연쇄상구균, 포도상구균, 대장균, 폐렴균, 녹농균, 진균, 클렙시엘라 변형 녹농균 등이 있다.
③ 증상은 갑자기 오한 전율을 동반한 고열이 난다. 관절통, 두통, 권태감 등도 볼 수 있다. 맥박은 빠르고 미약하며 호흡이 빨라지고, 중증인 경우는 의식이 혼탁해진다.
④ 패혈증 쇼크의 1차적 증상은 저혈압, 청색증, 빈뇨, 무뇨, 황달, 심부전 증상이 있고, 2차 증상에는 발열, 심한 오한, 빠른 호흡, 빈맥, 저체온, 피부 병변(출혈 홍반 등), 의식 변화 등이 있다.

정답 ④

증상이 심해지면 저혈압에 빠지고 소변량이 줄면서 쇼크 상태에 빠진다. 패혈증 쇼크의 1차적 증상은 발열, 심한 오한, 빠른 호흡, 빈맥, 저체온, 피부 병변(출혈 홍반 등), 의식 변화가 있고, 2차 증상에는 저혈압, 청색증, 빈뇨, 무뇨, 황달, 심부전 증상 등이 있다.

17 여행자 설사에 대해서 잘못 이해하고 있는 것은?

① 여행자 설사란 여행 동안 또는 직후에 발생하는 설사로 하루 이상에 걸쳐 3회 이상 설사를 하는 경우를 말한다.

② 대부분 오심, 구토, 복통, 발열이 동반된다

③ 증상은 대개 냉대지방에 도착 후 3일에서 2주 사이에 시작되지만 첫 3-5일 사이가 가장 흔하다.

④ 오염된 음식과 물이 원인이며 대부분 1-5일간 지속되다가 자연 회복된다.

정답 ③

상은 대개 열대지방에 도착 후 3일에서 2주 사이에 시작되지만 첫 3-5일 사이가 가장 흔하다.

18 간디스토마에 대해서 잘못 이해하고 있는 것은?

① 사람이 민물고기를 날로 먹어서 감염된다.

② 주로 바다생선에 의해 감염된다.

③ 감염 초기에 담관염이 먼저 생기는데 이 때의 증상은 감기나 몸살 같은 비특이적인 발열과 오한 같은 것이며 상복통이 있을 수 있다. 만성 중감염되는 경우 상복부둔통과 설사가 지속된다.

④ 많은 충체가 간내담관을 막아 만성적인 담즙 분비 부진을 일으켜 황달이나 소화장애를 일으킬 수 있다.

정답 ②

간흡충(Clonorchis sinensis)에 의하여 발생되는 기생충 질환으로 사람의 간내 담관에 일차적으로 감염되고 감염량이 많은 경우에는 간외담도, 담낭, 췌관에도 감염이 일어난다.

19 남성 불임의 원인을 잘못 이해하고 있는 것은?

① 정자수가 적게 만들어지는 감정자증, 정자의 활동성이 약한 약정자증에 의해 불임이 생길 수 있다

② 고환에 선천적장애가 있거나 매독, 결핵 등 다른 병 때문에 염증이 생길 경우

③ 성염색체에 선천적 이상이 있을 경우

④ 정계 정맥류로 고환의 온도가 내려가는 경우

정답 ④

정계 정맥류로 고환의 온도가 올라가는 경우
정자수송장애가 원인이 될 수 있는데, 이것은 정자가 배출되는 길목에 이상이 생기는 경우를
말한다.

20 전립선염의 종류가 아닌 것은?

① 급성 세균전립선염　　　　② 만성 세균전립선염

③ 급성 골반통증증후군　　　　④ 무증상염증전립선염

　정답　③

만성 비세균 전립선염과 만성 골반통증증후군

21 치경부 마모증에 대해서 잘못 이해하고 있는 것은?

① 양치질 시 치아를 옆으로 닦는 등의 잘못된 잇솔질 등에 의해 잇몸 위
　의 치아가 소실되어 시린증상이 생기는 질환이다.

② 치아는 법랑질과 상아질의 두 부분으로 되어있는데 외부의 법랑질의
　소실되어 상아질이 노출되면 상아질에 있는 상아세관이 노출된다. 이
　러한 노출된 상아세관에 외부의 자극이 가해지면 시린 증상이 나타난다.

③ 마모가 심하다면 복합레진으로 마모되어 소실된 치아조직을 수복함으
　로써 증상을 개선시킬 수 있다.

④ 젊은 층 보다는 노년층에 더 호발한다.

　정답　④

치경부 마모증은 보통 나이에 비례한다. 그러나 나이가 들수록 치아내의 신경은 퇴축되고 또
한 마모에 따라 치아의 보호작용에 의해 이차적인 경조직이 생성되므로 오히려 젊은 나이층
에서 치경부 마모증에 따른 과민성치아가 더 호발한다

22 부정교합에 대해서 잘못 이해하고 있는 것은?

① 부정교합이란 치열이 고르지 못하며 상,하의 교합이 잘 맞지 않는 상
　태를 말한다.

② 교정치료로 교합을 얻을 수 있다.

③ 유전적인 요인과는 관련이 없다.

④ 혀를 앞으로 내미는 등의 습관, 치아 수의 이상, 유치의 조기 상실 등의
　원인으로 발생할 수 있다

　정답　③

유전적인 요인으로 발생할 수 있다

23 수면호흡장애에 대해서 잘못 이해하고 있는 것은?

① 인간의 수면은 1단계에서 4단계까지로 나누어져 있다. 수면호흡장애란 수면 중 기도가 좁아져 코골이, 수면 중 호흡 끊김 등이 발생하고, 이로 인해 수면의 단계가 1단계, 2단계에 머물게 되어, 결국 만성 피로를 일으키는 질환이다.

② 수면호흡장애는 주로 수면 중에 편도나 목젖의 근육 긴장도가 떨어져 기도가 좁아져 발생한다.

③ 수면호흡장애에 의한 질 낮은 수면은 뇌를 충분히 쉬지 못하게 함으로써 기억력 감퇴, 집중력 저하를 불러와 학업 및 업무 능력에 상당한 지장을 줄 수 있다.

④ 비만과는 관련이 없다.

정답 ④

비관과 관련이 있다.

24 후두암의 원인에 대해서 잘못 이해하고 있는 것은?

① 흡연   ② 알코올

③ 유전적인 요인   ④ 헬리코박터균

정답 ④

아스베스토스, 니켈, 석면 등이 후두암의 발생과 연관이 있다.

25 메니에르병에 대해서 잘못 이해하고 있는 것은?

① 내이의 임파액이 많아지게 되어 내이를 지나치게 출렁이게 함으로써 어지러움증을 일으키는 병이다.

② 40세에서 60세 사이의 연령에 호발하며 남녀 비는 비슷하게 발생하고 가족력도 10 - 20%정도로 나타난다.

③ 발작성 어지러움과 함께 설사를 동반하는 경우가 많다.

④ 치료는 약물치료와 수술적치료로 대별되는데 약물치료는 일단 저염식을 하여야 하며 이뇨제, 혈관확장제, 스테로이드, 진경 진토제 등을 복용한다.

정답 ③

발작성 어지러움과 함께 오심 구토를 동반하는 경우가 많으며 어지러움은 2 내지 4시간 정도 지속된다.

26 성대결절에 대해서 잘못 이해하고 있는 것은?

① 지속적인 음성 남용 또는 무리한 발성에 의한 국소적 염증반응에 의해 생기고 교사나 가수와 같이 직업적으로 음성남용이 많은 사람에서 잘 생긴다.

② 지속적인 애성(목소리가 쉼)이 나타나고 음성피로가 쉽게 나타난다.

③ 결절이 생기는 기전은 성대 사이의 충격에 의해 점막하 출혈이 일어나고 이곳이 섬유조직에 의해 대치되어 결국에는 결절로 진행한다.

④ 결절은 평소에도 통증을 느끼며 음식물을 삼킬 때 더욱 심해진다.

정답 ④
결절은 흔히 통증이 없으며 음식물을 삼킬 때 문제도 없다

27 대사증후군의 원이 아닌 것은?

① 운동부족　　　　　　② 과음 및 과식

③ 복부비만　　　　　　④ 유전적 요인과 관련이 없다.

정답 ④
유전적 요인, 스트레스도 대사증후군을 일으킬 수 있다.
대사증후군 진단기준
• 복부비만 = 허리둘레 남성 102cm(동양인 90cm),
• 여성 88cm(동양인 80cm)이상
• 중성지방 = 150mg/dl 이상
• 고밀도 콜레스테롤 = 남성 40mg/dl, 여성 50mg/dl 미만
• 공복혈당 = 110mg/dl 이상 또는 당뇨병 치료 중
• 혈압 = 수축기 130mmHg 이상 또는 이완기 85mmHg이상
이 중 3가지 이상에 해당되면 대사증후군

28 골다골증에 대해서 잘못 이해하고 있는 것은?

① 만성질환으로 폐경으로 인한 여성 호르몬의 감소 혹은 노화에 의해 발생하는 중요한 대사성 골격질환이다.

② 골의 손실이 생성보다 많아 발생하며, 뼈의 양이 줄어들어 가벼운 충격에도 쉽게 골절이 발생하게 된다.

③ 골다골증 예방을 위해서 칼슘 섭취는 하루 100~ 150mg 칼슘이 권장된다.

④ 골다공증의 치료는 칼슘외에 여성호르몬제재, 비타민 D 등이 있다.

정답 ③
골다골증 예방을 위해서 칼슘 섭취는 하루 1000~ 1500mg 칼슘이 권장된다.

29 유방암의 위험요인에 대해서 잘못 이해하고 있는 것은?

① 40세 이후 여성

② 유방암 가족력이 있는 여성

③ 12세 이전 초경 및 50세 이후 폐경한 여성

④ 30세 이전에 출산한 여성

정답 ④

임신 경험이 없거나 30세 이후 첫 출산한 여성
비만증, 고열량, 고지방, 알코올 과다 섭취
여성 호르몬제를 장기 복용한 여성

30 동맥경화증에 대해서 잘못 이해하고 있는 것은?

① 원인은 혈관에 다량의 콜레스테롤 증가

② 예방을 위해서 콜레스테롤의 섭취를 피한다.

③ 증상으로는 동맥경화로 인하여 뇌출혈, 협심증, 심근경색, 당뇨병성 신증, 망막증 등이 올 수 있다.

④ 예방을 위해서 식물성 지방 대신 동물성 지방을 섭취해야 한다.

정답 ④

예방을 위해서 콜레스테롤의 섭취를 피하고, 동물성 지방 대신 식물성 지방을 섭취해야 한다.

31 위 절제 수술 후의 식사에 대해서 잘못 이해하고 있는 것은?

① 천천히 꼭꼭 씹어서, 소량씩 자주 식사한다.

② 조금씩 식사량을 증가시킨다.

③ 충분한 단백질을 섭취한다.

④ 수분을 충분히 섭취한다.

정답 ④

단 음식이나 많은 수분 섭취는 피한다.

32 대장수술 후 섭취하는 음식에 대해서 바르게 이해하고 있는 것은?

① 콩류는 소화가 잘 안되는 식품이다.

② 풋과일은 가스를 많이 발생시키는 식품이다.

③ 바나나는 변비를 일으키는 식품이다.

④ 계란은 변을 묽게 만드는 식품이다.

정답 ③

가스를 많이 발생시키는 식품
- 콩류, 양파. 유제품(우유, 요구르트 등), 탄산음료, 맥주, 빨대로 먹기

변을 묽게 하는 식품
- 콩류, 자두 혹은 자두쥬스(프룬쥬스), 찬우유, 지방을 많이 함유한 라면 및 튀김류, 술, 아이스크림, 풋과일

소화가 잘 안되는 식품
- 샐러리, 견과류(호두, 밤, 잣 등), 옥수수, 팝콘, 파인애플, 말린과일, 과일껍질

변비를 일으키는 음식
- 바나나, 감, 땅콩, 밤, 토란, 인절미, 말린과일(바나나 말린 것, 건포도 등)

악취를 유발시키는 음식
- 많은 양의 파, 마늘, 볶은 콩, 계란, 치즈, 양파

33 레이노 증후군에 대해서 잘못 이해하고 있는 것은?

① 말초혈관의 이상반응으로 인해 일시적으로 말단부의 혈류에 장애가 일어나는 질환이다.

② 원인질환으로는 피부 경화증, 루푸스, 류마티스 관절염 등의 여러 가지 류마티스 질환이 있다.

③ 레이노 현상은 추위에 노출시 손가락이나 발가락 끝이 창백하게 변하고, 곧이어 붉은 색으로 변하고, 회복단계에서는 파란 색으로 변한다.

④ 레이노 현상은 생활방식에 의해서도 발생할 수 있다. 이를테면 진동성 전기톱이나 수동착암기 같은 공구를 사용하는 사람에게도 가끔 발생한다.

정답 ③

레이노 현상은 추위에 노출시 손가락이나 발가락 끝이 창백하게 변하고, 곧이어 퍼렇게 변하고, 회복단계에서는 붉은 색으로 변하면서 원래 색으로 돌아온다.

34 요실금의 종류가 아닌 것은?

① 복압성 요실금　　　　　② 절박성 요실금

③ 고연령 요실금　　　　　④ 혼합성 요실금

정답 ③

범람 요실금

35 전치태반의 위험요인에 대해서 잘못 이해하고 있는 것은?

① 다임신부

② 고령

③ 과거에 제왕절개술이나 인공유산을 시행한 경우

④ 알코올

[정답] ④

과거 자궁내막의 염증성 또는 위축성 질병. 흡연

36 혈관성 치매의 위험요인에 대해서 잘못 이해하고 있는 것은?

① APO E4 유전자 보유

② 당뇨

③ 흡연

④ 고지혈증

[정답] ①

알츠하이머병 : 치매의 가족력, APO E4 유전자를 가지고 있는 경우
혈관성 치매 : 고혈압, 뇌졸중

37 빈혈의 원인에 대해서 잘못 이해하고 있는 것은?

① 적혈구는 골수에서 만들어져 일정기간 혈액 내에서 기능을 한 다음 수명을 다한 후에는 비장 등의 장기에서 파괴가 된다. 빈혈은 적혈구가 활동하는 이러한 과정에서 문제가 생길 경우 발생한다.

② 출혈에 의한 것으로 이는 적혈구가 직접적으로 몸에서 빠져나가서 즉 출혈이 생겨 발생하는 빈혈이다. 이러한 출혈은 흔히 용혈성 빈혈이라고 부른다.

③ 적혈구가 혈액 내에서 많이 파괴가 되어서 빈혈이 생기기도 한다.

④ 골수에서 적혈구의 생성이 잘 되지 않아 빈혈이 생길 수도 있다.

[정답] ②

철결핍성 빈혈은 여성의 경우 생리나 기타 부인과 질환에 의한 월경과다에 의한 출혈이 원인이 되는 경우가 많으며 위, 소장. 대장의 질환에 의해서 장출혈이 일어나는 경우도 원인이 된다. 적혈구가 혈액 내에서 많이 파괴가 되어서 빈혈이 생기기도 한다. 이는 혈액 내에서 적혈구가 파괴되는(용혈이라고 함)과정을 통하여 발생한다. 정상적으로 적혈구는 혈액 내에서 수명을 다한 후 파괴되지만 적혈구자체의 이상이나 병적인 과정에 의해 적혈구에 대한 이상 항체가 생성되어 수명이 다하기 전에 파괴가 될 수 있으며 이를 용혈성 빈혈이라 부른다.

38 의료용어를 잘못 연결한 것은?

① CT : 컴퓨터단층촬영   ② MRI : 자기공명영상법

③ PET-CT : 초음파   ④ Upper Gastrointestine : 위장관조영술

[정답] ③

39 유방 확대술의 종류가 아닌 것은?

① 유방 및 주름 절개법   ② 유륜 절개법
③ 겨드랑이 절개법   ④ 양악 절개법

정답 ④

40 레이저 성형술의 대상이 아닌 것은?

① 보톡스   ② 여드름 흉터 제거술
③ 문신 제거   ④ 색소성 피부 질환

정답 ①

주름 제거술, 여드름흉터를 포함한 흉터 제거술, 문신 및 털 제거 등의 목적으로 사용될 수 있고 점, 오타씨 모반 및 유사모반, 문신, 주근깨, 검버섯, 기타 갈색 푸른색 점 등의 색소성 피부 질환이나 모세혈관 확장증, 혈관종 등의 혈관성 질환에 사용할 수 있다. 각각 질환에 따라 다른 레이저를 사용하므로 치료기간이나 방법은 각각 다르다.

41 포도막염의 주 증상이 아닌 것은?

① 두통   ② 눈의 충혈
③ 눈부심   ④ 비문증

정답 ①

안통, 시력 감소

42 부정맥의 주 증상이 아닌 것은?

① 두근거림   ② 호흡곤란
③ 실신   ④ 변비

정답 ④

어지러움

43 조울증에 대해서 잘못 이해하고 있는 것은

① 쉽게 짜증을 내며, 공격적인 행동을 보인다.
② 과대사고에 빠져들고, 자존감이 고양된다.
③ 말이 느려지며, 생각이 느리게 돌아가는 느낌이 든다.
④ 기분이 고조되고, 과도하게 낙관적이 되며, 자신감이 가득하다.

정답 ③

신체적인 행동뿐만 아니라 정신적인 활동도 활발해지며, 에너지가 증가한다.

기분이 고조되고, 과도하게 낙관적이 되며, 자신감이 가득하다.

쉽게 짜증을 내며, 공격적인 행동을 보인다.

피곤을 느끼지 않으며 수면욕구도 줄어든다.

과대사고에 빠져들고, 자존감이 고양된다.

말이 빨라지며, 생각이 빠르게 돌아가는 느낌이 든다.

충동적이 되며, 판단력이 떨어지고, 주변 일에 쉽게 주의가 끌린다.

음주운전, 과속, 정상적이지 않은 과도한 성관계 등 무책임한 행동을 한다.

증상이 심한 경우, 환각을 경험하고 망상에 사로잡히게 된다.

44 비듬의 원인과 악화요인에 대해서 잘못 이해하고 있는 것은?

① 두피관리 불결　　　　　　② 동물성 지방 과다섭취

③ 육체적 및 정신적 스트레스　　④ 환경

정답 ②

피부질환

45 간염환자의 식사관리에 대해서 잘못 이해하고 있는 것은?

① 급성기에는 소화되기 쉬운 음식을 소량씩 자주 먹는다.

② 양질의 단백질을 충분히 먹는다.

③ 수분 섭취를 피한다.

④ 신선한 채소와 과일을 충분히 먹는다.

정답 ③

수분을 충분히 섭취한다.

46 혈전에 대해서 잘못 이해하고 있는 것은?

① 혈전이란 혈액속에서 피를 엉겨 붙게 하는 혈소판이 혈관벽에 응집하여 혈괴(핏덩어리)를 형성하면 이곳에 혈액 속에 있는 섬유소 및 여러 가지 응고인자가 혈괴를 단단하게 응고시켜 생성된 것을 말한다.

② 혈전은 생성된 부위의 혈관을 막아 문제가 될 뿐만 아니라 생긴 부위에서 떨어져 나가 다른 혈관을 막게 되면 그 부위 조직이 산소 부족 현상을 일으켜 죽게 되는데, 만약에 막힌 부위가 뇌신경 부분이라면 이를 뇌색전이라고 하며 뇌졸중(중풍) 원인중의 하나이다.

③ 폐색전은 혈전이 폐혈관에 가서 막은 경우로서 갑자기 호흡이 중단되는 증상이 나타날 수 있다.

④ 혈전이 생길 위험인자로는 심장 판막 질환, 부정맥, 급성 심근경색등의 심장질환을 갖고 있거나 인공 판막치환술을 받은 사람 또는 혈액학적 이상으로 혈액을 응고시키는 인자들이 혈액 내에 증가되어 있는 경우 등을 들 수 있습니다.

정답 ③

폐색전은 혈전이 폐혈관에 가서 막은 경우로서 갑자기 호흡이 가빠지는 증상 등이 나타날 수 있다.

47 혈액투석치료에 대해서 잘못 이해하고 있는 것은?

① 말기 신부전증 환자에게 시행되는 신 대체 요법이다.
② 환자의 혈액이 특수한 관을 타고 체외로 나와서 특수한 필터(투석기)를 통해 노폐물 및 수분이 걸러진 후 체내로 다시 주입되는 치료 방법이다.
③ 만성 신부전증에서 신 기능이 정상 신 기능의 10%이하로 감소되어 있는 경우를 말기 만성 신부전증이라고 부르며, 이때에는 신 대체요법에는 혈액투석과 복막투석의 투석요법과 신장이식의 세 가지 방법이 있다.
④ 치료 시간은 1회 1시간, 주 1회로 투석하는 것이 표준 혈액 투석이다.

정답 ④

치료 시간은 1회 4시간, 주 3회로 일주일에 12시간 투석하는 것이 표준 혈액 투석이다.

48 항암요법의 부작용에 대해서 잘못 이해하고 있는 것은?

① 혈액학적 부작용　　　　② 감염
③ 유전자 변형　　　　　　④ 오심.구토

정답 ③

1) 혈액학적 부작용
항암제로 인해 골수에서 생성하는 백혈구, 혈소판, 그리고 적혈구를 제대로 만들어 내지 못하는 부작용
• 감염 : 항암제에 의해 백혈구의 생성이 줄어들면, 세균과 싸울 백혈구가 적어져 감염의 위험이 그만큼 높아지게 된다.
• 출혈 : 항암제에 의해 혈소판 저하된 경우 작은 상처에도 피가 나고 멍이 쉽게 들 수 있다.
• 피로/ 빈혈 : 항암제에 의해 적혈구의 생성을 감소되면, 신체의 조직이 활동에 필요한 충분한 산소를 공급받지 못한다. 빈혈이 있으면 피로감과 현기증, 한기를 느끼게 되며 숨이 차게 된다.
• 오심, 구토 : 항암제 투여로 인해 나타나는 흔한 부작용 중 하나가 메스꺼움과 구토이다. 이러한 메스꺼움과 구토는 항암제 자체가 위에 영향을 주거나, 뇌의 구토를 자극하는 특정부위를 자극하기 때문이다.
• 탈모 : 탈모는 항암제로 인한 흔한 부작용으로, 머리카락이 완전히 빠지기도 하고, 머리

카락이 가늘어질 수 있는데 이러한 증상은 항암제 종류마다 틀리고, 개인마다 다르게 나타날 수 있다.

• 점막염과 구강건조증 : 구내염은 입안의 염증으로, 입천장, 볼안쪽, 혀 등이 헐거나 건조하고 통증을 느끼게 된다.

• 설사 : 설사는 하루 3번 이상 묽은 변을 보는 것이며, 항암제가 장에 있는 점막세포에 영향을 미치게 되면 설사가 생길 수 있다.

• 변비 : 항암제 자체나 또는 항암화학요법으로 식사량이 줄고 활동량이 감소하면서 변비가 발생될 수도 있다.

• 신경계 독성 : 화학요법이 신경계에 있는 세포에 영향을 미칠 수 있다. 부작용으로는 손발이 저리거나 쑤시는 느낌이 오는 것이 가장 흔하고, 손과 발이 둔화된 느낌, 얼얼한 느낌, 턱의 통증 등이 있다.

• 과민반응 : 어떠한 약물이건 소수의 환자들은 특정약물에 과민반응을 나타난다. 항암제 또한 과민반응을 일으키는 것이 있는데, 주요 증상은 가려움증, 혈관부종, 발적, 복통 등이다.

• 피부 및 손발의 변색 : 정맥을 통해 항암제를 주사할 경우 피부에 자극을 주고 혈관을 따라 피부가 검게 될 수 있으나 치료가 끝난 후에는 점점 옅어져서 없어진다.

• 혈관외 유출 : 항암제를 정맥으로 투여시 정맥이 약하거나 그 밖의 이유로 항암제가 정맥 밖으로 새는 경우가 있는데, 이러한 경우 아프기만 하고 해결되는 경우도 있지만, 항암제가 샌 부위의 세포가 죽는 심각한 결과가 초래할 수 있다.

• 신장독성 : 어떤 항암제는 신장에 일시적이거나 영구적인 손상을 줄 수도 있다.

• 장기에 대한 독성 (Organ toxicity) : 대부분의 약물이 간에서 대사되듯이 항암제도 간에서 대사되므로 간 손상이 올 수 있다.

본 서의 요점정리 및 예상문제에 대해서 궁금한 점이 있는 경우, 저자에게 직접 Email (fatherofsusie@hanmail.net)로 문의하시면 최대한 빨리 그리고 성실하게 답변드리도록 하겠습니다.

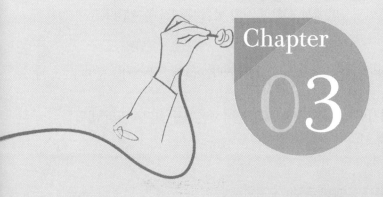

Chapter

03

2차 실기시험
예상문제

의료관광 기획

 실기시험에서는 어떤 문제가 출제될 수 있을까?
한국산업인력공단에서 공지한 시험 범위 내에서 출제된다.

 시험을 준비하는 입장에서 너무 광범위하다. 어떻게 2차 실기를 준비하면
좋을까?
1차 필기시험의 문제 특성을 잘 분석하면, 2차 실기시험의 범위를
압축할 수 있다.

 시험 문제유형은 매년 동일하게 출제될까?
3년에서 4년 정도 시행된 후에는 축적된 문제들 중에서 중복 출제
가 가능할 수 있다.

 시험 문제의 난이도는 매년 동일할까?
난이도는 매년 거의 유사한 수준에서 출제되지만 간호학, 보건행
정, 경영학 등 대학 전공에 따라서 난이도가 개인별로 다르게 느
껴질 수 있다.

1) 의료관광 마케팅 기획

(1) 의료관광 상품 기획 및 개발

문1 의료관광상품 기획 과정의 프로세스를 도형으로 설명하시오.

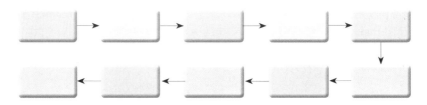

문 2 3박 4일 의료관광 일정표를 구성하시오.

의료 서비스 : 피부관리   공항 : 인천 국제공항
병원 장소 : 서울 강남   호텔 장소 : 서울 종로
국적 : 일본인

TIME	1일째	2일째	3일째	4일째

(2) 가격 및 유통관리

문 3 의료관광객 1명 기준으로 3박 4일 의료관광상품 판매가격을 결정하시오.

병원 장소 : 서울 강남   호텔 장소 : 서울 종로
국적 : 일본인

의료비 : 45만원   왕복 항공요금 : 40만원
숙박비 : 1박 20만원(조식 포함)
기타 비용은 임의로 설정 가능

외국인환자유치업체 커미션 : 15%
부가가치세 : 10%
계산 근거는 비고란에 적는다.

항목	(단위 : 만원)	비 고

(3) 통합적 커뮤니케이션

문4 의료관광 상품 구성을 위해서 확인할 사항은 무엇인가?

구분	확인할 사항
국적	
성별	
연령	
의료 서비스	
항공	
숙박	
관광	

2) 의료관광 상담하기

(1) 의료관광 상담 기법

문5 다음 경우의 외국인환자에 대해서 어떻게 상담하는 것인지 서술하시오.

한국 의료진의 의료수준, 한국 병원의 의료장비, 의료비용에 대해서 의심한다.

(2) 문화별 커뮤니케이션

문6 국적별 의료관광객 응대에 있어서 주의할 점을 작성하시오.

- 일본인
- 중국인
- 미국인
- 아랍인

3) 의료관광 사전관리하기

(1) 의료관광 상품 관리

문7 한국 의료관광의 SWOT분석을 빈 칸에 채우시오.

S	W
O	T

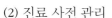

(2) 진료 사전 관리

문 8 의료관광객에게 입국 전에 확인할 사항은 무엇인가?

- 건강검진
- 피부과
- 성형외과
- 정형외과

문 9 의료관광 유치단계부터 사후관리까지의 프로세스를 적으시오.(현금 납부)

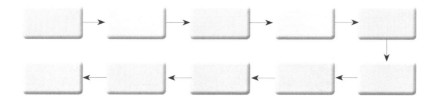

문 10 의료관광 유치단계부터 사후관리까지의 프로세스를 빈 칸에 적으시오.(보험 처리)

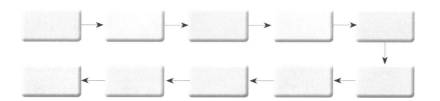

(3) 관광 사전 관리

문 11 다음 일정의 의료관광 상품의 원활한 관광일정을 위해서 사전에 확인할 사항은 무엇인가?

도쿄 출발 서울 도착 → 부산 이동 및 부산 관광 → 부산 출발 도쿄 도착

의료관광 실행

(1) 진료서비스 관리

문 12 진료수가, 입원료, 영상진료, 마취·수술의 선택진료는 각가 일반의 몇 % 추가되는가?

문 13 건강검진 진행 순서를 작성하시오.

(2) 진료비 및 보험관리

문 14 중국 의료관광객의 비자 취득을 위해서 필요한 서류는 무엇인가?

문 15 해외 의료관광 보험을 청구하는 과정을 설명하시오.

문 16 해외 의료관광 보험 청구에 필요한 서류를 설명하시오.

(3) 병원생활 관리

문 17 의료관광객의 병원 내 주의사항은 무엇인가?

1) 리스크 관리하기

(1) 리스크 확인 및 분석

문 18 의료서비스별 주의사항을 설명하시오.

- 피부과
- 성형외과

문 19 의료사고에 대비한 조직 구성에 대해서 설명하시오.

문 20 리스크 관리를 위해서 의료관광 상담과정에서 의료관광객에게 반드시 확인해야 할 사항을 설명하시오.

(2) 의료리스크 확인 및 관리

문 21 의료관광 위기관리 방법을 설명하시오.

(3) 관광 리스크 확인 및 관리

문 22 관광일정 구성시 확인할 사항을 설명하시오.

2) 관광 관리하기

(1) 지상업무 수배 서비스

문 23 서울 시내 반나절 관광일정표를 구성하시오.

문 24 전세버스 계약시 확인할 사항을 설명하시오.

(2) 고객별 관광서비스 유형

문 25 성형외과 환자의 관광일정에서 주의할 점은 무엇인가?

3) 상담 관리하기

(1) 의료관광서비스 단계별 커뮤니케이션

문 26 성형외과 이용 의료관광 방문 전 상담, 체류 중 상담, 귀국 후 상담에서 주의할
점은 무엇인가?

문 27 해외에 있는 의료관광객과의 원격 상담과정에서 주의할 점은 무엇인가?

(2) 환자 및 보호자와의 커뮤니케이션

문 28 국제의료관광코디네이터의 입장에서 환자와 의료진의 통역에서 주의할 점은
무엇인가?

고객 만족 서비스

1) 고객 만족도 관리하기

(1) 고객 만족도 관리

문 29 다음 항목을 포함해서 의료관광객 고객만족도 설문서를 작성하시오.

성별   국적 : 미국, 중국, 일본
연령   의료서비스 종류 : 성형외과, 피부과
의료진 친절도   의료통역 만족도
관광일정 만족도
만족도는 5점 척도를 기준으로 작성한다.

(2) 의료관광상품 만족도 관리

문 30 설명의 의무란 무엇인가?

2) 리스크 사후관리하기

(1) 리스크 유형에 따른 관리

문 31 성형외과의 사례로 결과 예견의무를 설명하시오.

문 32 성형외과의 사례로 결과 회피의무를 설명하시오.

(2) 리스크 사후관리

문 33 의료사고 발생 후 조치사항을 설명하시오.

(3) 의료분쟁 처리

문 34 의료분쟁 과정의 빈 칸을 채우시오.

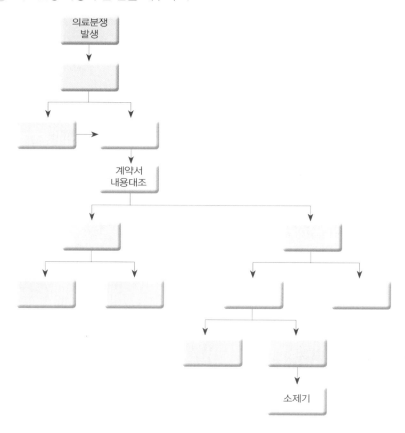

3) 네트워크 구축하기

(1) 의료관광 관련 업체와 협력 구축

문 35 외국인환자 유치업체 입장에서 외국인환자 유치를 위한 해외시장 개척 방안을 작성하시오.

문 36 외국인환자 유치의료기관 입장에서 외국인환자 유치를 위한 해외시장 개척 방안을 작성하시오.

문 37 외국인환자 유치업체에서 외국인환자 유치 의료기관과 체결하는 협력 체결서(MOU)에 포함해야 할 사항을 나열하시오.

실기 예상문제 답안

문 1
의료기관의 시장 내외적 장단점 분석(SWOT분석) ➡ 목표 시장 설정 ➡ 시장 조사 ➡ 타당성 분석 ➡ 협력 에이전시 및 해외 협력과의 MOU 체결 ➡ 의료기관 홈페이지 외국어 개설 ➡ 시험 상품 운영 ➡ 고객 만족도 조사 ➡ 문제점 보완 ➡ 의료관광 상품 경쟁력 강화

문 2

TIME	1일째	2일째	3일째	4일째
8:00 - 9:00	공항 Pick-up 및 호텔 Check in	아침 식사	아침 식사	아침 식사
9:00 - 12:00		병원(피부 관리)	병원(피부 관리)	호텔 Check Out 명동 쇼핑
12:00 - 13:00	점심 식사	점심 식사	점심 식사	점심 식사
13:00 - 16:00	한강 유람선 투어	경복궁 및 비원 관광	인사동 관광	공항 이동
18:00 - 19:30	저녁 식사	저녁 식사	저녁 식사	출국
20:00 - 22:00	휴식	남산 투어	난타 구경	출국

답은 여러 가지의 경우로 가능하다. 이런 문제는 의료관광 일정을 작성할 수 있는 능력을 테스트한다.

문 3

항목	비용	비고
의료비	45	
항공 왕복요금	40	
숙박비	60	20만원 X 3일
의료 통역 비용	60	시간당 5만원 X 일일 4시간 X 3일 (출국일은 의료 통역 없음)
차량 운영비	40	일일 10만원
관광 비용	30	
식사 비용	14	조식은 호텔 숙박비에 포함되므로 점심과 저녁 비용만을 계간 마지막 날 저녁은 비행기 이동으로 포함하지 않음. 7회 식사 X 2 = 14
기타 잡비	20	
소계	309	의료비부터 기타 잡비까지의 합계
외국인환자 유치업체 수수료	46.35	소계 X 0.15
부가가치세	35.54	(소계+수수료) X 0.1
판매가격	390.89	

답안 작성의 기본은 판매 가격이 정확한가에 중점을 두는 것이 아니라 예산 비용에 추가해야 할 항목의 나열 순서와 기본적인 의료관광 상품가격 계산 능력에 대한 이해를 테스트한다.

문 4

구분	확인할 사항
국적	의료 서비스에 대한 문화적 차이 현지의 의료 서비스 비용 비교 종교에 따라서 금기시하는 음식 종류 파악
성별	남녀별 선호 의료 서비스 (예) 여성은 산부인과
연령	연령별 선호 의료 서비스 (예) 젊은 층은 성형외과 노년층은 건강검진, 노화방지 피부관리 등
의료 서비스	최신 유행하는 성형 트랜드 의료비용 비교
항공	직항 노선과 경유 노선의 비용 차이
숙박	병원과 숙박 호텔간의 거리 및 이동 수단
관광	국적별 선호 관광지 조사

문 5 의료진의 학력, 수술 경력, 수상 경력을 공개한다.

JCI(Joint Commission International)의 인증을 강조한다. JCI인증이 없는 경우, 한국 의료기관평가인
증원에서 받은 의료기관 평가를 제시한다.

의료기관의 내외 시설을 공개한다. (예) 병원 시설 사진

해외 의료 비용과 비교해서 설명한다.

문 6

일본인: 병실 청결에 신경 쓴다.

　　　　여성 의료관광객 진료 상담에 남성 보호자를 동석시킨다.

　　　　친절 등 일본인 문화에 대한 이해가 필요하다.

중국인: 병원 식사를 중국인 입맛에 맞도록 차별화한다.

　　　　중화사상을 고려한다.

미국인: 신체적 접촉에 주의한다.

아랍인: 키블라, 담요, 코란 비치 등 기도와 관련된 비품

　　　　하루 5차례 메카를 향해서 기도

　　　　왼손으로 물건을 가리키거나 전달하지 않는다.

　　　　하랄 푸드 제공 (생선과 바다에서 채취한 음식은 하랄을 하지 않고 섭취가 가능)

문 7

Strength
세계적인 의료수준
선진국에 비해 저렴한 의료비용
우수한 의료진
최첨단 의료장비 보유율
접근성 용이

Weakness
제도적 환경 낙후
의사소통 원활하지 못함
태국, 싱가폴에 비해서 늦은 출발
전문적이고 체계적인 시스템 미비
정부의 지원과 육성 부족

Opportunity
전문인력 양성
한류의 영향
특화된 의료관광 상품개발

Threat
국내 병원간 과다한 경쟁
필리핀, 브라질 등의 국가들도 성형수술과 치과부분 치
료 가세로 경쟁 강화
태국의 호텔급 병원 증가

문 8 건강검진 : 과거 건강검진 결과, 가족력, 건강에 대해서 특별히 염려하는 건강검진 항목
성형외과 : 마취 부작용 여부, 환자의 특이 체질
피부과 : 과거 피부관리에서 부작용 유무
정형외과 : 마취 부작용 여부

문 9 온라인 또는 전화 상담 ➡ 의사와 진료 가능 협의 ➡ VISA 필요 여부 확인 ➡ 지불 수단 확인 ➡ 의료비 견적 통보 ➡ 예약금 입금 확인 ➡ 공항 픽업 및 병원 이동 ➡ 진료 ➡ 귀국 ➡ 사후관리

문 10 온라인 또는 전화 상담 ➡ 의사와 진료 가능 협의 ➡ VISA 필요 여부 확인 ➡ 지불 수단 확인 ➡ 보험카드 번호 보험사에 확인 – 보험사로부터 GOP 확인 ➡ 공항 픽업 및 병원 이동 ➡ 진료 ➡ 귀국 ➡ 사후관리

문 11 도쿄 출발 서울 도착 : 서울 도착 정확한 시간, 항공편
부산 이동 및 부산 관광 : KTX 예약 및 부산 관광 일정 확인, 일기 예보 확인, 부산 관광 이용 전세버스에 대한 보험 가입 여부 확인, 외국인에게도 보험 적용 여부 확인
부산 출발 도쿄 도착 : 김해 공항 이동 수단 확인

문 12 진료수가 : 55%　　　　　　　　입원료 : 20%
영상 진료 : 25%　　　　　　　　방사선 치료 : 50
방사선 혈관 촬영료 : 100%　　　　검사료 및 정신요법료 : 50%
마취 · 처치 · 수술 : 100%

문 13 몸무게 ➡ 시력 검사 ➡ 안압 검사 ➡ 청력 검사 ➡ 혈압 검사 ➡ 채혈 검사 ➡ 소변 검사 ➡ 흉부 엑스레이 ➡ 위 내시경 검사 ➡ 치아 검사 ➡ 대변 검사
병원에 따라서 다를 수 있으며, 장거리 비행을 하고 온 후 건강검진을 받는 분들은 채혈, 엑스레이 등을 먼저 하고 간식을 먹는 방법으로 순서를 변경하기도 한다.

문 14 여권 사본, 거민증 또는 호구부 사본, 치료 및 체류 비용 조달 능력 입증서류, 병원 진료 예약 확인서

문 15 의료관광객의 보험 카드 확인 ➡ 보험회사에 GOP(Guarantee Of Payment) 확인 ➡ 보험회사로부터 GOP 접수 ➡ 중간에 변동사항이 있으면 보험회사에 GOP 재확인 ➡ 보험회사에 보험청구 서류 접수 ➡ 보험회사로부터 한국 의료기관으로 진료비 입금

문 16 보험 청구서, 한국 병원에서 발급한 진단서, 비용 내역서, 보험 카드 사본

문 17 의료인의 지시사항을 잘 따른다.
외출할 때 의료인의 허락을 받아야 한다.
귀중품은 병실 내 금고를 이용하거나 간호실에 맡긴다.
병실 내 물품을 파손해서는 안된다.
병원 내 금연 규정을 준수해야 한다.
진료.치료 과목에 따라서 환자 면회 시간이 제한될 수 있으며, 보호자도 이 규정을 준수해야 한다.

문 18 피부과 : 피부관리 의약품에 대한 알레르기 반응 여부
성형외과 : 마취에 대한 부작용 여부

문 19 위기관리팀을 병원장 직속으로 운영한다.
위기관리 매뉴얼을 만들어 직원들을 교육한다.

문 20 과거 수술 경험, 가족력 유무 여부, 알레르기 유무

문 21 타 의료기관의 의료사고에 대해서 그 원인과 처리 결과를 조사한다.
위기관리팀을 구성한다.
위기상황 발생 시, 보고 체계를 명확히 한다.
위기관리 매뉴얼을 작성한다.
가상의 위기관리 상황을 설정하고 시뮬레이션을 실시한다.

문 22 병원과 숙박시설간의 거리 및 이동 수단
숙박시설의 위생상태 및 서비스 수준
관광가이드의 관광 안내 경력
관광 버스의 제조연도 및 보험 가입 여부
관광행사 중 이용할 식당의 메뉴 및 위생상태

문 23

TIME	관광일정	비고
9:00~12:00	경복궁 및 비원 관광	
12:00~13:30	점심 식사	
13:30~17:30	인사동 및 명동 쇼핑	

문 24 전세버스 비용에 포함된 항목(유류비, 기사비용, 주차비 포함 유무), 전세버스 차량의 노후화 여부 확인, 차량 크기 및 좌석 수, 전세버스 보험가입 확인, 전세버스 이용 외국인 승객의 사고에 대한 보험 처리 여부 확인

문 25 여름의 경우, 자외선 노출로 인한 성형 수술 후유증 확인
겨울의 경우, 실내와 실외 온도 차이로 인한 성형 수술 결과에 나쁜 영향을 줄 가능성 확인
무리한 관광일정으로 인해서 성형 수술 결과에 나쁜 영향을 줄 가능성 확인

문 26 방문 전 상담: 수술 경험, 알레르기, 수술하고자 하는 신체 부위의 앞면, 옆면 사진 Email로 받음
체류 중: 수술 후 부작용과 합병증에 대한 설명
귀국 후 상담: 붓기의 가라앉는 정도, 부작용 여부

문 27 시간대가 다를 수 있다.
온라인 상에서의 제한된 정보로 인해서 정확한 진단이 어렵다.
한국 방문 진료 전 상담에 중점을 둔다.
의사의 처방전 발급이 되지 않는다.
한국 방문 후 진료 상담의 효율성을 위해서 원격 상담내용을 녹화해서 기록해 둔다.

문 28 문화적 차이 이해, 정확한 통역, 의료영어의 정확한 이해, 의료진.환자.환자 보호자와의 소통
이해를 못한 의료 전문용어는 의사에서 물어서 정확히 이해한 후에 환자에게 통역한다.
녹음을 해서 나중에 확인 후 통역이 제대로 되지 못한 부분은 나중에 환자에게 정확한 정보를 전달한다. (녹음에 대해서 사전에 양해를 구한다.)

문 29 저희 ABC병원에서 환자분들의 고객 만족도 향상을 목적으로 설문조사를 실시하고자 합니다.
해당 란에 체크(√)해 주시기 바랍니다. 설문 조사 내용은 조사 목적 이외에는 사용되지 않습니다.

성별

　　　　1: 남자 (　　)　　　　　2 : 여자 (　　)

국적

　　　　1: 미국 (　　)　　　　　2 : 중국 (　　)　　　　　3 : 일본 (　　)

연령

　　　　1: 20대 (　　)　　　　　2 : 30대 (　　)　　　　　3 : 40대 (　　)
　　　　4 : 50대 이상 (　　)

의료 서비스 종류

　　　　1: 성형외과 (　　)　　　　2 : 피부과 (　　)

의료진 친절도

　　　　1: 매우 불만족 (　　)　　　2 : 불만족 (　　)　　　　3 : 보통 (　　)
　　　　4: 만족 (　　)　　　　　5 : 매우 불만족 (　　)

의료통역 만족도

　　　　1: 매우 불만족 (　　)　　　2 : 불만족 (　　)　　　　3 : 보통 (　　)
　　　　4: 만족 (　　)　　　　　5 : 매우 불만족 (　　)

관광일정 만족도

　　　　1: 매우 불만족 (　　)　　　2 : 불만족 (　　)　　　　3 : 보통 (　　)
　　　　4: 만족 (　　)　　　　　5 : 매우 불만족 (　　)

소중한 시간을 내셔서 저희 설문조사에 답변해 주셔서 감사합니다.

문 30 의사는 환자에게 의료행위에 따른 정보를 제공할 의무가 있다. 설명의무는 어떤 구체적인 치료에 대해서 환자에게 설명하는 의무도 있지만, 환자에게 닥칠 어떤 악결과(좋지 못한 결과)의 방지 및 회피를 위한 설명의무가 더욱 중요하다.

문 31 성형외과환자가 원하는 결과대로 수술 결과가 나오지 않을 부정적 결과의 가능성과 수술 과정 중에 발견될 환자의 특이 체질 등 그 요인들에 대해서 미리 설명한다.

문 32 성형외과를 찾은 환자에게 성형 수술의 효과를 설명하면서 환자가 얻게 될 수술의 긍정적 결과뿐만 아니라 환자의 특이체질 등으로 인해서 발생될 수 있는 각종 부작용과 합병증을 설명한다.

문 33 병원장에게 결재 라인을 따라서 신속하게 보고, 의료사고 현장 보전, 의료사고 보호자에게 신속하게 연락, 의료사고 국가의 대사관에 의료사고 연락, 의료사고 대책본부 설치, 의료사고 대처 매뉴얼에 따라서 신속한 조치, 의료사고 전문 변호사에게 자문 요청

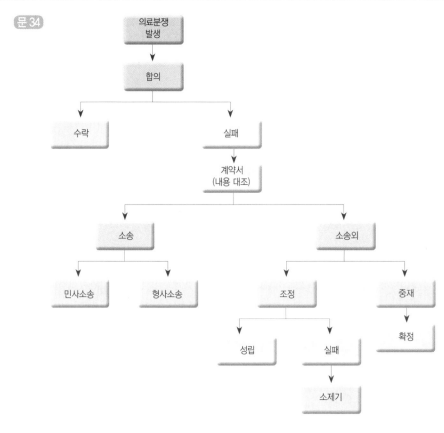

문 35 해외 개최 의료 및 의료관광 국제행사와 국제회의에 참석해서 Network를 확대, 의료관광객 국내
외 의료기관과의 MOU 체결로 Network 확대, 국내 의료기관에 대한 의료 마케팅 활동 지원으로
Network 확대

문 36 해외 개최 의료 및 의료관광 국제행사와 국제회의에 참석해서 Network를 확대, 의료관광객 귀국
전 및 후(Follow-up Care)를 위한 해외 의료기관과의 MOU 체결, 해외 의료기관 의사들에게 의료
연수 기회 제공으로 해외 의료 Network 확대, 후진국에서 치료가 어려운 환자에 대한 의료 봉사로
Publicity(언론보도) 등으로 의료기관의 국제적 이미지 향상 기회 확보

문 37 체결 당사자 기업명 이름, 체결 목적, 체결 구체적 내용, 체결 일시, MOU 체결 유효기간, MOU 체결
해지 방법, MOU 체결에 따른 법적 문제 해결 방법

실기 예상문제 및 답안에 대해서 궁금한 점이 있으신 분은 저자에게 E-mail (fatherofsusie@hanmail.
net)으로 언제든지 문의하시거나 blog.daum.net/fatherofsysie의 방명록에 궁금한 점을 남겨 주시면
답변 드릴 수 있는 범위 내에서 신속하고 성실하게 답변드리겠습니다.
본서에서 다룬 일부 실기 예상문제는 답안이 반드시 한 가지로 정해져 있다고 볼 수 없는 것도 있습
니다. 이런 유형의 문제는 정답을 채우는 문제라기 보다 국제의료관광코디네이터로서 문제 해결 능
력을 테스트하기 위한 것입니다.

MEMO

Chapter

04

기출문제

제1회   국제의료관광코디네이터 시험문제

1. 1차 필기 문제

보건의료관광행정

01 원무관리 업무와 중요성이 강조되고 담당자의 전문성이 높아지는 배경과 가장 거리가 먼 것은?

① 각종 사회보장제도의 실시　　② 의료기술의 발달

③ 규모의 대형화　　　　　　　　④ 의료기관간의 제한된 경쟁

정답 ④
　진료비 청구 업무의 복잡화, 의료기관 조직의 분업화

02 의료관광 에이전시의 업무에 해당되지 않는 것은?

① 외국인환자 문의 응답

② 외국인환자 입국일정 상담

③ 의료기관 예약과 비자 관련 업무

④ 외국인환자의 사상체질 진단

정답 ④
　진료는 의료인의 역할

03 다음 중 무형적 특성의 한방의료관광 자원에 해당하는 것은?

① 한방전통음식　　　　　　　　② 사상체질분류

③ 십전대보탕　　　　　　　　　④ 약초(허브)

정답 ②

04 의료행위 시 의사가 환자의 생명과 건강 침해 위험성을 예견하여 그 위험성을 방지하는데 필요한 행위의무는?

① 결과 예견의무   ② 결과 회피의무

③ 설명의무   ④ 신뢰의무

정답 ②
일반적으로 예견되는 위험의 발생을 방지하거나 회피하여야 하는 주의 의무

05 국제보험사가 피보험자 또는 의사, 의료기관 등에게 진료비 지불에 대하여 보증해 주는 서류로, 보험금 청구금 상환의 근거 서류가 되는 것은?

① 수혜내역 설명서 (EOB)   ② 지불 상세설명서 (EOP)

③ 진료비 지불보증서 (GOP)   ④ 진료비 명세서 (Itemized Bill)

정답 ③
GOP : Guarantee of Payment

06 다음 ( ) 안에 알맞은 것은?

> 재외동포의 출입국과 법적 지위에 관한 법률상 국내거소신고를 한 재외동포가 ( )일 이상 대한민국 안에 체류하는 경우에는 건강보험 관계 법령으로 정하는 바에 따라 건강보험을 적용받을 수 있다.

① 60   ② 75   ③ 90   ④ 120

정답 ③

07 의료분야의 리스크에 관한 설명으로 틀린 것은?

① 보통 우연한 사고 발생의 불확실성 또는 그 가능성을 의미한다.
② 경제적인 관점에서는 손실, 바람직하지 않은 사건이나 그러한 사건의 발생에 관한 불확실성을 포함한 상황을 의미한다.
③ 현대 의학의 발전에 따라 의료분야의 리스크에는 다양성과 복잡성이라는 특징이 있다.
④ 현재는 환자의 권리 보호를 위한 법규 등의 강화로 의료분야에서의 리스크가 감소되는 추세이다.

정답 ④
환자의 권리보호를 위한 법률 강화로 의료분야 리스크 증가 추세

08 다음 중 의료관광 활성화를 위하여 전통의학인 아유르베다와 결합한 의료관광상품을 선보이는 국가는?

① 인도 　　　　② 중국 　　　　③ 일본 　　　　④ 태국

정답 ①

09 진료수입의 회계처리방법 중 발생주의에 관한 설명으로 옳은 것은?

① 입금된 현금만을 수입으로 계산하는 방법으로 업무처리가 매우 단순하고 편한 장점이 있다.
② 진료미수금과 현금 납부액을 포함한 총 진료수입을 관리하므로 착오와 부정의 발생을 최소화할 수 있다.
③ 회계의 기본공준의 하나인 회계기간의 공준에 어긋나는 방법이다.
④ 퇴원 진료비의 정산이 늦어질 가능성이 높다.

정답 ②

10 의료관광의 이해관계사에 해낭되는 항목을 모두 고른 것은?

　　㉠ 의료관광객 　　　　㉡ 의료인 　　　　㉢ 의료기관
　　㉣ 의료관광코디네이터 　　㉤ 의료관광에이전시

① ㉠㉡㉤ 　　　　　　　　② ㉡㉢㉣
③ ㉠㉢㉤ 　　　　　　　　④ ㉠㉡㉢㉣㉤

정답 ④

11 의료법상 의료인에 해당되지 않는 것은?

① 의사 　　　　　　　　② 간호사
③ 약사 　　　　　　　　④ 조산사

정답 ③
　　한의사, 치과의사 : 의료인

12 외국인환자 실적 통계를 위하여 외국인환자 유치업자는 매년 3월말까지 전년도 실적을 한국보건산업진흥원에 보고하여야 한다. 이 때 의료기관의 유치 실적 보고 내용에 포함되지 않는 것은?

① 외국인환자의 국적, 성별 및 출생년도

② 외국인환자 입원기간, 외래 방문일수

③ 외국인환자 진료과목, 주상병명

④ 외국인환자 입국일, 출국일

> 정답 ④
> 외국인환자 입국일. 출국일은 유치업체(에이전시) 보고 의무 사항

13 의료법상 외국인환자 유치 대상자가 아닌 것은?

① 주한미군

② 건강보험 가입자가 아닌 외국인

③ 국내거소신고를 한 외국국적 동포

④ 주한 외국공관과 국제기구 직원 및 그 가족

> 정답 ③
> 국내거소신고를 한 외국인 또는 재외국민은 건강보험 혜택 가능

14 리스크 상황을 방치하여서 나타나는 결과와 가장 거리가 먼 것은?

① 지속적인 언론 노출로 조직 내부 문제가 사회문제로 비화된다.

② 재정적 손실은 발생되지 않으나 최고 경영자에 대한 불신감이 발생된다.

③ 조직의 명예와 신뢰가 손상됨으로써 조직이 존폐 위기에 놓이게 된다.

④ 원인 파악과 해결책 마련에 곤란을 겪게 된다.

> 정답 ②
> 조직의 명예와 신뢰가 향상

15 Leiper가 제시한 의료관광시스템 모델(MTSM)의 4가지 구성요소가 아닌 것은?

① 의료관광객   ② 의료관광객 발생지 (MTGR)

③ 의료관광 목적지 (MTDR)   ④ 의료인

> 정답 ④
> 의료관광산업

16 의료법상 입원실 병상이 500개인 종합병원에서 반드시 설치해야 하는 중환자실 병상 수는?

① 10개   ② 15개   ③ 20개   ④ 25개

> 정답 ④
> 병상 300일 이상 종합병원의 중환자실은 100분의 5

17 의료기관이 건강보험심사평가원에 진료비를 청구하는 업무의 절차를 바르게 나열한 것은?

① 심사 → 요양급여 비용 청구 → 결정내역 통보 → 요망 급여 비용 지급
② 요양급여 비용 청구 → 심사 → 결정내역 통보 → 요양 급여 비용 지급
③ 요양급여 비용 청구 → 결정내용 통보 → 심사 → 요양 급여 비용 지급
④ 결정내역 통보 → 요양급여 비용 청구 → 심사 → 요양 급여 비용 지급

정답 ②

18 리스크 관리 과정의 순서로 옳은 것은?

　　　ㄱ 위험발견　　　　　　ㄴ 위험평가　　　　　ㄷ 위험원인분석
　　　ㄹ 위험관리 및 개선활동　　ㅁ 활동의 재평가

① ㄱ → ㄴ → ㄷ → ㄹ → ㅁ　　② ㄱ → ㄷ → ㄴ → ㄹ → ㅁ
③ ㄷ → ㄱ → ㄴ → ㄹ → ㅁ　　④ ㄴ → ㄱ → ㄷ → ㅁ → ㄹ

정답 ①

19 서비스 교역에 관한 일반협정(GATS)에서 의료서비스 무역의 4가지 모드 중 의료관광이 해당되는 것은?

① 국경 간 공급　　　　　　② 해외 소비
③ 상업적 주재　　　　　　④ 자연인의 이동

정답 ②

국경 간 공급 : 인터넷을 이용한 전문 서비스 제공　　해외 소비 : 여행, 유학
상업적 주재 : 해외 지점 설치
자연인의 이동 : 외국 법률회사의 출장 자문, 한국 의사의 해외 출장 의료서비스

20 입원 우선 순위 결정시 먼저 입원해야 할 순서로 옳은 것은?

　　　ㄱ 수술 예약환자　　　　　　ㄴ 응급실에 대기 중인 중환자
　　　ㄷ 접수 순서에 의한 환자　　　ㄹ 응급 수술을 요하는 환자
　　　ㅁ 응급실 대기환자　　　　　ㅂ 외래환자 중 중증환자

① ㄴ → ㄹ → ㄱ → ㅁ → ㅂ → ㄷ

② ㄴ → ㄱ → ㄹ → ㅁ → ㄷ → ㅂ

③ ㄹ → ㄱ → ㄴ → ㅁ → ㅂ → ㄷ

④ ㄹ → ㄱ → ㄴ → ㅁ → ㄷ → ㅂ

정답 ③

보건의료서비스지원관리

21 의료서비스가 완전 경쟁시장으로 성립되지 못하는 이유와 가장 거리가 먼 것은?

① 동질성   ② 불확실성

③ 공급의 독점성   ④ 소비자의 정보부족

정답 ①

이질성 : 동일한 방법으로 수술을 받더라도 만족도의 차이 발생

22 윈슬로우(C.E.A Winslow)가 제시한 공중보건의 정의에 해당되지 않는 것은?

① 조직적인 지역사회의 노력활동이다.

② 질병을 치료하고 근절시키는 과학이다.

③ 신체적, 정신적 효율을 증진시키는 기술이다.

④ 질병을 예방하고 수명을 연장하고자 하는 과학이다.

정답 ②

23 외국인환자가 자신의 건강습관과 인식의 문제점을 솔직히 나타내 보이는 행동은?

① 자기이해   ② 자기수용   ③ 자기개방   ④ 자기주장

정답 ③

24 미국에서 실시하고 있는 의료보장 제도 중 메디케어(Medicare)에 관한 설명으로 옳은 것은?

① 노인과 신체장애자 등 소정의 자격 요건을 갖춘 사람을 대상으로 하는 것이다.

② 저소득층을 대상으로 하는 의료부조제도이다.

③ 지역주민에 대한 보건의료서비스를 포괄적으로 제공하기 위한 민간의료보험 제도이다.

④ 지역주민에 대한 보건의료서비스를 포괄적으로 제공하기 위한 공공의료보험 제도이다.

정답 ①

Medicare : 65세 이상 노인과 24개월 이상 아픈 장애인들에게 미국 연방 정부가 제공하는 의료보장 제도

Medicaid : 미국 주정부가 65세 이상 저소득층에 제공하는 의료보장 제도

25 의료서비스와의 커뮤니케이션 방법 중 가장 우선시되어야 하는 것은?

① 읽기　　　　② 쓰기　　　　③ 듣기　　　　④ 말하기

정답 ③

26 병원체가 감염된 숙주에게 질병을 발생시키는 능력은?

① 독력　　　　② 면역성　　　　③ 감염력　　　　④ 병원력

정답 ④

감염역 : 병균이 몸 안에 침입하여 증식하거나 퍼지는 힘

27 진료비 제불제도의 유형 중 포괄수가제에 관한 설명으로 틀린 것은?

① 의료비의 사전 예측이 가능하다.

② 의료비를 절감할 수 있다.

③ 병원들은 환자의 재원일수를 증가시키게 된다.

④ 진료비 청구 및 심사업무가 간소화된다.

정답 ③

입원기간 동안 제공된 검사, 수술, 투약 등 의료서비스의 종류나 양에 관계없이 어떤 질병의
진료를 위해 입원했는가에 따라 미리 책정된 일정액의 진료비를 보상하는 제도

28 다음 중 의료분쟁을 예방하기 위한 의료행위 설명시의 원칙과 가장 거리가 먼 것은?

① 주치의가 책임지고 진료에 관한 모든 설명을 환자나 보호자에게 한다.

② 의료행위 중이나 결과에 나타날 어려움을 미리 실제 보다 과장하여 설
명해둠으로써 만일의 사태에 대한 책임에 대비한다.

③ 환자나 보호자가 문제에 대해 이해하기 좋게 쉽게 설명한다.

④ 환자에게 다른 치료법에 대해서도 설명해준다.

정답 ②

29 우리나라 의료서비스 지불방식과 관계없는 것은?

① 인두제　　　　　　　　② 포괄수가제

③ 사회보험제도　　　　　④ 행위별 수가제

정답 ①

30 세계보건기구가 제시한 병원의 기능을 모두 고른 것은?

- ㉠ 입원·외래환자의 진료
- ㉡ 가정 진료서비스의 제공
- ㉢ 보건종사자의 훈련
- ㉣ 생물·사회학적 연구

① ㉠

② ㉡ ㉣

③ ㉠ ㉡ ㉢

④ ㉠ ㉡ ㉢ ㉣

정답 ④

31 의료진과 환자 사이의 커뮤니케이션 방해요소와 가장 거리가 먼 것은?

① 책임소재 관련 갈등

② 역할 스트레스

③ 권력의 차이

④ 시각의 차이

정답 ②

32 의료체계의 구성 요소가 아닌 것은?

① 자원의 조직화 (Organized Arrangement of Resource)

② 경제적 지원 (Economic Support)

③ 정책 및 관리 (Management)

④ 건강 행동 (Health Behavior)

정답 ④

33 의료커뮤니케이션에 관한 설명으로 틀린 것은?

① 사람간의 일방적인 커뮤니케이션을 기본 구조로 한다.

② 의사가 환자의 건강 정보이해 능력을 정확하게 파악하는 것이다.

③ 환자의 언어적, 비언어적 신호를 정확하게 해석하면서 진행하는 과정 이다.

④ 의사의 환자에 대한 깊은 신뢰는 효과적인 치료과정을 진행하게 해준다.

정답 ④

34 의료서비스 중 1차 예방서비스에 해당되지 않는 것은?

① 금연프로그램 서비스

② 비만관리 서비스

③ 운동처방 서비스

④ 정상분만 서비스

정답 ④

35 국민건강보험법에 근거하여 보험 가입자와 피부양자에 대해 실시하는 건강검진 종류가 아닌 것은?

① 근로자 수시건강진단 ② 영유아 건강검진

③ 일반 검강검진 ④ 암검진

정답 ①

36 의료관광 서비스 과정의 초기접촉과정에 포함되는 절차가 아닌 것은?

① 원격 의료상담 ② 담당 의료진 선정

③ 대표 연락창구 구축 ④ 담당 코디네이터 배정

정답 ②

37 의료법상 병원급 의료기관의 종류가 아닌 것은?

① 치과병원 ② 한방병원

③ 요양병원 ④ 건강증진병원

정답 ④
병원, 종합병원 : 병원급 의료기관

38 테리스(Terris)의 분류에 의한 국가보건의료체계의 유형 중 우리나라가 해당되는 유형은?

① 공적부조형 ② 국민보건사업형

③ 의료보험형 ④ 복지국가형

정답 ③

39 병원조직의 특성과 가장 거리가 먼 것은?

① 다양한 전문직종으로 구성되어 있다.
② 각 부서 업무 간 상호의존성이 강하다.
③ 단일 명령계통으로 구성되어 있다.
④ 초기 투자비용이 높은 자본집약적 특성을 가진다.

정답 ③

40 조직 내 비공식적 의사소통의 순기능과 가장 거리가 먼 것은?

① 인간관계 향상 및 사교적 분위기 증진
② 개인의 인사 정보를 신속하게 전달
③ 조직 구성원들 간의 유대감 형성
④ 공식 채널에서 다루지 못하는 정보와 아이디어 발굴 가능

정답 ②

보건의료관광마케팅

41 의료관광 신상품 개발 프로세스로 옳은 것은?

ㄱ 전략적 분석·계획   ㄴ 아이디어 창출
ㄷ 시장조사   ㄹ 상품 콘셉트 개발·평가
ㅁ 신상품 개발·상품화

① ㄱ → ㄴ → ㄷ → ㄹ → ㅁ   ② ㄴ → ㄱ → ㄷ → ㄹ → ㅁ
③ ㄱ → ㄴ → ㄹ → ㄷ → ㅁ   ④ ㄱ → ㄷ → ㄴ → ㄹ → ㅁ

정답 ④

42 의료관광상품의 원스톱 서비스 과정에 해당되지 않는 것은?

① 전문상담, 입국전 서비스   ② 입국 서비스
③ 호텔, 차량, 식이요법 서비스   ④ 의료관광 전문인력 양성 서비스

정답 ④

43 의료관광마케팅의 고객행동 분석요인 중 성격이 다른 하나는?

① 가족   ② 사회계층
③ 준거집단   ④ 라이프스타일

정답 ④
　문화적 요인   사회적 요인 : 가족, 준거집단, 사회계층
　개인적 요인 : 라이프 스타일   심리적 요인

44 의료관광 마케팅전략(STP전략)의 기본단계를 바르게 나열한 것은?

① 목표시장 선정 → 포지셔닝 → 시장 세분화
② 목표시장 선정 → 시장 세분화 → 마케팅 믹스
③ 시장 세분화 → 목표시장 선정 → 포지셔닝
④ 마케팅 믹스 → 목표시장 선정 → 시장 세분화

정답 ③

45 다음 사례에서 A한방병원의 가장 적합한 유통경로는?

> A한방병원은 새로운 한방건강검진서비스 상품을 개발하여 특정 국가의 소수 VIP만을 대상으로 판매하고자 한다. 또한 이 상품의 가격을 고가로 통제하여 높은 이윤을 취하면서, 해당 상품 및 병원의 이미지 향상을 목표로 한다.

① 집중적 유통   ② 전속적 유통
③ 차별적 유통   ④ 선택적 유통

정답 ②
전속적 유통(Exclusive Distribution Channel)은 한정된 상권 내에서 제한된 수의 상품만을 독점적으로 취급하게 하는 유통 경로

46 다음 중 설문지의 개별항목으로 적합하지 않은 것은?

㉮ 귀하의 성별은?
　㉠ 남자   ㉡ 여자

㉯ 귀하는 본 한방건강검진 서비스의 적정 가격은 어느 정도라고 생각하십니까?
　㉠ 10만원 미만   ㉡ 10만원 ~ 20만원
　㉢ 20만원 ~ 50만원   ㉣ 50만원 이상

㉰ 귀하는 향후 한방건강검진 서비스를 받을 의향이 있으십니까?
　㉠ 있음   ㉡ 없음   ㉢ 모름

㉱ 귀하의 자녀는 몇 명입니까?
　㉠ 없음   ㉡ 1명
　㉢ 2명   ㉣ 3명 이상

① ㉮   ② ㉯   ③ ㉰   ④ ㉱

정답 ②

47 커뮤니케이션에서 발신자가 전혀 의도하지 않았거나 왜곡된 메시지를 수신자가 받게 되는 방해요소에 해당하는 것은?

① 반응 (Response)　　　　② 피드백 (Feedback)

③ 해석화 (Decoding)　　　　④ 잡음 (Noise)

정답 ④

발신자 → 부호화 → 메시지 채널(잡음) → 해독화 → 수신자 반응 → 효과 → Feedback

48 의료관광객의 의사결정에 미치는 내적 심리요인이 아닌 것은?

① 가격　　　　② 인식　　　　③ 성격　　　　④ 동기

정답 ①

49 효과적인 고객관계관리(CRM)를 하기 위한 방법으로 틀린 것은?

① 고객의 요구를 정확하게 파악한다.

② 모든 고객을 대상으로 필요와 욕구를 만든다.

③ 고객의 가치나 계층과 집단별로 다르다는 것을 인식한다.

④ 고객의 가치나 긍정적인 영향을 가져올 것인가를 판단한다.

정답 ②

50 Kotler의 마케팅 정의에서 제품이나 가치를 창조하거나 다른 사람과의 교환과정을 통하여 소비자에게 충족시키는 것은?

① 필요(Needs)와 제품(Goods)

② 필요(Needs)와 욕구(Wants)

③ 욕구(Wants)와 서비스(Service)

④ 제품(Goods)과 서비스(Service)

정답 ②

51 의료관광 신상품 수요예측 방법으로 적합하지 않은 것은?

① 구매의향조사 : 가상의 신상품을 설명한 후에 구매의향을 조사한다.

② 테스트마케팅 : 시장에 신상품 투입 후에 반응을 보고 수요를 예측한다.

③ 델파이법 : 전문가들의 통합된 의견을 근거로 미래 판매량을 예측한다.

④ 인터뷰조사 : 많은 대상을 상대로 개괄적 자료를 수집하여 수요를 예측한다.

정답 ④ 인터뷰 조사 : 만족도 조사

52 의료관광 서비스의 가격세분화 기준에 관한 설명으로 틀린 것은?

① 세분시장이 충분히 커야 한다.
② 상이한 세분시장의 고객들은 가격의 변화에 대해 동일하게 반응해야 한다.
③ 세분시장을 확인할 수 있어야 하고, 차별적으로 가격을 책정할 수 있는 수단이 마련되어야 한다.
④ 특정 세분시장에서 저가격에 상품 또는 서비스를 구매한 고객이 다른 세분시장의 고객에게 동일한 서비스를 판매할 기회를 주어서는 아니 된다.

정답 ②

53 서비스 접촉과 진실의 순간(Service Encounter and Moment of Truth) 개념과 가장 거리가 먼 것은?

① TQM(Total Quality Management)
② 서비스 실패에 대한 신속한 복구
③ 서비스의 저장성
④ 고객과 서비스 전달자와의 상호작용

정답 ③
서비스의 비저장성

54 의료관광객에 대한 국제의료수가의 변동요인이 아닌 것은?

① 브랜드 인지도　　　② 건강보험 수가
③ 환율　　　　　　　④ 수술비

정답 ①

55 다음 중 인적판매의 장점이 아닌 것은?

① 고객 1인당 드는 비용이 저렴하다.
② 고객 요구에 즉각적으로 대처할 수 있다.
③ 고객의 선택을 실시간으로 유도할 수 있다.
④ 고객이 될 만한 사람에게 초점을 맞출 수 있다.

정답 ①
인적 판매의 단점 : 한정된 고객 접근, 고가의 비용, 인적 판매에 대한 소비자의 부정적 이미지

56 개별 의료관광객을 만족시키기 위해 사용하는 마케팅 기법이 아닌 것은?

① 일대일(One-to-One) 마케팅 ② 데이터베이스(Database) 마케팅

③ 관계(Relationship) 마케팅 ④ 매스(Mass) 마케팅

정답 ④

57 의료기관에서 할 수 있는 광고에 해당되는 것은?

① 외국인환자를 유치하기 위한 국외광고

② 치료효과를 보장하는 등 소비스를 현혹할 우려가 있는 내용의 광고

③ 다른 의료기관.의료인의 기능 또는 진료방법과 비교하는 내용의 광고

④ 신문, 방송, 잡지 등을 이용하여 기사(記事) 또는 전문가의 의견 형태로 표현되는 광고

정답 ①

58 스키밍(Skimming) 가격 정책은 주로 언제, 어떻게 하는 전략인가?

① 도입기 - 높은 가격 ② 성장기 - 낮은 가격

③ 성숙기 - 높은 가격 ④ 쇠퇴기 - 낮은 가격

정답 ①

침투 가격정책(Penetration Pricing) : 신제품을 저가격으로 책정하여 빠르게 시장을 점유하는 정책

59 다음 사례의 표본추출방법은?

한방의료관광 경험자를 대상으로 고객만족도 조사를 하기 위해 학력과 연령, 성별에 따라 분류하고 각 집단의 크기에 비례하는 수만큼 무작위로 추출하였다.

① 판단표본추출법 (Judgement Sampling)

② 할당표본추출법 (Quota Sampling)

③ 층화표본추출법 (Stratified Sampling)

④ 계통표본추출법 (Systematic Sampling)

정답 ③

60 다음 중 시장의 경쟁강도를 높이는 상황이 아닌 것은?

① 시장의 성장세가 둔한 경우 ② 상품의 차별성이 적은 경우

③ 시장의 이탈 장벽이 낮은 경우 ④ 유사 규모의 경쟁자가 많은 경우

정답 ③

관광서비스지원관리

61 관광서비스의 특성에 관한 설명으로 틀린 것은?

① 고객이 생산활동에 참여한다.
② 시간과 공간의 제약을 받는다.
③ 공급량은 신축적으로 조절이 가능하다.
④ 경쟁업체에서 쉽게 모방이 가능하다.

정답 ③

62 관광산업에서 여행사의 시스템 구조가 틀리게 짝지어진 것은?

① 도매업자 - Wholesaler
② 소매업자 - Retailer
③ 현지 여행사 - Travel Agency
④ 현지 가이드 - Tour Conductor

정답 ④
현지 가이드 : Local Guide   여행 인솔자 : Tour Conductor

63 관광이벤트의 주요 구성요소와 가장 거리가 먼 것은?

① 관광이벤트 조직자
② 이벤트 방문객
③ 국가
④ 관광이벤트 지원 후원그룹

정답 ③

64 항공사들 간 협력을 통해 구축한 지역연합 컴퓨터 예약시스템은?

① MIS (Management Information System)
② GDS (Global Distribution System)
③ CRS (Computer Reservation System)
④ CRM (Customer Relationship Management)

정답 ②

65 공연산업의 특징과 가장 거리가 먼 것은?

① 공연산업은 고위험 고수익 산업이다.

② 공연산업은 완전 경쟁형 산업이다.

③ 공연산업은 노동 집약적 산업이다.

④ 공연산업은 독과점형 산업이다.

정답 ②

66 다음 중 공공기관의 바람직한 관광서비스 활동과 가장 거리가 먼 것은?

① 고객 중심의 감성과 가치기반의 관광서비스

② 공급자와 고객이 실시간 상호소통하는 관광서비스

③ 고객의 안전을 중시하고, 권익을 보호하는 관광서비스

④ 우량고객 위주의 인적 네트워크 기반의 관광서비스

정답 ④

67 관광의 구성요소와 내용이 틀리게 짝지어진 것은?

① 관광의 매체 - 관광교통　　② 관광의 매체 - 여행사

③ 관광의 객체 - 관광시설　　④ 관광의 객체 - 관광정보

정답 ④

　관광의 객체 : 관광자원

68 관광산업의 경제적 효과에 해당되지 않는 것은?

① 국제수지 개선효과　　② 여가생활 증대효과

③ 조세수입 증가효과　　④ 고용창출효과

정답 ②

69 항공수배 업무와 가장 거리가 먼 것은?

① 고객의 요청사항을 정확히 파악한다.

② 고객의 주문에 따른 교통편과 숙박시설을 정확히 확보.예약한다.

③ 수배 진행 사항을 전달하고 기록한다.

④ 수배업무로 인해 발생하는 이익관계를 정확하게 계산한다.

정답 ④

70 외식산업의 특성이 아닌 것은?

① 노동집약성   ② 입지의존성
③ 기능집약성   ④ 다양한 유통경로

정답 ④

71 다음 내용에 해당하는 관광산업의 효과는?

국제친선   여성지위 향상   직업 구조의 다양화

① 경제적 효과   ② 문화적 효과
③ 사회적 효과   ④ 정치적 효과

정답 ③

72 여행자의 1인당 휴대품 면세범위 (국내 면세점 구입물품 및 외국에서 구입한 물품)로 틀린 것은?

① 주류 1병 (1리터, 미화 400달러 이하)
② 향수 2온스 (60 ml)
③ 담배 200개피
④ 기타 합계 미화 500달러 이하의 물품

정답 ④
면세 한도 : 미화 400달러

73 다음 중 관광이라는 용어가 기록된 문헌은?

① 시경   ② 논어   ③ 역경   ④ 중용

정답 ③

74 국제의료관광코디네이터가 갖추어야 할 능력이 아닌 것은?

① 마케팅 능력   ② 의료행정절차 관리 능력
③ 진료 서비스 능력   ④ 관광상품 상담 능력

정답 ③

75 관광자원이 주는 중요한 의미요인과 가장 거리가 먼 것은?

① 경제적 가치   ② 서비스 가치

③ 교육적 가치   ④ 문화적 가치

정답 ②

76 세계관광기구(WTO)에서 분류한 관광통계 대상에 해당하지 않는 것은?

① 관광객   ② 방문객

③ 장기 이주자   ④ 당일 관광객

정답 ③

77 관광진흥법상 관광사업의 종류가 아닌 것은?

① 여행업   ② 카지노업

③ 관광이벤트업   ④ 휴양 콘도미니엄업

정답 ③
관광사업의 종류 : 여행업, 관광숙박업, 관광객 이용시설업, 국제회의업, 카지노업, 유원시설업, 관광편의시설업

78 호텔을 숙박시설 형태에 의해 분류한 것은?

① 시티 호텔 (City Hotel)   ② 유스호스텔 (Youth Hostel)

③ 터미널 호텔 (Terminal Hotel)   ④ 에어포트 호텔 (Airport Hotel)

정답 ②
Youth Hostel : 청소년의 건전한 여행을 장려하기 위해 마련한 숙박시설

79 호텔의 EFL(Executive Floor Lounge) 업무 내용과 가장 거리가 먼 것은?

① 비즈니스 고객을 위한 통역업무를 제공한다.

② 고객의 비즈니스 상담을 도와준다.

③ 항공권 예약 및 재확인 등을 도와준다.

④ 객실 청소업무를 도와준다.

정답 ④
하우스키핑 : 룸 메이드, 린넨품

80 관광교통의 유형에 관한 설명으로 옳은 것은?

① 육상 교통인 철도는 독점성이 낮은 교통기관이다.
② 해상 교통은 육상 교통보다 단위당 운송비가 높다.
③ 항공 교통은 타 교통 수단보다 정기적인 운항을 하지 않는다.
④ 관광열차는 관광객을 주 대상으로 하며 수송량이 한정적이다.

정답 ④

의학용어 및 질환의 이해

81 부신피질의 가장 바깥층과 과립층에서 생성 분비되는 전해질 조절 스테로이드 호르몬은?

① Cortisol   ② Aldosterone
③ Corticosteroid   ④ Adrenalin

정답 ②

82 수정체가 혼탁해져서 시력 저하가 오는 질환은?

① Glaucoma   ② Cataract
③ Coloboma   ④ Strabismus

정답 ②
Glaucoma : 녹내장(시야가 점점 좁아지는 질환)
Strabismus : 사지   Coloboma : 안검홍체결손

83 남성 생식기의 귀두를 덮고 있는 피부인 음경 꺼풀의 전부 또는 일부를 고리모양으로 절개 혹은 제거하는 수술은?

① Orchiopexy   ② Castration
③ Circumcision   ④ Vasectomy

정답 ③

84 정신장애 관련 의학용어의 의미가 틀리게 짝지어진 것은?

① Mento - 마음　　　　　　② Schizo - 분열

③ Somnia - 공포　　　　　　④ Mnesia - 기억

　정답　③

　　　Somnia : 수면　　　　　Insomnia : 불면증

85 약물복용 횟수와 관련된 용어가 아닌 것은?

① qd　　　　　② bid　　　　　③ qid　　　　　④ po

　정답　④

　　　qd : 하루에 한번　　　bid : 하루에 두번　　　qud : 하루에 네번
　　　　　　　　　　　　　tid : 하루에 세번　　　qod : 이틀마다

86 상피성 조직에서 유래한 악성종양은?

① Lipoma　　　② Carcinoma　　　③ Sarcoma　　　④ Myoma

　정답　②

　　　Lipoma : 지방종　　　Sarcoma : 육종　　　Myoma : 근종

87 다음 (　　)안에 알맞은 증상은?

　　　10세된 여자 환자는 학교에서 급식을 먹은 후 두드러기 (발진) (　　)가
　　　나타나 피부과 외래에 내원하였다.

① Urticaria　　　② Cellulitis　　　③ Psoriasis　　　④ Herpes Zoster

　정답　①

88 안면골(Facial Bone)에 속하는 뼈는?

① Temporal Bone　　　　　② Frontal Bone

③ Occidental Bone　　　　　④ Maxillary Bone

　정답　④

　　　Temporal bone : 측두골　　　　Frontal bone : 전두골

89 천식 환자에게 흔히 나타나는 증상의 하나로 호흡시 발생하는 휘파람 같은 쌕쌕
거리는 소리를 표현한 증상은?

① Rale　　　② Wheezing　　　③ Bronchus　　　④ Sputum

　정답　②

　　　Rale : 거품소리　　　Bronchus : 기관지　　　Sputum : 가래

90 이물질로 오인된 자기 항원에 대한 면역조직의 부적합한 반응을 무엇이라고 하는가?

① Down Syndrome ② Typhoid Fever

③ Autoimmune Disease ④ Measles

정답 ③

Down Syndrome : 다운 증후군 Typhoid Fever : 장티푸스 Measles : 홍역

91 관상동맥의 부분적 폐쇄로 인해서 발생하며, 평상시에는 증상이 없을 수 있지만 심장이 많은 활동을 한 경우에는 극심한 가슴통증을 초래하는 질환명은?

① Angina Pectoris ② Myocardial Infarction

③ Congestive Heart Failure ④ Endocarditis

정답 ①

Congestive Heart Failure : 울혈성 심부전 Endo Carditis : 심장 내막염
Myocardial Infarction : 심근경색증

92 시상면(Sagittal Plane)에 관한 설명으로 옳은 것은?

① 신체 혹은 장기를 앞뒤로 나누는 면이다.
② 신체를 좌우로 나누는 면이다.
③ 정중면에 직각으로 통과하는 모든 면이다.
④ 신체를 상하로 이분하는 평면이다.

정답 ②

93 다음 중 관절을 의미하는 연결형은?

① Arthr/o ② Cyst/o ③ Erythr/o ④ Glyc/o

정답 ①

Cyst/o : 낭종 Eryth/o : 적혈구

Glyco : 혈당

94 다음 흉부 방사선 검사에서 활용하는 방향은?

① PA View ② Lateral View

③ Oblique View ④ Ap View

정답 ①

95 뇌세포 집단의 율동적 전기 활동을 뇌파계로 증폭하여 수시로 변화하는 뇌의 기능상태를 기록하는 검사로 간질을 비롯하여 뇌의 기능장애를 진단하는 것은?

① 뇌파검사 (EEG)
② 심전도검사 (EKG)
③ 근전도검사 (EMG)
④ 전파방사선 촬영술 (ERG)

정답 ①

96 다음 중 용어의 의미 연결이 틀린 것은?

① Leukorrhea : 월경과다
② Metrorrhagia : 자궁출혈
③ Menarche : 초경
④ Menopause : 폐경

정답 ①

97 심장의 좌·우 심실 사이에 선천적 구멍이 있는 질환은?

① ASD
② PDA
③ PS
④ VSD

정답 ④

VSD(Ventricular Septal Defect) : 심실중격 결손증

98 다음 중 약어에 대한 뜻이 옳은 것은?

㉠ ADH : 항이뇨 호르몬
㉡ UA : 요로감염
㉢ CRF : 만성신부전
㉣ UTI : 요검사, 요분석

① ㉠ ㉡
② ㉠ ㉢
③ ㉡ ㉣
④ ㉢ ㉣

정답 ②

99 유방 내의 병변을 방사선 영상을 통해 확인하여 조기 유방함을 진단할 수 있는 검사는?

① Bone Scan
② Endoscopy
③ Bronchoscopy
④ Mammography

정답 ④

100 부분적 위 절제수술을 받은 환자가 음식을 먹은 후 오심, 구역, 구토, 발한, 현기증 등의 증상을 보이는 것은?

① Anorexia
② Eructation
③ Hyperchlorhydria
④ Dumping Syndrome

정답 ④

2. 2차 실기 문제

문1 고객만족도 조사를 할 때, 주의해야 할 점은 무엇인가?

> **정답** 고객만족도 설문 대상자는 무작위로 선별
> 분석이 가능한 설문지 구성
> 고객만족도 조사요원은 설문대상자에게 특정 방향으로의 답변을 요구하지 않음.

문2 고객만족도 설문지를 작성할 때 주의해야 할 점은 무엇인가?

> **정답** 고객만족도 질문은 간결하면서 명확하게 작성
> 통계결과를 구하기 쉽도록 서술형 보다는 Likert Scale로 작성

참고

Likert Scale 5점 척도

1 : 매우 불만족   2 : 불만족   3 : 보통   4 : 만족   5 : 매우 만족

문3 고객은 다섯 개의 한방병원 중 어느 병원을 선택하겠는가? 계산 과정까지 쓰세요.

병원	의료 시설 만족도	의료통역 만족도	의료인 친절 만족도
병원 A	3	4	4
병원 B	2	1	2
병원 C	1	2	2
병원 D	2	2	2
병원 E	1	2	1

독립변수들의 계수값과 Y 절편

Y 절편 : 10   의료 시설 만족도 : 0.2

의료통역 만족도 : 0.6   의료인 친절 만족도 : 0.7

> **정답** 0.2 X 3 + 0.6 X 4 + 0.7 X 4 + 10 = 15.8

문4 숙박업의 종류 (5가지)

> **정답** 관광호텔업, 수상관광호텔업, 한국전통호텔업, 가족호텔업, 호스텔업

참고 호텔 등급 종류 : 특1급, 특2급, 1급, 2급, 3급

문 5 이슬람 문화에서 하람(haram)의 의미는 무엇인가?

정답 Haram Food란 이슬람에서 금기하는 음식

참고

Haram Food : (예) 피를 빼지 않고 먹는 고기, 선지국 등 짐승의
피로 만든 음식, 돼지고기, 뱀

Halal Food : 이슬람에서 허락하는 음식

문 6 고객상품 구매 의사결정과정을 각 단계별로 성형을 받으러 오는 의료관광객을 예로 들어서 설명하시오. (5단계)

정답 ① 문제의 인식: 성형 수술을 받고 싶음 마음
② 정보의 탐색: 인터넷 등으로 성형 수술 정보 검색
③ 대안의 평가: 한국, 중국, 태국의 성형 비용, 의료 서비스 수준, 사후관리 비교
④ 구매: 비용 지불
⑤ 구매 후 행동: 수술 결과 확인

문 7 포괄수가제의 장점과 행위별수가제의 장점은 무엇인가?

정답 포괄수가제 : 환자의 의료비 부담 절감 효과
보험료 관리 편리
과잉진료를 피할 수 있음
행위별 수가제 : 의료 서비스 질 향상
환자별 차별화된 의료 서비스 가능
의사의 경제적 이익 증가

문 8 입원약정서 작성 시 반드시 포함해야 할 내용은 무엇인가?

정답 환자 이름, 입원 예정 병실 번호, 입원 일, 입원 기간 준수해야 할 사항, 서명란

참고

입원 기간 준수해야 할 사항 : (예) 병실 내에서의 환자 개인물품
분실에 대한 책임, 병원 외출 전에 의료인의 허락, 병실 내
의 기물 파손에 대한 책임 등

문 9 외국인 환자에 대해 전자로 인증서 내주는 프로그램은 무엇인가? (사증발급)

정답 휴넷 코리아의 사증발급인정서

문 10 의료사고가 발생했을 때, 화해 이외의 비사법적 의료분쟁 방법은 무엇인가?

정답 조정, 분쟁

참고

조정 : 분쟁 당사자 중 신청인으로부터 조정 신청을 받은 한국의료
분쟁조정중재원에서 사실 조사에 대한 조정안을 작성하여
양측에 일정한 기간을 정하여 권고함으로써 분쟁의 해결을
도모하는 방법
중재 : 분쟁 당사자가 한국의료분쟁조정중재원의 결정에 따르기로
서면으로 합의하고 중재 판정에 따르는 방법

문 11 관광 목적지의 특성은 무엇인가?

정답 자연적 특성, 문화적 특성, 사회적 특성, 역사적 특성

문 12 의료 신상품 가격책정의 방법에는 무엇이 있을까? (2가지)

정답 초기 고가 전략, 시장침투 가격 전략, 유사상품 가격 분석

문 13 의사의 주의의무 중 결과 예견의무와 결과 회피의무는 무엇인가?

정답 결과 예견의무 : 일반적 의료지식을 가진 의사가 의료행위로 인해서 환자에게 어떠한 결과
가 발생하리라는 것은 인식 내지 예견하여야 할 의무
결과 회피의무 : 일반적 의료지식을 가진 의사가 환자에 대해서 어떤 의료행위를 했을 때,
위험한 결과가 발생할 수 있다는 것을 인식 또는 예견하였다면 그러한 위
험한 결과의 발생을 방지하기 위하여 이를 회피해야 할 의무

문 14 의료상품을 구성할 때 고려해야 할 점은 무엇인가?

정답 목표 시장의 특징, 이동시간, 회복기간, 의료인 전문성

문 15 의료관광마케팅의 무형성을 극복할 수 있는 방법은 무엇일까? (2가지)

정답 의료관광 상품기획자, 언론인을 대상으로 Fam Tour 실시
의료인의 학력, 수상, 수술 경력 등 공개
Before/After의 사진 공개
환자 수기 공개
환자 만족도 공개

문 16 의료관광객 호텔 예약시 고려해야 할 점은 무엇인가?

> **정답** 의료기관과의 이동 거리, 위생 수준, 환불 규정

문 17 JCI 평가 기준 (2가지)

> **정답** 진료의 이동과 연결, 환자와 가족의 권리, 환자 평가, 환자 진료, 의료 서비스의 질 향상과 환자 안전, 감염 예방과 관리, 행정 지도력 및 관리

문 18 시장세분화 기준은 무엇인가?

> **정답** 국가, 지역, 성별, 연령별, 소득 수준별, 선호 의료서비스 종류별, 이동수단별

문 19 임상적 리스크에는 어떤 것들이 있을까?

> **정답** 부작용, 합병증, 환자의 특이체질

문 20 관광목적지의 매력도에 포함되는 것은 무엇인가?

> **정답** 관광시설, 접근성, 이미지, 가격, 차별성, 복합성

2차 실기시험의 문제는 시험 응시자로부터 구두로 전해받은 내용을 토대로 재구성해서 만들어졌기 때문에 실제 문제와 표현.숫자 등 약간의 차이가 있을 수 있습니다만 실기시험의 경향을 파악하는 데 충분할 것입니다.

본 서의 요점정리 및 예상문제에 대해서 궁금한 점이 있는 경우, 저자의 E-mail fatherofsuise@hanmail.net로 직접 문의하시거나 blog.daum.net/fatherofsusie의 방명록에 궁금한 점을 남겨 주시면 최대한 빨리 답변을 드리도록 하겠습니다.

한광종

- (현) 한국의료관광 · 컨벤션연구원장

- fatherofsusie@hanmail.net
- blog.daum.net/fatherofsusie

■ 저서
- 의료관광 실무영어
- 의료관광 영어회화
- 국제의료관광코디네이터 국가자격시험 대비 예상문제집
- Excel 활용 의료관광.병원경영 사례중심 병원의료통계분석
- Excel 활용 마케팅 통계조사분석
- SPSS 활용 마케팅 통계조사분석
- Excel 활용 미래예측과 시계열분석
- 컨벤션 영어회화
- 컨벤션 실무영어
- 컨벤션기획사 1차 필기시험 문제풀이 해설집
- 컨벤션기획사 2차 실기시험 문제풀이 해설집

국제의료관광코디네이터

2014년 6월 5일 초판1쇄 인쇄
2014년 6월 10일 초판1쇄 발행

저 자 한 광 종
펴낸이 임 순 재

한올출판사
등록 제11-403호
주소   (121–849) 서울시 마포구 성산동 133-3 한올빌딩 3층
전화   (02) 376-4298 (대표)
FAX   (02) 302-8073
홈페이지 www.hanol.co.kr
e–mail   hanol@hanol.co.kr
정가   19,000원

■ 이 책의 내용은 저작권법의 보호를 받고 있습니다.
■ 잘못 만들어진 책은 본사나 구입하신 서점에서 바꾸어 드립니다.
■ 저자와의 협의하에 인지를 생략하였습니다.
■ ISBN 979-11-5685-007-6